Mihai şi Emilia Bendeac

Jurnalul unui Burlac

Conversații cu mama

Descrierea CIP a Bibliotecii Naţionale a României
BENDEAC, EMILIA
Jurnalul unui burlac : conversaţii cu mama / Emilia şi Mihai Bendeac. - Bucureşti : Bookzone, 2020
ISBN 978-606-9700-13-6

I. Bendeac, Mihai

821.135.1

Fotograf copertă: **Mihnea Irimia**
Graficieni copertă: **Mihnea Irimia şi Maria Stoian**
Graficieni fotografii: **Mihnea Irimia şi Alexandru Nedelcu**
Redactor: **Anca Petrescu**
Corector: **Ioana Barbu**
Tehnoredactor: **Anca Marisac**

Editura Bookzone
Şoseaua Berceni nr. 104, sector 4, Bucureşti
Comenzi şi informaţii:
Telefon: +40 774 091.579; +40 770 584.429
E-mail: office@bookzone.ro
www.bookzone.ro

Mihai şi Emilia Bendeac

Jurnalul unui Burlac

Conversații cu mama

Bookzone
BUCUREŞTI, 2020

UN FEL DE INTRODUCERE...

Cumpărați-o! Vă rog eu!

E cam lungă dar, în schimb, extrem de plictisitoare!

Așa...

Acum, că am lămurit asta, să trecem la carte. Această carte. Pe care o țineți în mâini. Sau în mână.

Chiar... Atunci când citesc, cât la sută dintre oameni țin cartea cu două mâini și câți o țin cu o singură mână? Hmm...

Probabil că doar 2-3% o țin cu o singură mână. Și asta dacă nu devine, pe lângă incomod, imposibil din punct de vedere fizic. Cine poate ține un dicționar sau un volum precum „Shogun" folosind doar o mână?

„- Ghiță Mureșan!" ați putea spune.

O clipă!

De ce începe această „carte" cu o discuție despre Ghiță Mureșan?

Eram sigur că așa se va întâmpla... Ar fi trebuit să folosesc începutul din primul manuscris. Da, era altul. Asta vă spun vouă, faptul că mai aveam un începu[t] de carte. Prima frază era un gând al meu cu mine. Pe care nu l-am filtrat. Am lăsat curgerea pixului să-l eternizeze pe această foaie.

Vor fi multe astfel de momente în ceea ce urmează (sau nu) să lecturați. Momente în care am lăsat garda jos.

Scriu aceste umile vorbe ce alcătuiesc o tentativă de „Cuvânt introductiv" imediat ce am încheiat volumul.

Zi de primăvară. Primăvară pandemică. Deschid poarta casei în care locuiesc ...i mei. Ca de obicei, mă întâmpină Happy cu veșnica-i agitație pe care ...recerea anilor nu o estompează în ...iciun fel. Înaintez în curte. Mama, ...moționată, se uită în urma mea. ...ăzând că sunt singur, mă întreabă: „N-a venit cu tine? Vine separat?". ...ămliesc, îmi fac curaj și răspund: „Nu mai vine nimeni. Am venit eu."

Dacă fizionomia mamei ar fi un par-...lament, Partidul Surprinderii ar fi avut ... majoritate clară, fără UDMR.

Pur și simplu a rămas cu gura căscată. Într-un final îngaimă: „Cum numai tu? Femeia aia unde e?"

„Am omorât-o...", răspund eu, galben ...a ceara.

Stați calmi. N-am omorât nicio femeie. Era un efect de-ale mele ca să vă determin într-un mod parșiv, recunosc, să dați pagina.

Am menționat că n-am omorât „nicio femeie" fiindcă un bărbat e posibil să fi ucis. Acum multă vreme. Dacă veți citi până la capăt o să aflați împrejurările.

(Jur că paragraful anterior nu este un alt efect. S-a întâmplat.)

De ce era mama îmbrăcată cât putea de elegant în ziua aia și de ce se machiase și se coafase? Aici începe povestea noastră.

Cu două săptămâni înainte, îmi înmânase, timid, un caiet studențesc. Asta după ce, timp de trei luni, periodic, îmi spunea: „Scriu ceva. Așa... ca o carte...".

Am citit caietul în ziua în care mi l-a dat. Numărul de pagini scrise n-ar fi depășit, însă, o broșură. Îngrijorare pe care și-o exprima și ea încă din prima frază pusă pe hârtie. În acel caiet, mama rememorează, succint, date biografice, impresii și povești despre mine, despre Andrei, frate-meu, despre tata, despre ea, despre... noi.

Stilul literar în care își desfășura amintirile, asta a fost prima mea impresie, era unul ce putea să denote o perpetuă tentativă de a nu deranja pe nimeni. Totul era extrem de cuminte, de blând, un ocean de pozitivism. Motivul? Un exces de bun-simț și, totodată, o nevoie de [redacted] (conformism) social pe care nu o înțeleg și pe care, din când în când, i-o reproșez. Am considerat că această modalitate prudentă, așezată, precaută și perfect pozitivă de a zugrăvi viețile noastre nu oglindește realitatea. Nici în ceea ce mă privește, nici în ceea ce o privește.

Dorind să-i stârnesc adevărul până la capăt și să o determin să abandoneze negarea părților negre și gri închis care (alături de alb și evitabilul gri monoton) ne compun existența, am contactat o serie de scriitoare și jurnaliste în scopul de a realiza [redacted] niște întâlniri cu mine și mama, bineînțeles, înregistrate. Mai apoi, autoarea pe care aș fi ales-o urma să redacteze aceste întâlniri, conversații, sub forma unei cărți.

Acesta era planul...
După câteva tentative nereușite, a apărut gândul... Dacă e un semn? Dacă, de fapt, nu aș reuși să spun de față cu un străin tot ceea ce simțeam, tot ceea ce voiam să se regăsească acolo? Mai mult decât atât, aveam o sumă de lucruri pe care nu i le spusesem niciodată mamei și pe care ardeam să le spun.

Ah! Dar chestiunile mai delicate din viața de liurlac? Tot într-o astfel de discuție în trei se pot devoala cel mai bine?

Nu. În niciun caz...

Și-atunci?

N-am să uit dimineața în care m-am trezit, ca de obicei, năuc din cauza faptului că somniferele se manifestă și în primele ore de după „trezire"; în timp ce-mi consumam cafeaua cu ochii cârpiți mi-am zis: „Îmi bag pula!"

Poate a sunat vulgar dar vă rog să mă credeți că fix asta era și intenția. Încerc să alung snobii încă de la primele pagini.

Orice decizie este precedată de o astfel de exprimare. Cred că și la domnul Patapievici. Doar că nu o scrie și nu o enunță. Concluzia? Ce bine că nu sunt domnul Patapievici. Doar din acest punct de vedere, evident...

Revenind, am decis în clipa aia că o voi face pe mama să creadă că urmează să apar în ziua stabilită, la ora stabilită, cu aleasa mea (literar vorbind).

Doar că, la fel ca în viață, nici în materie de „scriitoricească" nu mi-am găsit aleasa.

M-am dus singur și i-am comunicat că vreau să scriu o carte care să plece de la acest caiet studențesc pe care l-a scris. Că vreau să purtăm câteva conversații pe tema subiectelor abordate acolo dar și pe alte teme. Conversații cu care, ulterior, să completez ce urma să scriu și eu.

I-am mai spus că nu vreau să citească nimic până în momentul în care va fi publicat volumul.

A acceptat. La început, contrariată. Apoi curioasă. Apoi entuziasmată. Apoi, pe măsură ce lunile se tot scurgeau, din ce în ce mai nerăbdătoare.

Dacă ești unul dintre cei care au achiziționat printre primii această tentativă de carte, există probabilitatea de a citi în același timp cu ea.

Cer iertare pentru lipsa de stil și grație. Pentru lucrurile nepotrivite. Cer iertare acelora, importanți, care nu se vor regăsi aici. Sunt oameni pe care nu i-am menționat. Mulți. Prea mulți...

Au fost 500 de pagini. Mi s-a părut mult. Am refăcut. Apoi mi s-a părut prea literar. Am refăcut. Apoi...

Ideea e că n-aș mai face.

E al naibii de greu.

Disclaimer: Această carte nu este adresată minorilor! (deși ar putea să-i ajute)

E posibil să găsiți anumite fragmente a fi deranjante. Altele, licențioase.

Îmi asum. Mă reprezintă.

Mulțumesc mamei pentru încredere. Tu, Marco, știi cel mai bine dacă această carte este în acord cu felul în care gândesc. Tu știi dacă sunt sincer sau mănânc rahat. (nn- a se citi „căcat")

Îți mulțumesc. Tu ai dat startul acestei aventuri. Apoi ai validat colaborarea dificilă cu mine. Te rog să iei o pastila de inimă înainte să citești cartea.

PS- Mulțumesc Monica Munteanu, Codin Maticiuc și celor de la BookZone pentru sprijin. Ați făcut posibil ca... Știți voi ce ați făcut. Vă suntem recunoscători.

PPS - Acum, după ce am terminat, mă simt tulburat. Pe lângă senzația că, poate, e o tâmpenie totul, am rămas cu stările pe care această posibilă tâmpenie mi le-a creat. Măcar asta sper să se observe.

TE—A PRINS MĂ-TA?

Există un banc absolut idiot care sună cam aşa: „Te-a prins vreodată mă-ta în timp ce făceai laba în baie?”. Şi tu, ca fraieru’, când te întreba vreun mare hazos chestia asta, răspundeai: „Nu!”. Ei, atât îi trebuia hazosului. Pentru că ăla venea cu replica bombă: „Vezi, înseamnă că este o ascunzătoare bună!”. Mda... Ha, ha, ha... Bă, de ce nu prind eu un hazos dintr-ăsta să-mi adreseze întrebarea şi eu să-l încui răspunzându-i: „Da! M-a prins! Ia-o p-asta!”. Şi nu aş răspunde aşa doar ca să îl încui pe hazos. Nu mai am de multă vreme vreo mare plăcere din a închide hazoşi. Uite, la chestia asta nu mă asemăn deloc cu regimul comunist, care nu s-a plictisit niciodată să închidă hazoşi. Cum spunea unul câte un banc despre Tovarăşul sau Tovarăşa şi se nimerea să fie în preajmă cineva de la structurile statului, pac! – îl închidea pe hazos între 3 şi 6 ani.

Înainte să continui acest capitol, vreau doar să remarcaţi cât de mult am deviat de la subiect. La cotitura unei nenorocite de virgule, m-am aruncat într-o paralelă cu regimul comunist din România. Atâta mă rog, atât îi cer lui Vasile („Vasile", aşa îi spun eu punctului iniţial, adică ceea ce unii numesc Dumnezeu sau în alte feluri, în funcţie de miile de religii existente) să mă ajute să nu cumva să cad în această patimă pe toată durata elaborării cărţii. Pentru că, altminteri, va fi foarte greu de citit. Gata! Revin la subiect şi jur că nu-l mai părăsesc, indiferent de ce-mi trece prin minte.

Acum chiar ne întoarcem şi mă duc foarte abrupt pe subiect (sper...). Da, domnule, pe mine m-a prins maică-mea când îmi făceam o labă în baie. O să vă întrebaţi de ce am ales ca acesta să fie primul capitol. Ca să şochez? Ca să fie intrigant? Niciuna dintre variante. Am ales să încep aşa, pentru că mi-aş dori ca experienţele prin care am trecut împreună cu familia mea şi, totodată, contemplarea lor în mod retrospectiv (ceva mai matură) să îi ajute, într-un fel sau altul, pe cei care ori trec prin experienţe asemănătoare, ori urmează să treacă prin experienţe asemănătoare.

De exemplu, acest caz tratează un subiect cu care absolut oricine s-a confruntat şi, în cazul în care are un copil sau urmează să aibă un copil, se confruntă ori se va confrunta. Este vorba despre descoperirea sexualităţii. În mod evident, această descoperire a propriei sexualităţi a evoluat şi s-a transformat, pe măsură ce societatea, civilizaţia, umanitatea şi, foarte important, tehnologia au evoluat, la rându-le.

Nu vreau să intru într-o zonă istorică şi am să mă refer strict la cazul meu, asta implicând şi părinţii.

Povestea descoperirii sexualităţii mele e marcată de o oarecare doză de amuzament. Sigur, la momentul acela nu mi se părea nimic amuzant. Mi se părea oricum, doar amuzant nu. Mulţi cercetători, medici, experţi susţin faptul că instinctul sexual se relevă încă de la naştere. Un bebeluş resimte la nivelul creierului o anumită stare de excitaţie, câteodată, când stă pe burtă sau când este înfăşat. Tot ei consideră că impulsul sexual ne coordonează, de fapt, fiecare acţiune, în mod subconştient. Eu cred că am luat pentru prima oară contact, din punct de vedere cognitiv şi conştient, cu sexualitatea mea, undeva în jurul vârstei de 11 ani. Nu-mi amintesc exact cum. În acele momente (eram în primii ani de după revoluţie), când se transmitea un film sau un serial la televiziune, scenele amoroase nu mai erau tăiate şi eliminate, aşa cum se întâmpla până în '89. Aşa că, de câte ori ne uitam în familie la serialul Dallas (asta mi-a venit în minte), atunci când Bobby şi Pamela ajungeau în pat, mama şi tata mă puneau să mă uit în altă parte. De atunci am dezvoltat un auz fin...

Astăzi, pentru orice puşti, sexul este la un click distanţă. Veţi spune că există tot felul de metode prin care anumite site-uri pot fi blocate pentru copiii care folosesc o tabletă, un telefon sau sau un computer. Totuşi, trebuie să fim cel puţin naivi să ne închipuim că această generaţie, care s-a născut într-un univers atât de tehnologizat, nu ia contact cu fenomenul atunci când interesul şi curiozitatea ieşite din comun o împing să facă acest lucru. Sincer, nici nu vreau să mă gândesc cum ar fi fost această poveste dacă, la momentul acela, ar fi existat tehnologia de astăzi şi aş fi avut acces la pornografie. Deşi, în cele din urmă, am avut...

Hai să vă spun. Pe la 11-12 ani am descoperit masturbarea într-un mod foarte, foarte natural. În scurt timp, am devenit precum acel băieţel din filmul Malena, la care striga maică-sa din bucătărie: „Opreşte-te, că o să orbeşti!"(Bine, mama nu striga fiindcă nu ştia. Dar avea să ştie. Rămâneţi pe recepţie!).

Eu, mama şi tata locuiam într-un apartament de aproximativ 62 m², ceea ce, vă închipuiţi, nu era o chestie care să confere foarte multă intimitate. Deşi eu eram un caz fericit de mic labagiu. Erau alţi mici labagii care, într-un spaţiu identic, mai aveau şi fraţi sau surori. Cu toate acestea, nimic nu mă putea opri. Pasiunea, nebunia începutului, descoperirea. Eh... Nu există vicisitudini îndeajuns de mari încât să se poată pune în calea unei astfel de fericiri juvenile. Fie că se întâmpla noaptea, sub plapumă, fie că se întâmpla în timpul zilei, când eram singur pe acasă, important este că se întâmpla. Şi rău nu era! Când spun „rău" nu o spun în sensul că era bine sau că era rău că se întâmpla. Spun că nu era rău, în sensul că era bine.

Într-o zi, spre după-amiază, maică-mea spăla vase, dereticase una-alta şi pusese şi nişte haine în maşina de spălat. Eu eram la mine în cameră. La un moment dat, mi-a strigat că se duce până la tanti Zoica, să vorbească ceva cu ea. Tanti Zoica era vecina care locuia exact sub noi, la etajul şapte (noi locuiam la opt, dacă nu v-ați prins sau dacă ora de la care chiuleați cu precădere, în generală, era cea de Logică). Tanti Zoica avea un soț, pe nenea Toni, și doi copii - Gabriela și Mihai. Care Mihai, fiind de aceeași vârstă cu mine, mi-a devenit prieten și partener de joacă.

Bref, după ce mama a ieșit din casă, m-am gândit că ar fi un moment oportun să îmi satisfac trupul pofticios și dornic de plăceri carnale. Știam că, ori de câte ori se duce în vizită la vecina, vizita respectivă nu avea cum să dureze mai puțin de jumătate de oră, pentru că stăteau la o cafea, la o țigară (pe vremea aia maică-mea fuma), la o bârfă, mai făceau schimb de rețete... Deci, durata medie a unei vizite varia (sună foarte ciudat verbul „a varia" în acest context) între jumătate de oră și o oră.

Relaxat, m-am dus la baie, m-am așezat pe veceu, am apucat netrebnicul mădular cu mânuța (sau cum ar spune un mare poet în viață: „Bună, sunt mânuța!/ Ciao, eu sunt puța!") și m-am pus meșteșugărește pe treabă. Luat de val și orbit de instinctul pătimaș, am lăsat ușa de la baie întredeschisă în loc să o închid și, eventual, să pun și acel mic zăvor. Dar, cumva, eram relaxat la gândul că eu voi termina (la propriu) în maximum 10 minute, iar mama nu avea cum să stea mai puțin de jumătate de oră.

Așa cum menționam un pic mai sus, mama pusese niște rufe în mașina de spălat. În anii ăia (aoleu cum sună, am doar 37 de ani), mașinile de spălat nu erau neapărat foarte silențioase. Și nu știu cum s-a întâmplat că, fiind eu concentrat pe „treabă", cu ochii închiși, de la un punct încolo, fără să-mi propun asta, activitatea mea de du-te-vino cu membrul drept, a început să intre în acord cu activitatea maşinii de spălat. Cu alte cuvinte, maşina făcea „vruum, vruum, vruum", iar eu... băteam apa în piuă, ca să mă exprim elegant, exact în ritmul acelui „vruum, vruum". După câteva minuţele, maşina de spălat a intrat în programul de stoarcere, iar acest „vruum, vruum, vruum" a devenit mult mai rapid şi mai intens. În consecinţă, activitatea mea a intrat şi ea într-o zonă mai intensă, fiind în concordanţă cu ritmul impus de programul de stoarcere. Rufele erau din ce în ce mai stoarse, eu din ce în ce mai „stors" şi, exact în secunda în care atingeam climax-ul, catharsis-ul, punctul culminant, am auzit (fiind cu ochii închişi) vocea mamei mele: „Ce faci, Mihăiţă, mamă?!".

Fraţilor, oameni buni, cu sufletul curat! Dacă eu atunci nu am murit de inimă, e foarte posibil să trăiesc 100 de ani. Am deschis ochii şi am văzut-o în pragul uşii de la baie pe maică-mea, cu ochii cât cepele şi cu o figură care împletea un număr considerabil de stări. Dintre acestea aş vrea să menţionez: groază, revoltă, teamă, siderare, dezamăgire şi multe altele. În clipa aceea mi-aş fi dorit să mă bag cu totul în veceu, să trag apa şi să dispar de pe faţa pământului. Adică, mă rog, nu aş fi dispărut de pe faţa pământului, ci m-ar fi luat apa, m-ar fi dus pe nişte ţevi, aş fi ajuns pe nişte canale şi, dup-aia, într-un bazin de colectare. Dar măcar dispăream de acolo în secunda aia, din acea situaţie dezastruoasă. De parcă asta nu ar fi fost de ajuns, după cinci secunde - nişte secunde care mie mi s-au părut ani - a mai spus încă o propoziţie care, în acel context, a fost bomboana de pe colivă şi anume: „Hai că vorbim noi când vine taică-tu!”. Apoi a închis uşa.

Vă închipuiţi ce era în sufletul meu. Am ieşit din baie şi m-am dus la mine în cameră, parcurgând acei 5-6 paşi aşa cum i-ar parcurge, probabil, orice condamnat la moarte înainte să ajungă la eşafod. Mama nu mi-a mai vorbit până nu a ajuns tata acasă. A urmat o discuţie absolut suprarealistă în care singurul motiv pe care am reuşit să-l găsesc a fost acela că aflasem, vezi Doamne de la nişte colegi de şcoală că, dacă nu fac treaba asta, o să rămân scund. Per total, experienţa la momentul acela a fost oribilă, însă acum, ori de câte ori îmi amintesc, evident că râd ca prostul.

Să zic “mersi” că nu am rămas marcat în alt fel... Cum ar fi fost ca, pentru tot restul vieţii, de câte ori m-aş fi nimerit cu o femeie în pat, să nu pot face sex decât cu ochii deschişi, deoarece, dacă i-aş fi închis, aş fi auzit “ce faci, Mihăiţă, mamă?!”...

Dar să ne înţelegem: nu e ca şi cum acest eveniment s-ar fi constituit ca vreun fel de stavilă în calea dorinţelor mele. Căci, na, uşor-uşor intrăm în pubertate, hormonii încep să tropăie. Vă spuneam despre generaţia complet tehnologizată... Îmi mai amintesc o treabă din perioada respectivă, legată de acelaşi subiect. La începutul anilor ’90, apăruseră toate formele de comerţ pe care vi le puteţi închipui. După ani de zile (şi nopţi), în care oamenii nu aveau acces la nimic, dintr-odată toată lumea vindea şi cumpăra. Nu existau niciun fel de reguli, toate oraşele erau împânzite de chioşcuri, măsuţe pliante, ziare întinse pe jos, unde se vindea orice. Inclusiv casete video. Printre acestea erau şi casete cu filme porno. Atunci când cumpărai o casetă de-asta, habar n-aveai ce urmează să vizionezi, căci pe ele scria atât: „porno". Sau „XXX".

Ai mei erau tineri, chiar foarte tineri. Şi nu neapărat că acesta ar fi fost motivul dar, ce mai tura-vura, într-un fel sau altul achiziţionaseră şi ei două casete porno pe care le-au ascuns extraordinar de bine, undeva într-un dulap, în spatele unor aşternuturi de pat. S-au gândit, pe bună dreptate, că eu n-aş avea niciodată vreun motiv să mă apuc să cotrobăi în spatele unor aşternuturi de pat. Ce treabă aş fi avut eu cu aşternuturile de pat? Mama era cea care făcea curăţenie, care schimba aşternuturile. Ei bine, stând foarte mult timp singur acasă, nu mă întrebaţi de ce, dar... Ah! Gata, ştiu! Într-o zi am avut nevoie de un prosop şi, când am tras un prosop de o anumită culoare, au căzut toate şi am descoperit că, între ultimul şi penultimul prosop, era pitită o punguţă cu câteva grame de aur. Fusese mama într-o excursie în Turcia şi cumpărase câteva grame de aur.

Băi, eu vă spun, erau nişte vremuri foarte interesante. Şi cred că m-am întrebat atunci dacă mai existau şi alte lucruri ascunse prin casă. De mic am avut o curiozitate bolnavă. Şi, tot căutând aşa, am dat peste cele două casete porno. Am introdus una dintre casete în video şi vă rog să reţineţi că, ceea ce a urmat a fost nici mai mult nici mai puţin decât prima situaţie în care eu luam contact vizual cu ceva legat de sex: pe acea casetă, pe care scria pur şi simplu „porno 1", era înregistrat un film cu, ţineţi-vă bine, lesbiene scatofile.

Nu putem spune că este foarte indicat să iei un contact atât de abrupt cu ceea ce înseamnă ghebosul amor carnal. Înainte vreme, băieţii descopereau, poate, vreo revistă cu femei dezbrăcate sau, înainte de asta, cine ştie ce fotografie cu una care avea coapsele dezgolite, ceea ce era ieşit din comun. Or iată-mă pe mine, în zorii vieţii, descoperind sexul în acest mod. Şi era doar perioada video-urilor! Nici nu îmi pot imagina vârsta de 12 ani în perioada internetului. Sigur că, până mi-am început viaţa sexuală, am continuat să mă autodescopăr. Doamne, cine m-a pus să mă iau după mama şi să scoatem această carte!?

Ultima chestie pe care o mai spun înainte de conversaţia cu mama pe acest subiect este că am aflat, la un an sau doi distanţă, că la o televiziune germană se transmitea în fiecare vineri seară, de la 23:00, ora României, o emisiune care se numea „Liebe Sunde". O emisiune erotică în care apăreau femei foarte mişto şi foarte... goale. Dezvoltasem o tehnică fabuloasă ca să pot obţine un moment satisfăcător pe săptămână (şi care să nu conţină caca sau pipi). Nu că aş avea ceva împotrivă, dar cât caca şi cât pipi să tot vezi? Până la urmă te saturi, nu? (Asta nu a sunat bine deloc.)

Ca să pot să mă uit, şi nu doar să mă uit, ci chiar să mă bucur de această emisiune, profitam de faptul că vineri seara rămâneam mai mult la televizor, iar când se dădea stingerea, făceam în aşa fel încât să fiu eu cel care stingea televizorul. Dar în momentul în care făceam asta, cream pe loc o diversiune ca să nu se observe că (atenţie cât eram de inteligent!), dădeam repede volumul la minimum. Astfel încât, atunci când reaprindeam televizorul, el nu făcea deloc zgomot. Nu pot să vă spun cât de departe mergea această tactică. Nu pot să vă spun cum reuşisem să găsesc o metodă ingenioasă pentru ca uşa de la camera mea să pară că este închisă, dar, de fapt, era puţin întredeschisă, cum îmi bătea inima când ieşeam din camera mea şi parcurgeam drumul până în sufragerie, un drum de câţiva paşi, în aproape 5 minute, ca să nu fac niciun fel de zgomot. Deschideam televizorul şi, în cel mult 10 secunde, dădeam contrastul şi brightness-ul la minimum. Mă bucuram iepureşte şi apoi mă întorceam la mine în cameră.

***

– Tu îţi mai aduci aminte când m-ai prins în baie?

– Evident că îmi aduc aminte, dar sper, în acelaşi timp, că nu eşti atât de idiot încât să pui aşa ceva în carte.

– Te rog să nu te îndoieşti de idioţenia mea. Nu numai că o să pun treaba asta în carte, dar o să fie primul capitol după cel introductiv.

– Cum să fie ăsta primul? De ce să fie primul?

– Pentru că sunt foarte multe de învăţat de aici şi, oricum, această carte nu o să fie într-o anumită ordine cronologică a amintirilor. Vreau doar să te întreb ce ai face în aceeaşi situaţie având mintea de acum.

– Cu mintea de acum, evident că aş închide uşa şi aş căuta o soluţie ca, după ceva timp, să pot

deschide, măcar vag, o discuţie despre sexualitate şi masturbare.

– Deci Andrei a fost crescut cu o mamă, tu, care avea o experienţă anterioară în creşterea unui copil.

– Normal. Plus că, vrei să-ţi spun ceva? Tu raportezi reacţia mea de atunci la lumea de astăzi, când circulaţia informaţiei este mult mai rapidă şi, chiar dacă nu ai avut un copil, sună foarte urât „care să fi fost ciornă”...

– Deloc nu sună urât...

– Hai, mă, lasă-mă, că glumesc. Deci azi, chiar şi neavând anterior un copil şi netrecând prin experienţe de genul acesta, dacă ai un pic de cap, te documentezi şi tu despre psihologia infantilă. Erau alte vremuri. Uite, să-ţi povestesc ceva, dacă tot m-ai provocat, ca să înţelegi cum era lumea românească. Umblau tot felul de veşti, de conspiraţii. Noi, cu toţii, alcătuiam o societate înapoiată, speriată. Auzisem că umblă pedofilii pe străzi. Ceea ce se întâmplă şi azi. Dar nu la modul exprimat de oameni atunci, de aveai senzaţia că 5 din 10 trecători erau pedofili. Eu, cu grija mea dementă, ştiind că mai stăteai pe afară, la joacă, ţi-am zis într-o zi: „Mămică, să ai grijă! Dacă vine oricine la tine şi îţi spune «haide, măi băieţelule, vino cu mine», să nu cumva să te duci, mămică! Sunt unii care iau copiii şi îi duc undeva, îi dezbracă şi îşi scot puţa în faţa lor, fac tot felul de prostii”. Ai tăcut şi, mai apoi, după ce te-ai gândit un pic, ai zis: „Mami, lasă-mă pe mine. Mie mi-e frică să nu-ţi facă ţie vreunul aşa ceva!”.

– Eram inteligent de mic... Când am găsit casetele cu filme porno, îţi mai aminteşti?

– Atunci n-am ştiut, mi-ai povestit tu mult după. Ce vrei, mamă, fiecare cu epoca lui. Uite, eu când eram mică am făcut balet şi, în clasa a V-a, am plecat cu trupa, prin intermediul UNICEF, în Olanda. La Haga. Era prin '71, încă nu devenisem o ţară complet închisă. Era perioada aia de început a lui Ceauşescu, dătătoare de speranţe şi unele relaxări. Am mers două zile cu trenul şi jumătate de zi ne-am oprit în Viena. Unul dintre profesori a intrat într-o tutungerie şi noi, care căscam ochii în dreapta şi în stânga, am văzut în acea tutungerie, pe un raft, nişte reviste porno. Îţi dai seama că am avut un şoc. Şi noi am văzut asta pentru că am ajuns acolo. Altminteri nu exista niciun fel de posibil contact cu aşa ceva. Dar uită-te la generaţia lui Andrei.

– Ha, ha! Spune câţi ani avea când l-ai găsit cu monitorul plin de ţâţe şi funduri.

– Era mic. Cred că patru ani avea. Folosea calculatorul lui taică-tu pentru diferite joculeţe de-astea, de copii. Dar sub supravegherea noastră. Calculatorul era, în principiu, sub ochii noştri, în sufragerie. Nu ştiu ce-am făcut, am spălat nişte vase şi, când am trecut pe lângă el, am văzut pe ecran femei dezbrăcate. El era roşu la faţă. Când m-a văzut, a început să plângă şi mi-a zis că el nu a făcut nimic. Doar a căutat pe Google cuvântul „sex".

– Da, chiar că nu făcuse nimic... Oricum, trebuie să recunoşti că el a fost mult mai năzbâtios

decât mine, dar şi de o inteligenţă uneori diabolică. Îţi mai aduci aminte când a scris, în clasa a II-a sau a III-a, mare, pe toată tabla, cuvântul „pula"?

– Aoleu, termină!

– Lasă, dom'le, că ce a făcut el ulterior este o dovadă de geniu. Sigur, repet, diabolic, dar tot genial.

– Atunci m-a chemat diriginta la şcoală. A venit şi directoarea care i-a spus: „Andrei, îţi zic de faţă cu mama ta! Dacă vreodată mai scrii aşa ceva pe tablă, te exmatriculez!".

– Exact! Iar el, a doua zi, tot aşa mare cât toată tabla, a desenat un penis, argumentând imbatabil că lui i s-a spus să nu mai scrie, nu să nu deseneze.

– Mai, să ştii că probabil de asta a şi fost aşa năzbâtios. Pentru că era ieşit din comun ca inteligenţă, fapt dovedit prin tot felul de lucruri pe care le făcea. Ai văzut ce am scris despre naşterea lui?

– Nu! Stai! Avem o carte întreagă în faţă. O să ajungem şi la naşteri şi la multe altele.

Sigur că cineva care ţine la tine se bucură că tu eşti fericit împreună cu Maricica dar, în momentul în care îi anunţi că tu şi Maricica urmează să vă căsătoriţi, primul lucru la care se gândeşte orice om de pe faţă pământului (în afară de cei cu foarte mulţi bani, însă şi ăia ar dori să fie stăpânii fiecărei zile din vieţile lor şi să decidă singuri dacă în seara aia ies undeva să se îmbete sau stau acasă şi se uită pe Netflix, sau merg la munte, sau orice altceva) este următorul: „OK! Deci urmează o zi din existenţa mea când, îmbrăcat elegant sau poate, cine ştie, îmbrăcat tematic, pentru că aşa au vrut ei, ca nunta lor să fie ceva special, să nu fie ca toate nunţile, să poa' să spună dup-aia «noi chiar ne-am distrat la nunta noastră, n-a fost d-alea...», să merg într-un ballroom, sau poate într-un restaurant, sau hei, ce crezi, au fost nebuni, în aer liber! Să beau şi să mănânc ore în şir cu oameni pe care nici nu-i cunosc şi cu oameni pe care-i cunosc, dar de care n-am niciun chef. Pe o sumă de bani care însumează preţul meniului plus taxa pe căsătoria şi dragostea lui Gheorghe, cacu-mă-n ea, o sumă care mi-ar permite nu numai să ies doar (atenţie, DOAR!) cu oamenii cu care aş vrea eu, ba chiar să plec cu oamenii aceia trei zile la munte, să bem şi să mâncăm!".

Dar Gheorghe o iubeşte pe Maricica! El vrea să facă din asta un eveniment! El vrea ca toată lumea să ştie că el o iubeşte pe Maricica! El vrea ca primăria să ştie că el o iubeşte pe Maricica! (Dacă ar fi doar cununia, nimeni nu s-ar stresa, totuşi.) El vrea ca Maricica să ştie că o iubeşte! Vrea ca Dumnezeu din cer să ştie că o iubeşte pe Maricica! Gheorghe, vedeţi că deja mă refer la el ca la ceva exterior, deci n-am mai simţit să reintru în pielea personajului, vrea să comunice statului român, pe o cale oficială, nu oricum, că el o iubeşte pe Maricica şi o să moară alături de Maricica.

În acest sens, trebuie să meargă toţi condamnaţii, pardon, rudele şi prietenii, la Starea Civilă. Adică în acelaşi loc unde o să meargă şi atunci când o să moară Maricica sau unde ea o să meargă atunci când o să moară el, ca să obţină certificatul de deces, căci ambele secţii se află în aceeaşi locaţie. Am aflat eu asta când a murit bunicul și am fost cu mama şi cu mamaie să luăm certificatul, iar în clipa în care mamaie completa cu lacrimi în ochi documentul, de jos s-a auzit un alai cântând „Mulţi ani trăiască!".

Dar să revenim la amicul Gheorghe. Care, ce credeţi, vrea să meargă la biserică şi să ţină pe toată lumea în picioare o oră şi jumătate, chiar două, pentru ca el să se jure în faţa lui Dumnezeu că, orice s-ar întâmpla, nu se va despărţi de Maricica toată viaţă lui. Emoţionant, nu? Iar Maricica, la rândul ei, se va jura că va trăi până la adânci bătrâneţi cu Gheorghe. Se vor jura într-o atmosferă de mare taină bisericească, în care Duhul se va pogorî pentru a primi jurămintele celor doi! Acolo, în sfânta biserică, bă băiatule (am luat-o cealapa, dar mă distrez), înconjuraţi de oameni.

Unii dintre ei ţin şi câte o lumânare imensă, de încep să le tremure mâinile de durere, alţii se mişcă de pe un picior pe altul, ca să nu amorţească stând drepţi (că în faţa lui Dumnezeu n-ai voie să stai în cur). Apoi toată lumea va ieşi din biserică. Eventual, se vor elibera porumbei (care sunt dresaţi să se întoarcă oricum în captivitate, la ăla care îi închiriază), în cinstea iubirii pe vecie. Se va arunca orez (deşi unii ar da cu pietre).

Ziua e lungă! Se va merge într-un parc (indiferent de temperatură şi de cum eşti îmbrăcat), ca să se facă poze cu momentul sublim în care cei doi îndrăgostiţi au făcut toată nebunia asta, ca să ştie toată lumea, tot universul să ştie şi să cunoască cât de mult (cacofonia a fost intenţionată) se iubesc ei şi cum o să rămână împreună în vecii vecilor, Amin! Urmează restaurantul şi toate celelalte.

Eu sunt de acord! Nu mă opun! Însă asta doar(!) dacă Gheorghe şi Maricica îşi vor ţine promisiunea, aşa cum au făcut mama şi tata. Probabil că ai mei nu au fost pe roze întotdeauna. De fapt, nu probabil. Sigur nu au fost pe roze întotdeauna. S-au mai şi certat, s-au împăcat, de la un punct încolo or fi făcut şi compromisuri, de la un punct încolo au acceptat şi ideea că dragostea aceea înflăcărată, când o iubeai pe Maricica şi va futeaţi, de dimineaţă până seară, pe toţi pereţii, se transformă uşor-uşor în altceva.

Uite eu, de exemplu, nu aş fi putut. Nu am fost genul de persoană care să se fi împăcat cu ideea că treaba aceea pătimaşă se transformă în altceva. Mie mi-a plăcut doar începutul, doar treaba pătimaşă. Iar când mi-am dat seama de asta, am conştientizat că nu are sens să fac tămbălău atât timp cât nu am convingerea faptului că eu şi potenţiala mea Maricica chiar vom muri împreună. Vor argumenta unii că toţi îndrăgostiţii cred că vor muri împreună. Perfect! Vine şi întrebarea: nu ar fi, totuşi, firesc să aştepte câţiva ani buni? Zece ani măcar. Ca să nu creeze tot tămbălăul de pomană? Sau, dacă îl creează şi se despart, să nu mai aibă voie niciunul dintre ei la al doilea tămbălău. Văd că biserica, cea care iartă orice criminal, orice violator, dar nu îngroapă pe un sinucigaş (care o fi fost bolnav, săracul de el) şi nu face slujbe unuia care decide să fie incinerat, n-are nicio problemă dacă mergi de cinci ori să tot juri strâmb că o să îmbătrâneşti lângă nu ştiu cine! Bani să iasă!

De-asta spun că divorţul îmi repugnă, nu căsătoria în sine. Căsătoria ar trebui să fie o mare excepţie, nicidecum o regulă. Nu cred că mai mult de un cuplu din 10 pot să ducă la capăt aşa ceva... Dar cu adevărat ireală mi se pare recăsătoria. Ideea că Gheorghe va lua tămbălăul de la capăt. Uşor, uşor mi se pare că trebuie să ai un tupeu fantastic. În primul rând, cum să te apuci să-i anunţi pe toţi cei despre care am vorbit anterior?! Ăia ţi-au ţinut isonul, ţi-au dat bani, au aruncat cu orez în tine, au stat în picioare de dragul tău şi, repet, care au investit material, bă, băiatule, în iubirea ta cu Maricica! Pentru că nu pot să mă gândesc doar din perspectiva mea, care sunt o persoană cu posibilităţi financiare. Cele mai multe dintre nunţi se petrec având ca invitaţi oameni cărora nu le prisosesc banii ăia pe care Gheorghe îi cere drept camătă pentru iubirea lui cu Maricica. Înţelegi ce spun?

De asta mi se pare o dovadă de tupeu fantastic să-i anunţi pe aceşti oameni că tu divorţezi. Eu, dacă aş fi fost la nunta ta, sincer, cu toată dragostea, te-aş cam bagă în aia a mă-tii în momentul acela. Vine Gheorghe dintr-o dată să te anunţe că, după nefericitul divorţ de Maricica, el s-a îndrăgostit în mod irevocabil de Lucica. Lucica este viaţa lui, este sufletul lui pereche, este femeia pe care, de fapt, a aşteptat-o întotdeauna. El o iubeşte pe Lucica, Lucica îl iubeşte pe el. Trăiesc amândoi un sentiment curat, pasional. Se fut pe pat, sub pat, pe pereţi, pe tavan. Dar lucrurile nu pot rămâne aşa! Gheorghe trebuie să spună statului că o iubeşte pe Lucica, trebuie să se jure în faţa lui Dumnezeu că el va trăi cu Lucica până la sfârşitul vieţii lui şi atunci... Pac! Primeşti încă o invitaţie la nuntă.

Nu mi-o luaţi în nume de rău. Poate că sunteţi în această situaţie. Eu aş simţi că singurul lucru care m-ar putea salva de la o părere proastă de sine şi de la a mă uită în oglindă şi a vedea un bou, ar fi următorul: „Auzi, Gheorghe! Ai senzaţia că m-ai câştigat la belciuge? Mă pupi în cur! Şi nu oricum! Împreună cu Lucica!”.

În cazul în care nu înţelegeţi de ce se numeşte acest capitol „Ciocatele portocalii”, următoarea „conversaţie cu mama” o să vă lămurească.

***

– Cum l-ai cunoscut pe tata?

– Pe Tinder...

– Eram sigur...

– Uite cum a fost...

– Jur că nu am să te întrerup!

– Ştiu eu jurămintele tale...

– Ai de gând să începi?

– Dacă mă laşi.

– Poftiţi, vă rog.

– M-am pregătit pentru facultate, am dat examen la ASE. Nu neapărat pentru că aş fi simţit o chemare dar, sincer, era un fel de modă. Şi am picat. Chiar dacă, în anii ăia, în cazul în care nu reuşeai din prima la facultate, unii elevi şi părinţii lor decideau să mai rămână un an pe bară şi să înveţe din nou pentru examen, eu am preferat să iau viaţă în piept. Şi cum putea lua viaţa în piept o fată de 18 ani, decât angajându-se.

– Da, aşa e. Altă şansă nu aveau fetele. Încă nu exista industria de videochat.

– Ai spus că nu mă întrerupi.

– Nu a fost o întrerupere. A fost o completare.

– M-am angajat la o întreprindere de comerţ exterior, într-un centru de calcul, cu nişte maşini de facturat care făceau un zgomot infernal. Iar mai apoi, am fost printre primii care au învăţat să lucreze pe calculator. Când am ajuns în prima zi la primul meu loc de muncă, eram un colectiv de 14-15 femei. Primul gând, când am făcut cunoştinţă cu ele (câteva îmi sunt cele mai bune prietene şi astăzi) şi am aflat că ele aveau atunci 26-27 de ani, a fost «Doamne, ce bătrâne sunt fetele astea!». Când suntem foarte tineri şi vedem o persoană cu zece ani mai mare ni se pare că este deja bătrână. Aşa este tinereţea. După ce ne maturizăm, începem să ne schimbăm părerile despre vârstă şi despre viaţă. Aici unde m-am angajat aveam şi câteva colege aproape de pensionare...

– Asta înseamnă că, pe principiul enunțat anterior, astea ți se păreau efectiv mumii egiptene!

– Cam așa... Una dintre ele era doamna Nuți. Măruntică, dolofană, cu niște ochi de viezure, veselă, dar cam băgăcioasă. Cânta operetă în birou.

– Cum adică operetă?

– Nu știi ce-i aia operetă?

– Ba știu. Dar o femeie care cânta de nebună operetă, într-un birou, reprezintă tiparul clasic de concurent iUmor de astăzi.

– Doamna Nuți avea un băiat de însurat. Iar băiatul ăsta, intenționat sau nu, își uita cheile de la casă pe unde apuca și venea să le ia de la mămica lui de la birou. Eu... Îți dai seama. Eram tânără, frumoasă...

– Modestă...

– ...iute de picior. Eram mereu rugată să cobor, ca să duc cheile băiatului.

– Aha... Era o tactică.

– Eu am refuzat toate tentativele lui de a mă invita la un suc, la un film, la o plimbare, la o petrecere. Într-o zi, când mi-am jurat că accept să-i duc cheile pentru ultima data, ce îmi văzură ochii? Venise cu un prieten.

– Hopa...

– Era Dănuț! Taică-tu.

– Da, îl cunosc.

– Ai jurat că nu mă întrerupi.

– Am zis să pigmentez şi eu cu o glumă.

– Lasă povestea aşa, nepigmentată.

– Bine, dom'le, spune.

– Dănuţ semăna leit cu personajul Wesley din serialul „Om bogat, om sărac" ce se difuza pe vremea aia la noi. Mi-a povestit Dănuţ, peste câţiva ani că, atunci când ne-am văzut prima dată, şi el s-a îndrăgostit de mine. În drum spre casă, i-a spus prietenului lui: „Băi Adriane, să nu te superi, dar eu o să mă împrietenesc cu fata asta pentru că mi-a plăcut foarte mult!". Ăla, săracul, a răspuns: „Dar nu e corect! Mie mi-a făcut mama primul cunoştinţă cu ea!".

– Păcat că această carte nu are emoticoane. Acum aş fi pus un facepalm.

– Aveam 19 ani. El, 21. Nu eram pregătiţi pentru nimic. Trăiam clipa şi ne bucuram când eram împreună...

– Alo, alo, stai un pic! Acum chiar te întrerup! Unde cădem aşa, dintr-o dată, în filosofie?! Cum s-a întâmplat mai departe? Cum aţi dat unul de altul, cum v-aţi văzut?

– Păi m-a sunat Adrian, băiatul doamnei Nuţi, care tot mai încerca una-alta. Şi l-am întrebat unde e, fiindcă se mai auzeau voci. Mi-a spus că este la Dănuţ acasă. Era ziua lui. Şi eu, atunci, am spus: „Ah! Păi dă-mi-l un pic la telefon să-i spun şi eu La mulţi ani!".

– Buuun! Erai versată, nene, nu glumă!

– Eram fată mare, dacă te interesează cât de versată eram. Auzi, versată... Eram vai de capul meu. Dar m-a dus mintea. Îmi plăcea de el. Am vorbit, i-am spus „La mulţi ani!” şi mi-a dat întâlnire. Dănuţ era student. Eu lucram în continuare. Am renunţat următorul an la examenul pentru facultate, fiindcă ne trebuia un salariu în casă. Erau vremuri frumoase, dar destul de grele. În orice caz, ne bucuram din orice. O plimbare, un film, o întâlnire cu prietenii. Eram mai puţin sofisticaţi decât tinerii de azi. Oamenii, în general, erau mai puţin sofisticaţi. La prima întâlnire a întârziat o jumătate de oră. L-am aşteptat ca fraiera în faţa Teatrului Foarte Mic.

– Cum e viaţa asta... Să ai un copil actor, iar prima întâlnire cu viitorul lui tată, să fi fost, dintre toate locurile posibile, în faţa unui teatru...

– Corect.

– Cum era îmbrăcat?

– Păi, înainte să-ţi spun cum era îmbrăcat, o să-ţi spun că a venit cu un trandafir în dinţi.

– De ce în dinţi? Avea mâinile ocupate?

– E o expresie, măi! Era îmbrăcat cu o cămaşă mulată. Arăta foarte bine. Pantaloni un pic evazaţi şi în picioare nişte pantofi cu vârful ascuţit, un fel de ciocate portocalii.

– Portocalii?!

– Da, portocalii! Dar îi veneau foarte bine.

– Portocalii...

– Ai rămas blocat la asta? După ce că era frumos ca un Adonis, mai cânta şi la chitară.

– Şi mai avea şi ciocate portocalii...

– De câte ori ne mai vedeam la masă cu părinţii mei, tata zicea mereu: „Aşa ai cucerit-o, vagabondule, cu serenadele tale!”.

– Să ştii că nu vreau să te referi absolut deloc la prima noapte de dragoste, pentru că va exista în carte un capitol despre treaba asta.

– Un capitol despre prima noapte? Poate peste cadavrul meu!

– Hai că vedem... Cum te-a cerut în căsătorie? Cu inel?

– Nu. Nu prea se obişnuia... M-a cerut simplu şi frumos, când ne plimbam. În primii doi ani de căsătorie am locuit într-o garsonieră, la ultimul etaj al unui bloc de pe lângă Patriarhie, pe care ne-au cumpărat-o părinţii, ai mei şi ai lui, ca dar de nuntă. Când eşti tânăr şi iubeşti, totul pare extraordinar. Chiar dacă banii nu ne ajungeau de la un salariu la altul, am mai avut ceva ajutor de la părinţi, ne mai chibzuiam şi o scoateam la capăt în fiecare lună. Mai nişte cartofi prăjiţi, cu ochiuri, mai un pilaf gri (pentru că nu ştiam să spăl bine orezul), o ciorbă din cartea de bucate... Când vrea omul şi sunt sentimente adevărate, trec toate.

– Uite aşa o să încheiem fragmentul acesta de conversaţie. A sunat foarte frumos. Cât despre orezul gri, tu gândeai în avans. Ai văzut că astăzi există şi maro, şi negru...

CUM SE FAC COPIII?

Înainte de toate, mi s-ar părea normal să nu ne prefacem, nici eu, nici domniile voastre, că titlul acestui capitol nu ar fi unul absolut idiot. Nici măcar nu am scuza faptului că mi-aş fi dorit să fie un titlu plin de marketing, un titlu cu cârlig. Nu! Pur şi simplu este un titlu idiot şi neinspirat. Ba aş merge chiar mai departe şi aş spune că, dacă ar exista un campionat mondial al titlurilor proaste de capitol, aş avea şanse mari să aduc o medalie de aur în România. Dacă tot vorbim despre titluri, în zorii anilor '90 şi până după jumătatea acestora, pe vremea când libertatea nu era înţeleasă nici măcar într-un mod rudimentar, titlurile din sutele de ziare care apăreau pe piaţă (şi când spun sute de ziare nu este niciun fel de exagerare) i-ar face să roşească pe cei care astăzi încearcă să obţină ceea ce numim virale, pe cei care se ocupă de Fake News sau pe cei care trăiesc din clickbait-uri.

Un nume de legendă, cu ghilimelele de rigoare, rămâne publicaţia „Evenimentul Zilei" care, în perioada aceea, se vindea în peste 1 milion de exemplare, uneori chiar şi 2 milioane. Cel care conducea acel ziar era nimeni altul decât celebrul jurnalist Ion Cristoiu care venise cu o idee absolut genială. A descoperit o cârciumă unde se adunau tot felul de scriitori, talentaţi altminteri, dar deprofesionalizaţi, căzuţi definitiv şi irevocabil în patima alcoolului. Cristoiu le-a propus următorul târg: dacă tot stau în cârciuma aia toată ziua, să se gândească la articole şi titluri. Dacă se poate (da' doar dacă se poate), articolele să plece de la un fapt cât de cât real şi, neapărat, prin gonflare, să conţină o doză cât mai mare de senzaţional. Articolele care ajungeau pe prima pagină primeau o sumă importantă de bani din care scriitorul respectiv putea să-şi cumpere mai mult alcool sau măcar aceeaşi cantitate, dar de mai bună calitate.

Articolele care ajungeau pe pagina a doua primeau ceva mai puţini bani decât cele de primă pagină (însă tot sume importante) şi tot aşa.

Ca să vă faceţi o idee despre cum sunau titlurile respective, şi acum vorbesc cu cei tineri şi foarte tineri, care nu au prins anii ăia, imaginaţi-vă că nu aveai cum să nu cumperi un ziar în care citeai pe prima pagină titluri de genul: „Cu toporul înfipt în cap, Gigel a adunat cu aspiratorul resturile de creier de pe jos, până la sosirea ambulanței" sau „Nervos că soția l-a refuzat, Gigel a violat patru găini din gospodărie și a fugit cu una dintre ele în lume".

Iarăși am deviat de la ceea ce voiam să spun în fragmentul de față al umilului nostru volum pseudo-literar. E clar că îmi este foarte, foarte dificil să mă concentrez pentru a fi la obiect și a intra direct în subiectul despre care vreau să vorbesc. Dar asta e viața. Ai dat banii pe carte, înapoi nu-i mai primești. Măcar se duc spre o cauză nobilă.

Deși la nașterea mea am fost prezent, mare lucru nu-mi amintesc. De aceea am s-o las pe mama să povestească. Dar am fost prezent la nașterea lui frate-meu și despre aia pot să vorbesc. Când s-a născut Andrei, eu aveam 17 ani și jumătate. Eram între clasa a XI-a și a XII-a de liceu. Mă pregăteam pentru BAC și admiterea la teatru. În afară de asta, mai există ceva care face perioada aceea profund specială. Era perioada în care aveam prima mea relație. Sau, mă rog, impropriu spus „prima relație". Nu e ca și cum dup-aia am avut o serie întreagă de relații până la 37 de ani. Am avut, în total, două. Cu maximă indulgență, hai patru. Care au însumat aproximativ trei ani. Cel mult patru.

Pe prima mea iubită o chema Maria. Și, de câte ori o chema, ea se ducea. Uite ce glumă tâmpită m-am găsit să fac. Am cunoscut-o la McDonald's-ul de la Romană. Eram cu un coleg de liceu, Cătălin, care era și el actor în trupa pe care o înființasem. Maria era la altă masă, împreună cu o prietenă. Cum în viața mea avusese loc deja evenimentul care m-a determinat să nu mai abordez niciodată vreo fată sau vreo femeie şi despre care o să vorbesc mai târziu, eu n-am făcut nimic, n-am iniţiat ceva. Cătălin, în schimb, care era extraordinar de îndrăzneţ, asta probabil ca să compenseze faptul că era extraordinar de scund (apropo, ăştia pitici sunt daţi dracu'), a intrat în vorba cu ele şi aşa am cunoscut-o.

Maria era cu aproape patru ani mai mare decât mine şi locuia singură. Asta mi se părea extraordinar. Ne petreceam weekendurile împreună, în apartamentul ei, şi eu puteam să pun în aplicare tot ce învăţasem în urma antrenamentelor despre care am vorbit în capitolul „Te-a prins mă-ta?". Mai puţin partea cu scatofilia. Sau cel puţin aşa îmi amintesc.

Fiind la prima experienţă, cred că am reuşit să iubesc într-un mod în care nu aş mai putea s-o fac vreodată. Nu neapărat că nu ar exista în mine treaba asta. Dar tot ceea ce am făcut ulterior mi-a demonstrat că nu pot să ating obiectivele profesionale pe care mi le-am propus în adolescenţă, decât dacă nu sunt implicat într-o relaţie sau, cu atât mai mult, într-o căsnicie.

Am avut întotdeauna un „drive" sexual ieşit din comun. Probabil că este vorba despre un exces de testosteron, lucru care se poate observa şi din faptul că, în mod natural, sunt plin de păr. În afară de cap, evident, pentru că Vasile cel din Ceruri are un simţ al umorului extrem de dubios. Făceam dragoste cu Maria până când leşinam. La propriu, uneori! Cel mai mult am făcut dragoste de douăsprezece ori într-o zi, până când, efectiv, am intrat într-o stare de comă (că somn nu pot să-i spun). Ştiu numărul exact pentru că eram atât de tâmpit, încât chiar număram. Ăla a fost recordul. Am tot încercat să-l bat dar picam, uneori la opt, alteori, la zece, la şapte sau am fost, în anumite situaţii, chiar în buză. Adică la unsprezece. Conta şi cât de obosit eram, câte lecţii avusesem în săptămâna anterioară. Uneori, săraca, pica ea prima. Ceea ce nu mă deranja foarte mult, pentru că eu îmi continuam treaba. Era doar mai greu să o manevrez şi s-o mut de colo-colo în timp ce dormea.

Ştiu că, exact înainte să se nască frate-meu, i-am trimis o scrisoare în care îi spuneam că aş vrea să ne despărţim, pentru că am minţit-o. Şi, într-adevăr, o minţisem. I-am ascuns faptul că sunt elev de liceu în prag de clasa a XII-a. Îi spusesem că sunt student în anul întâi la actorie. Probabil pentru că mi-am imaginat că nu o să mă bage în seamă, neavând nici măcar 18 ani. Când a primit scrisoarea, a sunat-o pe mama şi, după ce i-a povestit ce s-a-ntâmplat, i-a spus că nu o interesează nici cât negru sub unghie ce vârstă am, că mă iubeşte până la cer şi înapoi (nu ştiu exact distanţa) şi alte lucruri de genul acesta.

A trebuit să menţionez şi să povestesc asta şi pentru că, în momentul în care s-a născut frate-meu, în duminica respectivă, eu mă întorceam de la Maria. Adică m-am întors în apartamentul nostru, în care locuiam cu ai mei şi, când am intrat în casă, am avut senzaţia că s-a întâmplat ceva asemănător cu tragicul eveniment de la Cernobîl. Nu era nimeni. În sufragerie era pusă masa ca şi cum ar fi fost acolo nişte invitaţi. Pe masă erau farfuriile de ciorbă cu lingurile lăsate înăuntru. Pe aragaz, o oală în care se afla felul doi, neatins. E foarte greu să vă explic sentimentul pe care l-am avut. Bănuiţi, probabil, ce s-a întâmplat. Maică-mii i s-a rupt apa exact când aveau nişte prieteni de familie la masă şi au plecat de urgenţă la spital.

Aici fac un mic stop, pentru că e foarte important să vă spun de ce am un frate de care mă despart 18 ani, ceea ce este foarte mult. Acum, când spun „foarte mult", depinde raportat la ce. Raportat la univers, este nimic. Iar sunt pe cale să divaghez. Dar sunt puternic şi mă opresc la timp. Bravo, Mihai! Ia un os! Revenind la Andrei, ştiu că, în adolescenţă, am început să-i spun mamei că mi-aş dori să mai facă un copil. Îmi răspundea: „Măi Mihai, cum să mai fac un copil la vârsta asta?". Zic: „De ce? Nu mai ştii cum?". „Termină! Sunt prea bătrână!". I se părea că este „prea bătrână". Iar pe vremea când aveam aceste discuţii, ea avea cam 35 de ani, cu doi ani mai puţin decât am eu acum.

Băi şi s-a întâmplat! Împotriva tuturor şanselor, s-a întâmplat! Întorcându-ne la ziua în care s-a născut fratele meu, am aflat că erau la masă şi că pe mama a apucat-o strechea (glumesc)... Aşa că am plecat şi eu cu un taxi la spital.

Andrei s-a născut undeva aproape de 12.00 noaptea şi, ce-mi amintesc limpede este că, pe la ora 22.00, fiind în curtea spitalului împreună cu tata - cred că erau şi bunicii din partea mamei şi încă vreo câţiva prieteni de familie -, am auzit-o brusc pe mama, în liniştea aceea a nopţii, de undeva de la o fereastră a spitalului, urlând cu o neputinţă pe care nu i-o cunoscusem: „Domnu' doctor, nu mai pot!".

Măi copii și dragi părinți... Instantaneu mi s-au înmuiat picioarele, mi s-a făcut rău. M-am dus repede după un colț al spitalului și... am vomitat. Nu știu de ce s-a întâmplat asta. Poate pentru că mama a încercat întotdeauna, față de mine, să se arate puternică. Indiferent cu ce preț. Eu nu-mi amintesc să o fi auzit pe mama să se plângă de ceva. Mama ducea orice gripă, orice enterocolită, orice durere pe picioare. Cred că ăsta este un mare secret. De nenumărate ori, starea pe care o ai este starea în care te lași. Starea în care te afunzi. Mama a fost întotdeauna o entitate cu un spirit de sacrificiu pe care eu nu l-am mai întâlnit și, probabil, auzind-o în acel moment atât de slabă și neputincioasă, disperată în fața unei dureri pe care nu mi-o imaginez, am avut un șoc. Și am început s-o iubesc și mai mult, gândindu-mă că asta a simțit și înainte să vin eu întru existență.

Frate-meu s-a născut. Lucrul acesta a fost anunțat de vecina noastră, tanti Zoica, cea care, culmea, fiind asistentă medicală pe secția de nou-născuți a ajutat-o pe mama, alături de medic, să nască. Tanti Zoica a ieșit din spital și i-a strigat tatălui meu: „Dănuț, ai un băiețel! Și are o pulă cât casa!”. Vă jur că așa a spus.

După vreo oră am putut să intrăm să o vedem pe mama care era întinsă în pat și care, chiar și în acele momente, avea griji legate tot de mine și de tata. În sensul că ce o să ne facem noi două-trei zile până iese ea din spital, că trebuie să vină bunica să avem mâncare, că aia, că ailaltă. Și tot atunci am văzut cea mai frumoasă scenă pe care mi-o amintesc eu în legătură cu părinții mei. Când noi, restul, ieșeam din salon, tata şi cu mama s-au sărutat, iar acea imagine, vă dau cuvântul meu de onoare, m-am oprit din scris adineauri, pentru că nu am reuşit să continui fraza. Am simţit un pumn în suflet. Am să las acea virgulă suspendată. Să-mi amintească mereu.

Iar acum urmează ceva mai puţin elegant din partea mea. Dar ăsta e adevărul. Am fost să-l vedem pe Andrei, care se afla într-o altă sală, pe acelaşi coridor. L-am văzut de după un geam. Era într-un pătuţ, cu o infirmieră care îl tot manevra (el era în pătuţ, infirmiera lângă pătuţ, sper că v-aţi prins, n-am avut o exprimare prea fericită). Îi făcea un fel de toaletare, iar prima senzaţie pe care am avut-o atunci când l-am văzut a fost „Iisuse Hristoase, Sfântă Născătoare de Dumnezeu, o fiinţă mai urâtă eu nu am pomenit!". Băi, era extraordinar de urât. Nu ştiu cum să vă descriu cât de urât mi s-a părut mie în momentul ăla.

Există pe lume fiinţe extrem de urâte. De exemplu, cu şanse foarte mari la primul loc, se află o specie de şobolan fără păr şi cu doar doi dinţi imenşi. Ceva oribil. Dar mie întotdeauna mi s-a părut că cea mai urâtă fiinţă, exceptând fiinţele marine, căci acolo chiar există nişte chestii la care nu te poţi uita, este, de departe, ornitorincul. Sigur că şobolanul acela fără păr şi încă vreo câteva... animale, că altfel nu pot să le spun, or fi mai inestetice, mai respingătoare din punct de vedere estetic decât ornitorincul, dar ceea ce a făcut divinitatea ornitorincului mi se pare de-a dreptul revoltător. E o bătaie de joc. Am senzaţia că Vasile, lăudat fie-I numele, după ce a făcut Universul, a fumat un cui, s-a uitat încă o dată la tot ce a creat şi, când a ajuns cu recapitularea la marmotă (care încă nu învelea ciocolată în staniol) și-a zis: „Frățică... (nu știu cu cine mai vorbea, că era singur), am să mai fac un fel de marmotă, dar am să-i pun un cioc de rață și o să-i fac niște labe de gâscă!”.

Vă rog eu frumos, lăsați puțin cartea din mâna (nu că n-ați fi avut până acum foarte multe motive să o faceți deja) și uitați-vă la o poză cu un ornitorinc. Sau dacă aveți unul proaspăt în memorie, o să percepeți mai bine.

Sunt idiot. Care dintre cei care vor ține acest volum în mână o să aibă proaspăt în memorie un ornitorinc? De ce ar avea? Unde să-l fi văzut? Mă rog...

Iar am făcut o paranteză uriașă care nu are niciun sens. Pentru că eu am plecat de la faptul că frate-meu era extraordinar de urât imediat ce s-a născut. Am făcut referire la ornitorinc fiindcă am eu o pată pe creier cu asta (și nu numai cu asta). Dar frate-meu arăta relativ asemănător cu șobolanul ăla fără par. Pe deasupra mai era și acoperit de un fel de mâzgă și de niște bube galbene. Iar în afară de caca și pipi, nu făcea nimic, normal. Am zis asta ca să vă duc înspre ideea că Andrușcă al nostru era, practic, visul lui Nicușor de la Brăila: „Căcat, pișat, mâzgă, coptură galbenă, apă plată măăă!”.

Infirmiera îl tot curăța, dar nu prea îl scotea la lumină. I-a spus apoi lui tata că trebuie să cumpere de la farmacie nu știu ce alifie că să-i treacă bubele. La vreo două-trei zile distanță, a venit mama cu el acasă și vă dau cuvântul meu de onoare că a fost cel mai frumos lucru pe care eu l-am văzut în cei 37 de ani ai mei. Mi se face şi acum, când povestesc, pielea de găină. Dintr-o dată, mi s-a părut absolut superb. Sincer, a ajutat un pic şi alifia aia că nu mai avea nici mâzgă, nici coptură galbenă dar, dincolo de orice glumă, am simţit ceva transcedental în momentul în care l-am văzut.

Andrei,

Ştiu că vei citi aceste rânduri. Vreau să-ţi spun ceva ce nu ţi-am spus vreodată, cu subiect şi predicat. Oricât m-aş vrea eu de creativ şi, în acelaşi timp, bolnăvicios de perfecţionist, dacă m-ar fi pus cineva să descriu cu exactitate cum mi-aş dori să fie fratele meu atunci când va avea 20 de ani, atât cât ai tu acum, nu aş fi reuşit să plămădesc în imaginaţie un bărbat (în toată puterea cuvântului) atât de frumos, atât de inteligent, de matur şi cu atât de mult farmec.

Multă vreme am crezut că îl văd aşa pentru că sunt enorm de subiectiv. Dar gândul acesta mi-a fost anihilat de faptul că extrem de multe persoane cu care a interacţionat mi-au confirmat că aşa este. Pe de altă parte, cred că, în mod subconştient, deşi am ştiut întodeauna că nu vreau să am copii, pentru că universul meu mintal este mult prea polarizat în ceea ce înseamnă carieră, Andrei a făcut în aşa fel încât să-mi acopere şi acel 0,1 la sută din fiinţa mea care, poate, şi-ar fi dorit vreodată un copil. Fiind o diferenţă extrem de mare de vârstă, per total l-am perceput şi ca pe un copil, nu numai ca pe un frate.

***

– Să ştii că am scris în carte un capitol care se numeşte „Cum se fac copiii”...

– Are şi poze?

– ... în care am povestit despre naşterea lui Andrei.

– Ce-ai povestit?

– Păi ai spus că nu vrei să citeşti şi nu vrei să afli nimic din ce-am scris eu, pe motive de superstiţii şi alte bazaconii.

– Bine, nu-mi spune. Eu o să-ţi zic doar atât: tu ai fost un factor determinant. Dar o să-ţi amintesc şi că tu ai fost prima persoană căreia i-am spus atunci când am făcut testul de sarcină. Să ştii că şi taică-tu începuse, de la o vreme, să se cam uite prin cărucioarele oamenilor. Deci şi el îşi dorea foarte mult încă un copil. Iar uşor nu a fost, pentru că în timpul sarcinii mi-au ieşit analizele foarte prost şi am trăit cu teamă restul lunilor, până l-am născut. Mă gândeam şi că am 39 de ani, că sarcinile la astfel de vârste sunt mai complicate. În fine... Hai să-ţi spun cum a fost când te-ai născut tu. După ce am fost la medic şi mi-a spus că sunt însărcinată...

– Sper că spui toată povestea. Inclusiv despre chiuretaje.

– Da. Spun. Nu mă mândresc cu asta, dar am făcut nişte chiuretaje. Era o perioadă cumplită. Chiuretajele se făceau pe ascuns. A fost o situaţie, Doamne... Numai când mă gândesc ce trăiam noi,

femeile... Cum spuneam, a fost o situaţie când eram internată într-un spital. Aveam o sondă montată de o asistentă pentru a-mi provoca un avort. 19 ani şi jumătate aveam. Şi acolo, la spital, au apărut nişte procurori comunişti. Am aflat treaba asta de la medicul meu şi m-am dus la o toaletă unde mi-am scos singură(!) sonda. Disperată, am aruncat sonda pe geamlâcul de la WC. Iar ce m-a impresionat foarte tare este că, atunci când s-a auzit sonda căzând, s-a auzit ca şi cum ar fi căzut peste altele. Nu eram prima care păţise aşa ceva. Oamenii nu trebuie să uite prin ce am trecut noi! Internată în spital era şi o femeie care a murit. Ştii de ce? Procurorii nu i-au lăsat pe medici să o ajute cu nimic până când ea nu avea să recunoască cine i-a făcut chiuretajul. Dacă doctorii ar fi intervenit, acea femeie ar fi trăit şi astăzi. Dar procurorii ăia nu i-au lăsat să se apropie de ea. Iar acea femeie, care mai avea acasă doi copii, efectiv nu a vrut să spună! Nu a vrut să dea un nume şi s-a stins în faţa noastră. N-am să uit niciodată disperarea soţului ei. Plângea şi-şi dădea cu pumnii în cap. Ei, ca să mă întorc la acel control medical făcut în vara lui 1982, medicul meu mi-a spus: „Emilia, dacă eu îţi mai fac acum un chiuretaj e posibil să nu mai poţi niciodată să ai un copil. O să-l naşti! Ştiu că eşti şi tu aproape un copil, dar el va creşte odată cu tine”.

– Deci cam datorez viaţa acestui medic. Ar trebui să mă rog pentru sănătatea lui.

– Cam aşa e. Dar este târziu să te rogi pentru sănătatea lui. A murit. Stelian Arimia se numea. Eu aveam 20 de ani, Mihai. Nu eram pregătită. Ştiu că am plecat cu Dănuţ spre casă şi i-am zis. El a primit

vestea foarte bine. Ba chiar, lucru care m-a amuzat teribil, a devenit brusc foarte grijuliu, ca şi cum eu aş fi fost deja în luna a noua. Când am ajuns acasă şi am coborât din autobuz, s-a dat el primul jos şi mi-a întins mâna.

– Ce frumos!

– Aproape de termenul naşterii ne-am mutat la mamaie şi la tataie acasă - la părinţii mei, ca să înţeleagă oamenii -, în casa în care mă născusem şi eu. Am ţopăit toată perioada cât am fost însărcinată.

– Cred că de la asta mi se trage...

– Am mers până în ultima clipă la birou. Aveam un şef bun şi iubitor care ştia că, la prânz, trebuie să mănânc neapărat o amandină şi să fur jumătate de oră de somn, cu capul pe birou, ca să-mi încarc bateriile. M-au apucat durerile naşterii într-o noapte cu zăpadă de un metru afară.

– De atunci îmi plăcea vremea asta cu viscol...

– Am stat o noapte printre gravide. Rând pe rând, a născut fiecare câte un bebeluş.

– Păi şi ce voiai să nască? Câte un pensionar?

– Eu tot n-am născut. Dimineaţă m-a găsit medicul meu tot acolo, în vârful patului, mâncând cornuri cu unt şi bând cacao cu lapte, pe care le cerusem urgent de acasă. Orice femeie care a născut un copil ştie că în sala de naşteri se întâmplă orice altceva decât să-ţi iei micul dejun în vârful patului, ca o floricică . Părea că nu mai am nici urmă de dureri. Dar durerile au venit. 12 ore de dureri groaznice. Pe 16 februarie, la 05:45, te-ai născut.

– Prima şi ultima dată când am fost matinal din proprie iniţiativă.

– Ai fost singurul băiat care s-a născut în acea noapte. Restul, numai fetiţe.

– Răutăcioşii vor spune că, de fapt, s-au născut numai fetiţe.

– Ha, ha, ha! Asta ar fi bună la un Roast. Şi-acum... Mărturisire: o zi şi o noapte eu nu am fost să te văd. Atât de pregătită, între ghilimele, eram pentru rolul de mamă. Ba chiar nu înţelegeam ce este cu trezitul ăsta în mijlocul nopţii, să ne cheme la alăptat. În sfârşit, a doua zi, seara, mi-am făcut şi eu curaj să merg cu celelalte mame la ora pentru alăptat. Când am ajuns acolo, o asistentă m-a întrebat: „Eşti mămica lui 46?”

– Poftim?!

– Aşa m-a întrebat: „Eşti mămica lui 46?”.

– 46?!?

– 46. De ce?

– Când o să citeşti cartea până la capăt, sper, o să-ţi dai seama de ce sunt în stare de şoc în clipa asta.

– Mi-a zis asistenta: „Doamnă, aveţi aşa un copil cuminte. Doarme tot timpul şi mănâncă”. M-am trezit cu o mogâldeaţă în braţe... Erai înfăşurat ca un ştiulete de porumb şi aveai o feţişoară mică, albă şi doi ochi care mă priveau uimiţi. Timpul s-a oprit în loc. Eram doar eu şi cu tine. Noi doi. A fost dragoste la prima vedere. Uite, vezi, mămica aceea care nu şi-a văzut bebeluşul o zi şi o noapte, în clipa în care l-a luat în braţe...

– Da, ştiu ce zici.

– În prima fază, mă speriam îngrozitor la cea mai mică răceală, la cea mai mică durere de burtă.

– Hai măi, termină cu prostiile! Care „în prima fază”? Ai rămas etern panicată! Pentru totdeauna! Ai recuperat acea zi şi jumătate cu vârf şi îndesat, cu asupra de măsură, tot restul vieţii, până în secunda asta...

JURNALUL UNUI BURLAC

-PARTEA ÎNTÂI-

Trebuie să vă spun, încă din „startul începutului", asta ca să folosesc o expresie dintr-un moment genial al trupei Divertis, că vor exista câteva fragmente în această carte care nu vor fi urmate de conversaţii cu mama. Două sau trei – fiindcă pur şi simplu sunt lucruri pe care acum le va afla pentru prima dată şi mi-am dorit foarte mult să le afle aşa. Mai ales despre unul dintre ele, veţi citi la momentul oportun care anume, pe care nu am avut puterea să i-l spun în faţă sau, în orice caz, nu i l-am detaliat niciodată.

Pe lângă acestea, mai există patru capitole pe care le-am intitulat „Jurnalul unui burlac" (acesta fiind primul dintre ele) în care urmează să spicuiesc câteva clipe... Nici nu ştiu cum să le denumesc... INTIME, poftim!

Se ridică o întrebare.

Am făcut o pauză de scris şi întrebarea refuză să ia loc. Rămâne ridicată. Aşa că am să scriu, am s-o adresez. De ce mă apuc taman eu, în acest volum care va primi un cod ISBN (asta pentru că orice carte publicată primeşte un cod, apoi câteva exemplare se depun la Biblioteca Naţională), să povestesc lucruri atât de tabloide? Cu atât mai mult cu cât am fost extrem de strict întotdeauna în ceea ce priveşte reprezentantele sexului frumos, în sensul în care, poate de multe ori pe un ton extrem de ferm, le-am interzis să-mi pronunţe măcar numele în public, darămite să vorbească altceva despre noi.

Întotdeauna am fost îngreţoşat de diverse persoane care apar în diferite emisiuni sau publicaţii exhibând elemente ale vieţii lor de cuplu, certându-se în direct, spălându-şi rufele în public sau discutând despre concediile lor, despre viaţa privată în doi. Şi atunci, de ce?

Răspunsul mi se pare şi mie un pic ipocrit. Dar iată-l. Atunci când îmbrăţişarea absolută, totală şi fără rezerve a conceptului de burlăcie devine un fapt de mare notorietate, sunt convins că mulţi dintre cei care ţin acum în mâini aceste pagini prinse între două coperţi cartonate se aşteaptă şi la câteva picanterii. Pe de altă parte, am fost întotdeauna adeptul teoriei că un creator nu trebuie să-şi permită să se afle în această paradigmă, de a oferi publicului ceea ce publicul își dorește. Pentru că treaba publicului nu este să își dorească ceva. Publicul trebuie să-și vadă de ale lui, iar creatorul exact la fel. Când Steve Jobs a creat iPhone-ul, nu l-a creat pentru că publicul își dorea un smartphone. Oamenii nu știau ce este un smartphone. Indiferent ce ar crede unii sau alții, mi-am condus cariera după acest principiu. Uneori am avut și de suferit din această pricină. Am forțat un pic unele lucruri, făcându-le mai mult sau mai puțin înaintea timpului lor.

Aceste fragmente, adunate sub titulatura „Jurnalul unui burlac", mi se par necesare, în primul rând pentru că nu pot să eludez ceea ce sunt. Un burlac.

Întotdeauna am fost. De la vârsta de 15 ani, când mi-am început viață sexuală, și până în prezent (deci în decurs de 22 de ani), am fost în ceea ce oamenii îndeobște numesc „o relație" maximum... hai să fiu generos și un pic îngăduitor cu mine însumi... patru ani! Cumulat! Pe cale de consecință logică, rămân cel puțin 18 ani în care am fost burlac. Când, timp de 18 ani, ești burlac, mai ales în contextul în care te găsești totodată prins într-o existență relativ rebelă, având o fire artistică desăvârșit libertină, viața intimă devine, pas cu pas, cel puțin aventuroasă.

Nu vi se pare absolut dizgrațios ca un bărbat să enunțe numărul femeilor pe care le-a cunoscut? Și când spun „cunoscut" mă refer la o cunoaștere a sublimului. Ați fost părtași la un moment în care eu am încercat să fiu elegant. Lamentabilă încercare, de altfel. Dar hai să lăudăm intenția!

Consider că un bărbat care pronunţă un număr vizavi de femeile pe care le-a cunoscut comite un act dizgraţios!

Eu am „cunoscut" undeva în jur de 300. :)

Ce relevanţă are? Păi are, viitorii mei foşti cititori, are! Pentru că, de la un punct încolo, am început să încerc să asimilez ceea ce marii gânditori denumesc „eternul feminin". Va imaginaţi că, dată fiind natura mea bipolară şi gândirea de-a dreptul contorsionată, am cunoscut un areal întreg de reprezentante ale sexului sublim. Dacă scriam „sexul slab", cartea ar fi fost interzisă şi retrasă din librării în cel mult două săptămâni. Apropo de sexul slab, am întâlnit odată o grasă... Glumesc!

De când mă ştiu pe lume ca bărbat, pe lângă alte multe suferinţe psihice, am avut de-a face şi cu ceea ce se numeşte sindromul Pygmalion raportat la femei. Foarte simplist explicat, acest sindrom se traduce în felul următor: dorinţa excesivă de a crea din persoana respectivă o adevărată operă de artă. Nu ştiu de ce am menţionat asta acum, deşi abia în următorul capitol o să dau un astfel de exemplu, dar deja nu ne mai mirăm de felul în care îmi fuge mintea şi continuăm.

Motivul pentru care, în 22 de ani, am fost într-o relaţie doar patru ani cumulat, s-a datorat sau a fost cauzat de faptul că, scriind încontinuu, filmând încontinuu, fiind pe scenă mai mereu, dar şi în turnee sau înregistrări, ocupându-mi în permanenţă mintea doar cu planul pe care şi l-a creat acel Mihai adolescent care, într-o noapte, făcând pipi, a avut revelaţia unei chemări, nu am reuşit să împac ideea de uniune, ideea de a acorda timp cuiva, cu cariera.

Mi-au plăcut cluburile, barurile. Ador nopţile de beţie, de desfrâu. Nopţile care se termină cu o târâială spre casă sau poate chiar ascunderea după un colţ ca să pot să vomit. Există un magnetism între mine şi acest tip de comportament reprobabil. Mi s-a întâmplat inclusiv să mă piş pe mine de beat ce eram, într-un taxi, în drum spre casă. Taximetristul, care mă recunoscuse, neluând în seamă că eram mort de beat, îmi vorbea despre tot felul de lucruri şi eu, privindu-l în ochi prin intermediul oglinzii retrovizoare prin care el lua contact vizual cu mine, am început să dau drumul la pipi până s-a golit vezica. Am făcut aceste lucruri întotdeauna la extrem, pentru că ele au fost nişte supape ale întregului. Care întreg nu am conceput să fie altcumva decât aparţinând carierei. Întotdeauna m-am simţit vinovat pentru fiecare clipă ce n-a fost dedicată gândurilor legate de profesie. Mi le-am acordat într-o proporţie foarte mică şi am profitat de ele căzând, pentru câteva ore (pe care mi le permiteam, pe săptămână), în mari excese.

Între aceste 300 (sau un pic peste 300) de întâlniri cu sexul opus (nu, nu sunt gay, aşa cum se tot vorbeşte, deşi mă excit fără probleme la un porno bun cu o shemale superbă) au existat câteva femei care au însemnat mult. În această carte nu am să mă refer absolut deloc la cele care au alcătuit cei patru ani cumulaţi de relaţie şi nici nu vreau să explic de ce. Am făcut referire, într-un capitol anterior, la prima mea iubită, Maria, pentru că altfel nu se putea înţelege întregul acelui moment.

Dincolo de aceşti patru ani şi dincolo de cele patru persoane cu care am reuşit, pentru o perioadă de cel puţin şase luni şi de cel mult un an, să fiu (cât urăsc termenul) „normal", am avut aventuri de-o noapte, dar şi prietene cu care am fost ceea ce în secolul 21 am numi „friends with benefits" sau chiar „fuck buddies". Cu unele dintre ele, puţine, m-am întâlnit, din când în când, câţiva ani buni la rând. N-aş vrea să mint. Am avut şi aventuri care nici măcar de o noapte nu au fost.

Viaţa mea amoroasă s-a desfăşurat, cu precădere, la mine acasă. Mai ales după ce am avut un eveniment neplăcut într-o vizită în care am fost filmat. Din cauza inconştienţei care mă caracterizează, uneori, şi care nu ia seama, în mod raţional, de faptul că sunt persoană publică, am consumat sexul şi în locuri publice, precum maşină, parcuri, noaptea pe străzi, pe holuri ale diferitelor hoteluri din ţară, cinematografe, într-un hipermarket şi chiar într-un autobuz. Această enumerare s-ar putea să ducă şi la concluzia că industria de paparazzi din România se bazează, cu câteva excepţii, pe telefoane gen: „Vino să mă fotografiezi că sunt cu X, în locul Y", pe diferite ponturi sau pe întâmplare.

Conştientizând, de la un punct încolo, faptul că voi duce multă vreme o astfel de viaţă, am încercat şi am reuşit ca, pe lângă întâlnirile pe care mi le-a oferit viaţa, să cunosc femei din absolut toate clasele sociale, acoperind un întreg spectru al nivelului intelectual, educativ, dar şi din cât mai multe zone geografice şi profesionale. Nu am scris următoarele capitole din această miniserie pentru cititorii bărbaţi. Ei pot sări peste ele. Le-am scris pentru doamne şi domnişoare. De ce? Pentru că s-ar putea să fie utilă părerea unui bărbat dezinteresat şi sincer până la idioţenie.

Şi încă ceva. În toate aceste fragmente nu voi menţiona numele adevărate ale personajelor. Deşi mai toate sunt de origine română, am să le dau nume englezeşti, din dorinţa de a le proteja identitatea. Mi-e teamă de ceea ce urmează să povestesc până la finalul cărţii. Chiar acum, în momentul în care scriu, mă uit la ceas. Este 2:30. Mă culc şi mâine reiau scrisul. Nu ştiu de ce v-am spus asta. N-are nicio relevanţă. Până una-alta, povestea noastră continuă ca până acum. Cu serialul „Jurnalul unui burlac" ne revedem peste câteva pagini. Noapte bună!

TE-AU BĂTUT, BĂ, CÂND ERAI MIC?

Evident că am luat-o pe coajă când eram mic. Dar asta nu pentru că aş fi fost un copil neastâmpărat. Din contră. Dacă ar fi să mă gândesc profund la chestia asta, am fost ceea ce se poate numi în popor (iar eu urăsc visceral zicerile din popor, din foarte multe motive) „un copil cuminte". Eu aş merge un pic mai departe şi aş spune că eram un pic ciudat. Am să vă explic exact de ce. De când mă ştiu pe această lume, am trăit mult mai mult în interiorul minţii mele, în imaginaţie, decât în viaţa reală. Am fost întotdeauna aplecat către universul interior. Eram extrem de gânditor. Eu aşa îmi aduc aminte de mine. Păream foarte social şi, în multe situaţii, chiar eram. Dar mă simţeam cel mai bine în imaginaţie şi mi-era din ce în ce mai greu, pe măsură ce am înaintat în vârstă, să nu cad pe gânduri în toiul unor discuţii, în timpul liber. Despre şcoală nu mai spun.

Sunt absolut convins că, dacă totul s-ar fi desfăşurat în zilele noastre, ar fi existat cineva care să mă considere suspect de Asperger.

Am fotografii de pe vremea când eram elev în clasele primare, apoi în şcoala generală, apoi în liceu. În mai toate aceste fotografii mă frapează un aspect pe care eu pot să-l percep mai bine decât oricine altcineva. Privirea mea este privirea unui om care întotdeauna se gândea la altceva decât la acel moment. Acel moment surprins de aparat. Nu ştiu dacă altcineva, în afară de mine, văzând fotografiile respective, şi-ar da seama de chestia asta. Eu, cunoscându-mă foarte, foarte bine, ştiu că aşa era.

Deşi ieşeam mult pe afară, jucam ore în şir fotbal, trăiam iubiri incipiente şi timide, mă jucam cu vecinul Mihai şi mai aveam şi alte activităţi ale copilăriei sau adolescenţei, progresiv, cu cât timpul trecea, devenea din ce în ce mai evident pentru mine că îmi plăcea să stau singur. Cred că expresia care ajunsese să mi se potrivească era: „Du-te la tine în cameră!”. Cu menţiunea că această expresie, care pentru mulţi copii reprezenta pe vremea aceea o pedeapsă, pentru mine reprezenta o binecuvântare, ceva foarte, foarte plăcut. Spun că „pe vremea aceea” reprezenta o pedeapsă fiindcă, astăzi, mulţi părinţi ştiu că dificultatea nu constă în a trimite copilul în camera lui, ci în a-l scoate de acolo.

Cred că felul acesta ciudat de a fi sau hai să nu-i spun ciudat, o să-i spun special (deşi nu mi se pare în regulă să te referi tu la tine ca fiind special), mi-a adus de-a lungul vieţii şi lucruri pozitive, dar mi-a adus şi o căruţă de lucruri negative.

Mai făceam şi prostii. Nu mari. Sau în niciun caz ca o formă de răsfăţ. Rebeliuni de tipul „mă sui pe cadrul de la marginea liftului ca să merg cu uşiţele deschise" şi, cine ştie cum, afla mama. Chestii de-astea stupide. Numai că mama, la lucruri de acest gen, reacţiona foarte puternic, deoarece trăia în spaima de a nu mi se întâmpla mie ceva rău.

Acasă. Un apartament banal de bloc, pe Strada Liviu Rebreanu, numarul 5. Blocul 52. Scara 1. Etaj 8. Apartament 34. Singurul copil al părinţilor mei, un copil absolut divinizat de întreaga familie. Iar pentru mama şi tata eram centrul absolut al universului. Şi atunci veţi spune: de ce o luai, bă, pe coajă? Motivul principal pentru care o luam pe coajă este pe cât de real, pe atât de înduioşător şi o să vi-l spună mama în conversaţie. În plus, cu toţii ştiţi (mă refer la cei care sunteţi la vârsta unei oarecare maturităţi) că treaba asta era o chestie foarte comună. Copilul se bătea. Plus că, fiind în mare măsură o generaţie nevoită să meargă singură la şcoală şi să se întoarcă singură de la şcoală, încă de la o vârstă foarte fragedă, treaba asta îi făcea pe părinţi să ofere uneori şi nişte corecţii preventive, precum în bancul acela celebru care conţine o doză de adevăr.

Dovada dragostei infinite a părinţilor mei am avut-o în fiecare moment din existenţa mea. Chiar şi când „îmi luăm omorul", cum se zicea. Şi am să povestesc imediat două astfel de momente. Dar nu înainte de a vă povesti altceva.

Am simţit dragostea lor cu o singură excepţie, o excepţie de aproximativ un minut. Se întâmpla în anul de graţie 1990. Eu aveam şapte ani. În acel an, pe 30 mai, la ora 13:40, a avut loc un cutremur de 6,9 grade pe scara Richter. Până la vârsta aceea eu nu mai prinsesem niciun cutremur. Greşesc. Prinsesem unul, care avusese loc în 1986, dar având numai trei ani, nu îmi aminteam.

Întâmplarea făcea că, în urmă cu o săptămâna sau două înainte de producerea acestui cutremur, mă plimbam cu bunicul meu din partea mamei prin oraş şi, trecând prin zona Bulevardului Ştefan cel Mare, mi-a arătat un şantier unde urma să fie dărâmată o clădire pentru a se construi altceva. Acolo era o macara care avea o bilă imensă şi bunicul mi-a explicat: „Uite, băi, tataie, aia este o bilă gigantică din oţel şi macaraua aia face în aşa fel încât bila să vină peste clădire şi s-o dărâme".

În momentul în care s-a produs cutremurul eram singur acasă. Pentru că asta era situaţia. Tot încerc să va spun că... mare parte din copilăria mea şi a multora ca mine s-a produs cu sfoara la gât, de care era agăţată o cheie, şi cu faimosul vas de Yena (Yena e o sticlă îmbogăţită cu oxid de bor pentru a face faţă unei temperaturi ridicate) lăsat de mama pe aragaz, cu mâncare, să nu cumva să dau eu drumul la aragaz că „cine ştie ce-o să se întâmple“. La ora aceea a prânzului mă întorsesem de la şcoală şi stăteam pe un fotoliu citind revista Pif. Ba nu! Mint! Revista Rahan! Rahan era un personaj gen Tarzan, iar cartea respectivă era o carte de benzi desenate cu textul în limba germană. Pentru că nu cunoşteam limba germană, mă uitam şi eu ca tolomacu' la benzile desenate, pentru a nu ştiu câta oară, fiindcă ce credeţi, multe cărţi nu aveam... Mă refer la cărţi de benzi desenate. Altfel de cărţi aveam în casă. Dar nu am fost atât de precoce încât să mă apuc la vârsta aia să citesc „Cel mai iubit dintre pământeni". Eu ERAM cel mai iubit dintre pământeni! Mamă, cât de bună a fost asta!

Revenind, mă uitam pe benzile alea desenate şi, dintr-o dată, a început blocul să se zguduie îngrozitor. Prima dată pe verticală, dup-aia pe orizontală, din ce în ce mai puternic. La etajul 8, cutremurul se resimţea extrem de intens. Acela a fost singurul moment din întreaga mea existenţă când am crezut, chiar şi numai pentru câteva momente, că părinţii mei nu mă iubesc. Motivul este pe cât de tembel, pe atât de drăguţ. Având încă în memorie macaraua cu bilă pe care mi-o arătase bunicul în urmă cu o săptămâna, când am simţit blocul zguduindu-se şi neştiind ce însemna un cutremur, eu am fost convins că a venit o macara cu bilă să dărâme blocul nostru şi eu urma să mor. Primul gând care mi-a venit a fost: „Bă! Mama şi tata nu puteau să-mi spună: «Mai băiete, vezi că noi suntem plecaţi la serviciu, dar tu, când o să te întorci de la şcoală, ai grijă că pe la unu' jumate vine o macara să dărâme blocul!»".

Şi, având acest gând, în următoarele fracţiuni de secundă, stând paralizat de spaimă pe fotoliu, cu Rahan în mână, am început să strig aşa: „Nu! Staţi! Mai suntem locatari aici! Nu dărâmaţi!". Asta în speranţa (tâmpită) că mecanicul de pe macara o să mă audă, deşi ferestrele erau închise, iar zgomotul cutremurului era asurzitor. Ulterior a venit o vecină, mama lui tanti Zoica, a sunat-o pe mama la serviciu, am aflat ce înseamnă un cutremur şi aşa mai departe. Dar asta mi-a rămas mie în memorie ca moment în care m-am îndoit, pentru prima şi ultima oară, de dragostea desăvârşită a părinţilor mei.

Cât despre luatul pe coajă, mie mi-au rămas în memorie două, în mod detaliat. Cea mai puternică dintre ele şi ultima.

Cea mai puternică dintre ele (nu-mi amintesc ce vârsta aveam) a fost din cauza unei intervenţii stomatologice ratate. Culmea! Azi mama are un cabinet stomatologic. În fine, îmi apăruse o carie destul de urâtă şi începuse să mă doară. Mama şi tata, săracii, care nu mai ştiau de capul lor cu programul, cu munca, au făcut în aşa fel încât să meargă amândoi cu mine la stomatologie. În fapt, ca să păstrăm adevărul istoric, întâmplarea făcea că mie îmi apăruse caria nu cu mult înainte ca mama să fie programată la stomatolog. Şi s-a gândit, deşi era un demers aproape imposibil, să mă rezolve şi pe mine în cadrul aceleiaşi programări, deşi era ciopor de lume la coadă.

Eram extrem de temător vizavi de actul medical în sine şi pentru că am avut în copilărie nişte probleme de sănătate care ţin de zona ORL, mama ducându-mă periodic la un medic pe care n-am să-l uit în viaţa mea. Deci îi ţin minte fizionomia şi mai ales forma nasului, căci pe aia o vedeam în momentul în care îmi băga ace în urechi. Măi fraţii mei! Reţineţi ce vă spun! Îmi băga ace în urechi! Sau cum să fi uitat eu clipa când mi-a scos amigdalele aproape pe viu, cu o anemică anestezie locală, iar totul s-a petrecut foarte repede.

Probabil că aşa se făceau lucrurile la vremea aceea. Nu e vina acelui doctor că eram eu bolnăvicios, că aveam aceste probleme, iar el prea puţin timp să stea să mă bibilească, să-mi arate păpuşele... În concluzie, aveam o teamă viscerală de ceea ce însemna medic, atunci când am fost la stomatolog.

Era greu să prinzi o programare, mai ales că nu existau atât de multe cabinete particulare. Ideea e că am făcut mare haos din cauza fricii şi nu a putut femeia aia să-mi facă nimic la măseluţă. I-a spus mamei să se întoarcă peste câteva zile că poate mă mai liniştesc, iar mama, luată de gândul că nu a putut să-mi facă intervenţia, că poate, cine ştie, mă apucă vreo infecţie mai mare, că nu a putut să mă convingă şi că trebuia să-şi ia din nou liber, să se dea peste cap ca să găsească o portiţă astfel încât să meargă iar cu mine la următoarea programare, toate acestea au determinat-o să ia măsuri extreme.

Încă pe drumul spre casă, în timp ce mergeam cu ea şi cu tata în tramvai, mi-a spus: „Te bat acasă de te frâng!". După care a tăcut.

Dom'le, vreau să vă spun că mama e un om de cuvânt. Am ajuns acasă şi m-a luat la nişte curele pe cur de mi le amintesc şi acum. Dar nu asta mi se pare senzaţional. Ce mi se pare senzaţional este că m-au bătut amândoi. Era cam aşa: obosea unu', venea celălalt. Vedeţi ce înseamnă un cuplu unit? Doi oameni care ştiu să se completeze unul pe celălalt. Obosea tata? Pac! Apărea mama, proaspătă ca o floare, odihnită. De la un punct încolo, nici nu mai simţeam vreo durere, vreo usturime. Nu aveam decât un singur sentiment. Eram intrigat şi oarecum curios. Mă întrebam: „Cam cât o să mă mai bată? Ăştia n-au serviciu mâine? Eu n-am şcoală? Nu ne culcăm şi noi, ca oamenii?". Trebuie să vă spun că a durat ceva. Ei se tot schimbau... Aşadar am putea spune că, practic, mă băteau în ture. La un moment dat, chiar mă gândeam: „Bă, stai să vezi că ăştia cheamă şi nişte vecini să-i ajute cu bătaia asta".

După patru zile ne-am întors la stomatologie şi am stat smirnă. A întrebat-o doctoriţa pe mama, dup-aia: „Doamnă, da' ce s-a întâmplat? A stat aşa cuminte!". Iar mama s-a uitat în ochii ei şi a spus: „L-am bătut de l-am rupt, doamnă!". I-au ieşit ochii din găvane ăleia. „Păi staţi aşa, eu nu la asta mă refeream când am spus să-l convingeţi!". Mama i-a răspuns: „Doamna doctor, numai eu ştiu ce infernal de greu este să scap de la serviciu ca să vin cu el aici şi, dacă nici de data asta nu se putea, singura şansă ar fi fost anestezie generală sau rămânea aşa, cu infecţia care putea să-l omoare. Eu am cântărit între anestezie generală, care nu este foarte sănătoasă, şi o bătaie. Și am decis: bătaie!".

Astăzi, de exemplu, evident că la mama la cabinet (şi cam peste tot, de altfel), există o practică, o psihologie aplicată interacţiunii cu copiii, există jucării, în cazuri extreme sunt chemaţi terapeuţi şi aşa mai departe. Pe atunci, însă, era Evul Mediu.

Ultima bătaie şi cea mai dureroasă (nu din punct de vedere fizic, ci din punct de vedere sufletesc) a fost atunci când eram la finalul clasei a VIII-a şi am întârziat cred că o oră şi jumătate acasă, pentru că mă îndrăgostisem de o fată şi fusesem cu ea în parc. Mama, înspăimântător de prăpăstioasă în ceea ce mă priveşte, în ceea ce ne priveşte pe toţi cei din familie şi care, în acea oră şi jumătate, ajunsese cu gândul să mă caute pe la IML, după ce am ajuns acasă, m-a luat în nişte perechi de palme din fundul curţii, că să mă exprim literar. Care palme m-au înrăit foarte tare, pentru o perioadă. Fiindcă eu venisem de la o întâlnire cu o fată, iar de la a te întâlni cu o fată (chiar dacă ai paişpe ani, te simţi şi tu relativ bărbat) la a lua palme de la mă-ta, e o cădere foarte bruscă.

Cea mai mare problemă a fost că am simţit o oarecare doză de umilinţă şi, recunosc, am trăit un pic cu senzaţia că mama îmi refuza ideea de a interacţiona cu fete, fiindcă aş fi fost prea mic, ori eu nu eram prea mic sau cel puţin aşa consideram. Iar această chemare către sexul opus... Mă opresc din idee deoarece nici nu ştiu dacă am voie să mă refer la atracţia faţă de sexul opus. Trăim într-o altă lume astăzi. Ca să fiu acoperit din punct de vedere al „corectitudinii politice", voi scrie „atracţia faţă de altcineva".

Mi se părea absolut normal să am independenţă totală la 14 ani. Oricum, nu vă închipuiţi că se întâmpla ceva ieşit din comun. Pur şi simplu stăteam cu fata aia şi nici măcar nu-mi amintesc dacă ne pupam.

Deci de futut nici nu putea fi vorba. (M-am gândit să stric tot capitolul cu ceva vulgar.)

***

– Apropo de anumite corecţii corporale...

– Măi Mihai, mamă! Ce ai scris tu acolo?

– Cum o mai luam pe coajă, din când în când.

– Măi, tu vrei să creadă oamenii ăştia că ai fost bătut când erai mic?

– Nu. Eu nu vreau să creadă. Eu vreau să fie siguri!

– Deci tu ai fost un copil maltratat?

– Nu dom'le! Am şi spus că erau nişte lucruri obişnuite.

– Nu ştiu cât erau de obişnuite sau neobişnuite, dar eu pot să-ţi spun de ce s-au mai întâmplat şi câteva evenimente de-astea. Pentru că eram îngrozită de griji. Te altoiam, din când în când, pentru că mă paraliza doar gândul, numai ideea că, vreodată, s-ar putea întâmplă ceva rău cu tine, c-ar putea să ţi se întâmple ceva. Acele momente în care mă manifestam aşa, aveau loc mai mult din spaima mea, decât din faptul că ai fi făcut tu ceva de o mare gravitate. Erai un copil cuminte.

– Nu te mai stresa, că am explicat. Ce voiam să te întreb... Tu ai mâncat bătaie de la părinţi? De la bunici?

– Nu am să-ţi răspund la această întrebare.

– De ce?

– Pentru că tu eşti nebun. Dacă ţi-am zis că toţi copiii şi-o mai furau. Înţelegi ce vrei.

– Deci ţi-o mai furai şi tu sau nu?

– Nu spun.

– Bine. Atunci spune ceva despre copilăria ta.

– Cea mai veche amintire este cam aşa...

– Cam cum?

– Păi urma să spun.

– Spune.

– Căzusem aşa, un pic, pe gânduri.

– Bun. Atunci ridică-te şi spune.

– Mă văd într-un cărucior, venind de la piaţă cu bunica din partea mamei şi morfolind un fir de ceapă verde. Aşa se creşteau copiii în vremea aceea. Bunica spunea că îmi creşte imunitatea.

– Şi după ce spunea asta...te bătea?!

– De ce să mă bată?

– Continuă...

– În primii ani, am crescut într-o casă de pe Bulevardul Lacul Tei împreună cu bunicii din partea mamei şi toţi cei trei fraţi mai mici ai ei. Nu am aşa multe amintiri din perioada aceea, pentru că, la trei ani, bunicii s-au mutat şi m-au luat cu ei. Dar ştiu că, fiind prima nepoată şi înconjurată de bunici, unchi şi mătuşi, am fost iubită, îngrijită, răsfăţată...

– Bătută...?

– Dacă nu te potoleşti, pe cuvânt că te bat eu acum, cât eşti de mare.

– Vezi că eşti violentă?

– Bunicul îmi spunea „Emca grijulia". Cred că de la o poezie din vremea aceea. Se pare că a avut o premoniţie, pentru că toată viaţă am fost grijulie cu cei din jurul meu.

– Aş spune foarte grijulie... Glumesc! Dar porecla ţi se potriveşte. Şi acum chiar vorbesc serios. Nu ştiu dacă ţi-am spus vreodată şi jur că asta nu e

nicio glumă, eu ţi-aş face cadou de ziua ta o icoană cu tine!

– Hai, măi, termină cu prostiile!

– Jur că nu glumesc! Pentru mine, eşti cum e pentru credincios icoana.

– Auzi... Să ştii că l-am întrebat de curând pe Andrei cum mă caracterizează el într-un singur cuvânt. Şi, fără să se gândească, a spus „grijulie”.

– Îţi dai seama ce ar fi spus dacă stătea să se şi gândească...

– Cu tine nu se poate vorbi serios în anumite momente!

– Dacă te mai întrerup, să mă usuc! Ai lăsat în aer povestea despre copilărie.

– N-am lăsat-o eu în aer. Ai întrerupt-o tu. Mama şi tata au rămas în casa aceea. Iar bunicii, împreună cu una dintre mătuşi, s-au mutat în Drumul Taberei. Îmi aduc aminte cum a venit un camion încărcat cu mobilă şi tot felul de acareturi, iar eu stăteam în faţă, lângă şofer, în braţele bunicii pe care am divinizat-o şi care te-a crescut şi pe tine până la 3 ani. Le făceam cu mâna mamei şi tatălui care au rămas în poartă. Şi pentru că nu am mers la grădiniţă, am stat în mare parte la bunici. Trebuie să-i cer acum scuze lui Fănuţa, cea mai mică sora a mamei, care era necăsătorită, pentru că am chinuit-o când eram mică. Nu putea să plece la întâlnire cu iubitul fără mine. Am şi poze în care sunt îmbrăcată în tot felul de rochii de prinţesă, cu pampon în par, împreună cu ea şi iubitul din dotare. Îţi dai seama că

iubitul era cam crispat de faptul că iubita lui a venit la întâlnire cu un copil.

– Probabil se gândea că e un apropo.

– Mai ştii...

– Ai avut o copilărie foarte frumoasă. Dar... Ce voiam să te întreb. Tanti Fănuţa sau iubitul ei...

– Care a devenit şi soţul ei, unchiu' Ţucu.

– Aşa. Vreunul dintre ei, TE-A BĂTUT vreodată?!

– Morrr!

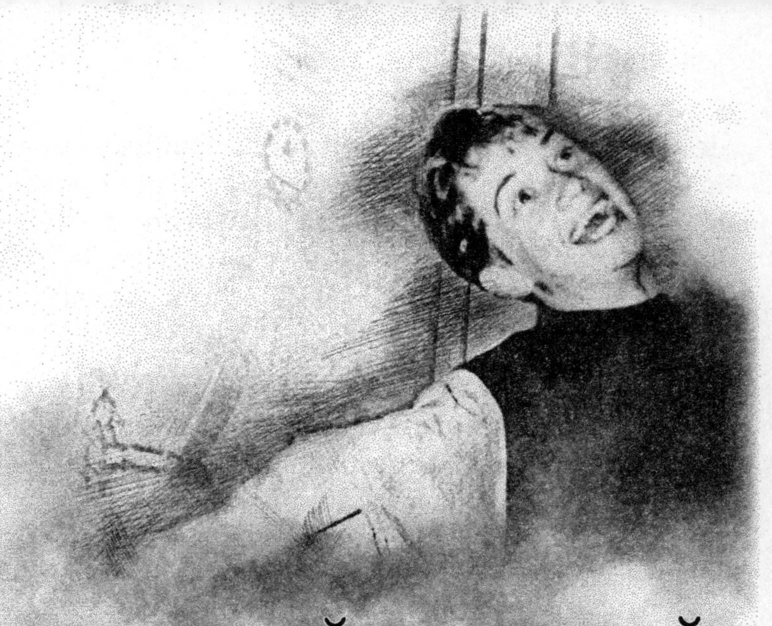

PRIMA OARĂ NU SE UITĂ!
(NICI DACĂ VREI...)

Vă spuneam în capitolul introductiv că nu se va păstra în această carte neapărat o ordine cronologică. Şi iată unul dintre acele momente. A sosit clipa să vorbim despre prima experienţă sexuală.

Este un moment de referinţă pentru fiecare dintre noi. În bine sau în rău. Se spune că prima oară nu se uită. Asta chiar daca eşti bărbat, femeie sau (ca să mă păstrez într-o zonă sigură şi, din nou, corectă din punct de vedere politic) vreo altă combinaţie defectivă de un gen precis.

Deşi prima oară nu se uită, vă mărturisesc faptul că eu am încercat prin tot felul de metode specifice (inclusiv autohipnoza) să-mi şterg din memorie acel eveniment. Era o toamnă târzie. Ploile se plictisiseră de propriul lor statut şi se transformau, uşor-uşor, în lapoviţă. Eram clasa a IX-a şi aveam o minivacanţă. Mama şi tata s-au hotărât să plece pentru trei zile undeva la munte. De fapt, m-am exprimat greşit. Nu s-au decis să plece. S-au decis să plecăm. Numai că eu...

A rămâne pentru prima oară singur acasă, precum Macaulay Culkin, timp de trei zile, reprezenta un semn de maturitate absolută. Reprezenta, în faţa alor mei, dar şi în faţa mea, dovada că îmi port singur de grijă şi, totodată, sentimentul unei independenţe relative.

Încercarea de a convinge doi părinţi protectivi până la patologic să te lase singur acasă trei zile la rând s-a dovedit un demers mai complicat decât avea să fie integrarea României în Uniunea Europeana. Ca şi în cazul unei aderări la o structură internaţională, am început din vreme o serie întreagă de tatonări şi schimburi de idei (impropriu spus „schimb de idei", pentru că eu aveam mai multe, iar ei una şi fixă). Până la final, spun cu mândrie că am dovedit abilităţi diplomatice de care şi Titulescu ar fi fost mândru.

În ultima zi dinaintea plecării, coautoarea de astăzi a acestei cărţi mi-a făcut un instructaj ce ar putea intra în analele cazuisticii medicale. Acelea nu erau nişte sfaturi. Erau pur şi simplu o lucrare de doctorat cu titlul „Paranoia - o nouă dimensiune". Bineînţeles că mi-a lăsat mâncare dar, pe lângă asta, şi o sumă de bani. Sper să nu greşesc - aproximativ 2 milioane de lei. Raportându-ne la puterea de cumpărare de azi, 150 de lei. Suma am obţinut-o în urma unei negocieri care mi-ar fi fost mai simplu de dus chiar şi cu George Copos. Banii, am explicat eu, aveau ca scop achiziția unor sucuri, semințe, covrigei de la chioșcul de lângă bloc, pentru a primi cum se cuvine trei colegi de clasă, pe care i-am și nominalizat, și, deopotrivă, pentru a ieși a doua seară împreună cu băieții din clasă „la o pizza".

Ei, de plecat, au plecat. Eu, de rămas, am rămas. Dar cei trei colegi nu au fost aceia pe care îi nominalizasem. Ce-i drept, nu erau colegi deloc. Era vorba despre iubitul mai mare al unei fete de la mine din clasă și de încă vreo doi tovarăși de-ai lui, despre care nu-mi aduc aminte mai nimic. Scopul era acela ca eu să merg pentru prima dată la femei. Adică nu la femei. La o femeie. La ce femeie, încă nu știam dar eram bucuros și emoționat în prostia mea. Tot ce știam era că voi deveni bărbat. Am luat sucuri, semințe, covrigei. Am pus niște bani și pentru benzină așa că au mai rămas (spun direct în banii de astăzi, ca să nu mai lungesc) cam 100 de lei. Dacă aș fi avut mintea de acum, mi-aș fi pus întrebarea: „Oare cum arată o prostituată de 100 de lei?!".

Când mai citiți știri despre nivelurile ridicate de poluare din București, să știți că aceste niveluri ridicate de poluare sunt o reminiscență a drumului pe care l-am făcut în acea seară cu un autoturism Lada al unuia dintre ei, de la mine de acasă până-n Mătăsari și înapoi. Dacă te uitai în spate prin lunetă, nu vedeai nimic. Era negru. Era noapte, dar ceva becuri chioare erau pe Mihai Bravu, deci întunericul, bezna din spate, era de la fum. Scotea atât de mult fum încât consider, fără să exagerez, că funcționarea acelei mașini, în perioada aceea, a reprezentat un al doilea Cernobîl.

Am ajuns pe o străduţă din zona Mătăsari, în dreptul unor case cu un singur nivel. Şi dacă Bucureştiul era un dezastru în perioada respectivă, apoi un loc precum acela era rar şi pentru indieni. Atât de sordid, încât ţi se întorcea stomacul pe dos. Iubitul colegei mele a intrat într-o curte de unde a revenit după vreo cinci minute şi mi-a zis: „Hai!". Eu zic: „Hai ce?". „Vino încoa'!" Am intrat în curte. Curtea nu era nimic altceva decât un teren foarte îngust, plin de bălării şi noroaie, cu câteva dale puse pe jos, ca să nu te afunzi efectiv până la genunchi. Şi de acolo m-a preluat un individ cu moacă de interlop, care cântarea 120 de kg în viu. Ăla n-a zis nicio vorbă. Casa era tip vagon şi avea o serie de trei uşi. A oprit în dreptul primei uşi, a deschis-o, iar acolo, într-o încăpere îngrămădită, cu mobilier vechi dar şi cu o carpetă de toată frumuseţea pe perete, se găseau câteva reprezentante ale sexului şi atât. Căci noţiunea de „frumos" ocolise complet zona. Am făcut ochii mari şi Grasu', când a văzut că nu spun nimic, a strigat cu o voce răguşită: „Carmen! Haida!". Spunând „haida" îl mai auzisem doar pe străbunicu', la ţară, când turna mâncare în troaca pentru porci. Carmen s-a ridicat în picioare.

Carmen era una de vreo 40 de ani, cu părul vopsit jumătate negru corb şi jumătate un fel de auriu căcăniu spălăcit, cu o dantură destul de... interesantă şi cu o privire prin care puteam zări carpeta din spatele ei. Grasu' m-a întrebat ferm: „E bună asta, mă?". Ce poate raspunde un puşti timid şi de bun simţ la o asemenea întrebare? Am îngăimat un fel de „da", iar Carmen, manca-i-aş sufletul ei de fată, a ieşit afară şi a început să meargă pe lângă casă, cu mine şi cu Grasu' în urma ei. Grasu' a deschis prima uşă şi a intrat în încăperea aia, unde probabil își avea biroul (sic!), iar eu am urmat-o pe Carmen și am intrat cu ea pe ultima ușă a casei tip vagon.

„Haida, dezbracă-te!", mi-a spus Carmen, într-o tentativă complet eșuată de a avea în glas macar ceva vag suav. Eu am început să mă dezbrac. Această acțiune a durat mult mai mult decât ceea ce avea să urmeze, întrucât aveam pe mine (mama îmi spusese să mă îmbrac gros că e frig, iar eu ascultam de mama): o pufoaică, un pulover, helancă, salopetă de blugi și dres. Da, ați citit bine. Purtam dres ca să nu mă tragă curentul la picioare.

În timpul acesta, dârdâind de emoție și roșu la față ca un rac, am remarcat un televizor alb-negru, unde se derulau știrile ProTV cu Andreea Esca. Aceasta, veți vedea, este o mențiune extrem de importantă.

Când am terminat cu dezbrăcatul, Carmen mi-a pus o întrebare încuietoare: „Vrei și sus, și jos?". Pe moment, m-am gândit că poate n-am văzut eu bine și casa mai are un etaj sau măcar o mansardă. Și cred că mi-am zis că, până mă îmbrac iar, până urcăm, o să dureze. N-am apucat să-mi exprim părerea (pe care oricum nu o avem) pentru că a venit o altă întrebare, la fel de încuietoare: „Ai prezervativ?" La asta nu mă gândisem. Când am zis că nu, a replicat: „Ete, bine! Îți fac doar sus prima oară și, dac-o fi, îți dau io!". Nu știam ce însemna „dac-o fi", dar înțelegeam ce însemna „sus".

Exact când mă pregăteam să mă ridic în picioare ca să urcăm în pod, sau în mansardă, sau pe casă (nu știam, dar eram aventuros), n-am mai apucat, deoarece Carmen s-a aşezat în genunchi şi, într-un mod relativ mecanic, şi-a introdus netrebnicul mădular în gură, iniţiind nişte mişcări de du-te-vino ale capului. Eu am rămas încordat, neputând să mă uit la ea. În cea mai mare parte, din motive estetice. Sigur că orice femeie este frumoasă, în primul rand pe interior, dar... Eu nu reuşisem oricum să trec nici peste cum arăta interiorul acelei camere, darămite să studiez interiorul lui Carmen.

Şi atunci ochii mi-au rămas pironiţi la Andreea Esca. Aşa s-a desfăşurat prima mea experienţă. Având contact vizual cu doamna Esca pentru care, de altfel, am un respect deosebit.

Nu-mi mai aduc aminte nimic. Nici dacă am avut erecţie, nici dacă într-adevăr am terminat. Ştiu doar că femeia vieţii mele s-a ridicat de acolo, a deschis repede uşa, a ieşit afară şi am auzit-o cum a scuipat. Când spun femeia vieţii mele mă refer la Carmen, evident! Că doar nu la doamna Esca.

Cred că m-a făcut ca pe proşti. A băgat capul pe uşă şi a avut o ieşire din scenă demnă de prima femeie din viaţa mea: „Haidi, gata! Îmbracă-te!". Şi a plecat. Mi-am tras pe mine dresul şi toate celelalte. Am ieşit din cameră în curticică, dar acolo nu era nimeni. Am luat-o pe lângă casă, urmând acelaşi drum ca la venire, şi am ieşit în stradă. Golanii stăteau în jurul maşinii, fumând. Imediat m-au luat la întrebări: „Ce-ai făcut, mă? Ai futut-o?". Vă daţi seama că demnitatea mea de proaspăt bărbat nu avea cum să fie ştirbită în faţa lor prin expunerea Adevărului. Le-am explicat că, deşi a durat puţin, am nenorocit-o, am dat în ea ca în oala cu sarmale.

Scriind aceste rânduri, n-am cum să nu mă gândesc oare ce o face Carmen. Mai trăiește? Oare îi dă Grasu' pensie? Poate că acestea sunt niște întrebări care nu își vor găsi niciodată răspunsul. Și nici eu liniștea.

***

– Totuși, cum a fost prima experiență? Prima ta...

– Știu ce vrei să mă întrebi! Că m-ai chiaunit de cap! Îți spun foarte pe scurt și dup-aia te rog să mă lași în pace. Îl cunoscusem pe taică-tu de câteva săptămâni. Iar mama cu tata plecaseră pentru câteva zile în concediu, nu mai știu unde. Eu nu puteam merge cu ei pentru că aveam serviciu.

– Fabulos! Exact cum s-a întâmplat la mine!

– Dar cu toate că eu aveam peste 19 ani, eram angajată și toate cele, tata, care era un maniac în privință controlului fiicei, a rugat-o pe bunica mea, pe mamaie Mia, să vină la noi acasă și să stea cu mine în alea câteva zile.

– Iisuse...

– De ce te miri? Nu ți-am povestit că mă urmarea să vadă ce fac, se ascundea prin tufe, după stâlpi, spiona să afle dacă mă văd cu vreun băiat. Avea mentalitatea de la țară. Femeia trebuie să fie virgină când se mărita. Bref, nu mai știu cum, dar am convins-o pe mamaie Mia să se ducă înapoi la ea acasă și, ultimele două zile, am rămas singură...

– Aşaaa...

– Şi Dănuţ a venit la mine. Şi gata.

– Cum gata?

– Se subînţelege. Şi nu mă întreba cum a fost, că la cât de speriată eram, nu a fost în niciun fel.

– Dar până la urma a început să fie bine, nu?

– Iţi dau cu masa asta în cap!

– Tataie, zbirul, cum a aflat?

– I-a spus taică-tu. A fost foarte corect. A venit la noi acasă imediat după ce m-a cerut în căsătorie. A zis că vrea să vorbească doar cu tata. Eu şi cu mama ne-am dus în altă cameră. N-am s-o uit pe mama, serioasă, aşa cum era mereu, care m-a întrebat, croşetând (mintea ei numai la ochiuri nu era): „Auzi, măi Emilia, ce vrea băiatul ăsta?”. Şi atunci i-a spus şi că s-a întâmplat neîntâmplata.

– Şi cum a reacţionat tataie?

– Tataie? De faţă cu Dan, decent.

– Şi după ce a plecat tata?

– Cunoşti cuvântul „urgie”? Dar ce era să facă? S-a împăcat cu ideea...

COPILUL CU 20 DE BONE

Cred că pe lume există un singur adevăr incontestabil. Un singur lucru de netăgăduit. Şi acela este infinitul.

Consider că orice altceva poate fi discutat sau contestat. Dar singurul lucru absolut şi dezarmant de incontestabil este INFINITUL.

În copilărie, în mod paradoxal, îmi venea destul de des în minte conceptul de infinit. Se întâmpla periodic şi, de cele mai multe ori, înainte să adorm. Iar sentimentul pe care-l aveam era unul de spaimă teribilă, pentru că, într-adevăr, este un concept ce te poate deopotrivă înspăimânta sau încuraja. Pe mine mă înspăimânta. Nici nu ştiu dacă am spus bine „concept". Felul în care percepem ideea de infinit este destul de brutal. E genul de chestie la care ne raportăm tot într-o zonă de primitivism, atâta timp cât nici măcar matematic nu poate încăpea într-un sistem de gândire, într-un fel sau altul, indiferent cât de mult am evoluat din punct de vedere ştiinţific.

În fond, infinitul este ceea ce stă la baza tuturor religiilor. Totul pleacă din această frică primordială de infinit. Ştiu că, atunci când mă gândeam la treaba asta, copil fiind, ideea care mă înspăimânta era aceea că după moarte nu este nimic. Iar dacă este ceva, înseamnă că este ceva la nesfârşit. Oricât de bine ar fi ceva, faptul că acel ceva este nesfârşit poate deveni insuportabil, gândeam eu. Ar fi suportabil doar dacă acel ceva nu mai conţine conceptul de timp. Eram logic sau ce? Dar mă mai trăgea de mâneca pijamalei şi alt gând: acel ceva lipsit de timp, tot e nesfârşit. „E belită oricum aş da-o", îmi ziceam. Apoi mă întrebam: „În cazul în care după ce voi muri nu va fi nimic, deci nici conştiinţă, înseamnă că nu va mai exista un eu care să resimtă infinitul, nu? Doar că lipsa acelui eu va fi... infinită."

Da, aveam astfel de raţionări în copilărie şi ce credeţi? Oricât am încercat să mă gândesc şi să mă documentez între timp, sunt tot cam pe acolo (plus minus câteva informaţii ştiinţifice, mai ales ultimele descoperiri din domeniul cuanticii).

Iar acum o să vă daţi ditamai palma peste frunte şi o să vă spuneţi „Doamne, ce idiot!" pentru că toată această introducere s-a născut în mintea mea bolnavă scriind prima propoziţie a acestui capitol, care ar fi trebuit să fie: „În anul de graţie în care m-am născut, 1983, mama avea 21 de ani, iar tata 23." Asta era prima propoziţie. O propoziţie clară, simplă, la obiect. Dar nu! Ceva din mine a simţit să-ţi spună că anul în care ne-am născut este relativ şi discutabil vizavi de conştiinţa noastră, vizavi de ceea ce suntem noi cu adevărat - fiinţe posibil infinite. Şi, peste asta, realitatea pe care avem senzaţia că o trăim este doar o clipă din Infinitul acestei Conştiinţe.

După acest delir mistico-filosofic de cea mai joasă speţă, am să intru în subiect. Care subiect este unul extrem de pământesc.

Pentru că părinţii mei erau atât de tineri în momentul în care eu m-am născut, absolut toţi ceilalţi membri ai familiei erau, la rândul lor, tineri. Ca să vă faceţi o idee, bunica mea din partea mamei, mamaie Paula, avea 43 de ani neîmpliniţi! În consecinţă, absolut toată lumea, în afară de străbunici, se afla în plină activitate. Veţi observa faptul că vor exista referiri cu precădere la familia extinsă din partea mamei, deoarece bunica din partea tatălui s-a refugiat din Basarabia în Romania şi nu a avut decât o soră mult mai mică. Aceasta era, în vremea respectivă, extraordinar de sexy şi de aventuroasă, aşa că, în rest, nu prea mai avea timp de nimic. Iar toate rudele bunicului din partea tatălui erau în zona Moldovei, cu precădere în judeţul Botoşani şi, pe cei mai mulţi dintre ei, nici nu i-am întâlnit vreodată.

Culmea! Deşi nu am avut atât de mult contact cu această parte a arborelui meu genealogic, există foarte multe lucruri în mine ce par moştenite de acolo. De exemplu, felul un pic ciudat de a fi, spiritul artistic, înclinaţia către activităţi aparte. Bunica mea din partea tatălui a fost întotdeauna o femeie specială (unii ar spune, zâmbind maliţios, că a fost un pic prea specială, înspre incomod de specială, chiar). Sora ei, mătuşa despre care vă vorbeam, a avut mereu o doză de nebunie şi de scandalos, exact ca mine. Străbunicul din partea acestei bunici era şi el considerat un ciudat. I se spunea Sergiu Malagamba. Scria poezii şi cânta, uneori pe post de menestrel ad-hoc. Sunt convins că din această parte a familiei am căpătat un fragment genetic situat pe o fină linie de demarcaţie între nebunie şi spirit artistic.

De lucrurile mai pragmatice s-au ocupat cei din partea mamei. Fiind atât de tineri toţi, creşterea unui bebeluş şi, mai apoi, a unui preşcolar, a reprezentat literalmente un efort colectiv pentru care, indiferent ce aş face, nu am să mă pot revanşa. Şi, cu onestitate, în mare măsură din lipsă de timp, fac mult prea puţine, din păcate. Iar în anumite perioade, aproape deloc. Ceea ce mă deconspiră a fi o persoană de căcat. Dar o persoană de căcat care are o scuză.

Dacă am fost eu însumi în stare să îmi elimin din suflet şi din corpul fizic nu numai ideea de a-mi crea o familie sau de a face un copil, ci inclusiv ideea de a avea o relaţie stabilă doar ca să-mi urmez un plan profesional mult prea stufos pentru a permite o viaţă personală, atunci înţelegeţi de ce relaţiile mele cu familia extinsă, care practic m-a crescut, se rezumă, uneori, la întâlniri sporadice.

De iubit, îi iubesc enorm. Sigur, pe bunici i-am vizitat des de-a lungul vremii, dar cu familia extinsă nu m-am văzut îndeajuns de des şi nu m-am interesat îndeajuns de mult, aşa cum ar fi trebuit raportat la ceea ce au făcut ei pentru mine. Şi au făcut-o în mod complet dezinteresat. Pentru că, dintre toţi cei care se află astăzi în apropierea mea (mai mult sau mai puţin în apropierea mea), ei sunt aceia care, în momentul în care mă îngrijeau, mă ştergeau la cur, îmi făceau de mâncare, mă plimbau, se chinuiau să mă adoarmă şi îmi ofereau dragoste, NU ştiau că ăla pe care-l îngrijeau cu atâta foc este Mihai Bendeac „celebritatea".

Constituiam un neam de o factură modestă din punct de vedere financiar, dar bunica mea din partea mamei şi cele două surori şi un frate au fost, de-a lungul timpului, exemplar de uniţi. Reţineţi un aspect: oamenii ăştia s-au văzut în fiecare duminică (fără excepţii!), având ca pretext jocul de remi, timp de jumătate de secol!

Acest titlu, „Copilul cu 20 de bone", nu este deloc exagerat. Aş spune chiar că este vorba despre o subevaluare. Încercaţi să vă imaginaţi că acestea au fost locurile şi oamenii între care eu am fost în permanenţă pasat (ca să mă refer în termeni fotbalistici sau în termeni de Volkswagen).

De multe ori stăteam la străbunica din partea mamei, care locuia în casă cu tanti Fănuţa, cu unchiu' Ţucu, străbunicul şi cei doi copii ai lui tanti Fănuţa şi ai unchiului Ţucu. Şase persoane locuiau în acel apartament din Drumul Taberei. Străbunica era Dumnezeu pe pământ. De fapt, toţi erau Dumnezeu pe pământ din simplul motiv că îşi sacrificau din timpul lor ca să aibă grijă de mine. Inclusiv cei doi băieţi, Marian şi Cristi, mă îngrijeau, se jucau cu mine, îmi făceau desene. Marian, de altfel - şi nu i-am spus asta niciodată, iar dacă o să citească, probabil că o să se emoţioneze -, era idolul meu în copilărie. Găseam că e atât de cool, încât ajungeam să mă joc eu de-a Marian, imaginându-mi că sunt el.

De multe ori, tataie Gigi mă lua cu el la liceu. Bunicul era profesor de tehnologie dar şi diriginte la liceul pe care l-a absolvit şi mama. Mă lua cu el acolo şi, pentru că avea ore, punea câte 2-3 elevi să meargă prin curte şi prin alte dependinţe ale liceului ca să aibă grijă de mine. Evident, îi nominaliza cu schimbul. Vă imaginaţi ce bucurie era pentru acei elevi să nu stea la ore, ci să bănănăie cu mine de colo-colo. Unii mai fumau, mai vorbeau prostii şi îmi ziceau să nu cumva să-i spun! Bunicul a murit acum un an şi vă rog să mă credeţi că nici până în ultima clipă eu nu i-am spus.

Acolo, la liceu, mai era ceva care m-a marcat foarte mult. Liceul respectiv avea o sală de festivităţi. Un fel de teatru în miniatură, cu scenă, scaune în sală şi mici culise. Ori de cate ori prindeam ocazia, atunci când bunicul era prin cancelarie şi rămâneam singur, mergeam în sala aia pentru că, fără să-mi explic atunci de ce, era spaţiul unde mă simţeam cel mai bine. Simţeam ceva magic (o să tot revină acest cuvânt). Nu-mi aduc aminte ce făceam, dar ştiu că urcam pe scena aia şi că era minunat.

Alteori mă lua bunica din partea mamei cu ea la serviciu. Bunica lucra într-o fabrică de electronice. Se numea EMI. Lucra cu un nivel de dedicaţie şi de conştiinciozitate demn de o cauză mai bună. Acolo era, practic, o hală imensă unde, la câte o măsuţă, munceau vreo 200 de femei. Cred că anumite chestii de acolo mi se trag. Când nu exista altă posibilitate de a rămâne cu cineva, mă lua cu ea şi deveneam centrul universului pentru toate cele 200 de femei care mă alintau, îmi dădeau bomboane şi sandvişuri. De asta am spus că titlul Copilul cu 20 de bone este chiar subevaluat.

S-a întâmplat să mai rămân şi la tanti Tanţa, cealaltă soră a bunicii mele care, până în ziua de astăzi, efectiv mă divinizează şi este, de departe, cea mai mare fană pe care o am.

Mai rămâneam şi la bunicii din partea tatălui, unde ştiu sigur că eram fascinat de bunica mea, care a fost şi a rămas toată viaţa un personaj în sine, dar şi de bunicul meu, Locotenent-colonelul Bendeac. Cred că el este, de departe, cea mai pedantă persoană dintre toate rudele pe care am apucat să le cunosc. Eu nu l-am văzut niciodată pe tataie Nicu îmbrăcat în tricou sau în pijama. Chiar şi în casă el stătea în pantaloni de stofă, cămaşă şi vestă. Era autodidact, colecţiona cu religiozitate revista Magazin istoric. Rar stătea pe canapea. Locul lui era pe un scaun, la masa din sufragerie, drept în postură, demn, proaspăt bărbierit, cu părul pieptănat pe spate, privind la televizor, citind sau vorbind cu mine ca şi cum ar fi vorbit cu un om mare.

În ceea ce-l priveşte, am un regret. A murit pe când eram copil, nu a apucat să vadă ce s-a ales de mine. Şi ştiu că am fost extrem de impresionat de o chestie care s-a petrecut la înmormântarea lui. Eram destul de mic. Nu am simţit vreo formă sau alta de durere atunci când l-am văzut în sicriu. Şi, apropo de asta, detest sicriele care nu sunt acoperite. Pentru că este imaginea bunicului meu care mi-a rămas cel mai adânc întipărită. Dar am avut o criză uriaşă de plâns, până aproape de leşin, în momentul în care, în ziua înhumării, am ajuns la cimitir şi, pentru că el era locotenent-colonel în rezervă, se afla acolo un detaşament de militari care au tras focuri în aer în momentul în care a fost coborât în pământ. Era şi o fanfară care a intonat imnul naţional. Eu am o părere foarte controversată despre ideea de patriotism în genere şi poate voi avea ocazia, în această carte, să vorbesc despre această părere. În momentul în care au început să tragă şi fanfara a luat primele acorduri din „Deşteaptă-te, române!”, am izbucnit într-un plâns incontrolabil. Nu-mi explic de ce.

N-am să închei înainte să menţionez cel mai important lucru pe care l-am reţinut de la tataie Nicu. Un lucru care a devenit una dintre cele mai importante direcţii de urmat în viaţă. Nu cu mult timp înainte să moară, eram în vizită pe la ei cu mama şi cu tata, nu-mi aduc aminte exact contextul în care s-a născut această replică pe care mi-a livrat-o, dar a spus aşa: „Domnule! Om este ăla care ajunge preşedintele României şi, în fiecare dimineaţă când se întâlneşte cu femeia de serviciu de la Palatul Cotroceni, îi spune «Sărut mâna!» şi ştie dacă acea femeie de serviciu are, de exemplu, un băiat care se pregăteşte pentru admiterea la liceu. Şi o întreabă cum merge învăţatul, ce mai face soţul... Ăla este OM!”

Mulţumesc, tataie!

***

– Am văzut că ai povestit şi tu despre cât de greu m-aţi crescut şi cum eram pasat de la unul la altul, în funcţie de program. Apropo, de ce nu m-aţi dat la o creşă?

– Grădinița, să știi, era ceva relativ normal. De fapt, nu relativ. Chiar normal. Dar creșa era privită ca o ultimă soluție. Ceaușescu voia ca poporul să muncească și, de aceea, creșa era ceva logic în concepția lui. Mai ales că ideea de bonă era o utopie, iar concediul maternal, deși era încurajată creșterea demografică a României, nu era mai lung de trei luni mari și late. Mamele care au avut copii în acei ani stiu ce spun. După trei luni trebuia să începem serviciul. Încercam și atunci tot felul de tertipuri. Concedii medicale... Ne descurcam fiecare cum puteam, dar până la un punct. Tu ai stat cu mamaie și tataie dar și cu ceilalți și după vârsta de trei ani deși, la un moment dat, te-am dat la grădiniță. Apropo de grădiniță... Într-o zi, am ajuns acasă convinsă că taică-tu era cel căruia i-a venit rândul să te ia de acolo și el a venit acasă convins că eu eram la rând. Am plecat într-un suflet spre grădiniță. Când am ajuns, toată lumea plecase, iar tu stăteai cu paznicul așezați pe scări. Mâncați amândoi semințe și pălăvrăgeați. De la unu la trei ani ai crescut cu precădere în Drumul Taberei, cu mamaie Mia, care m-a crescut și pe mine plus încă vreo doi alti nepoți. Îmi aduc aminte cum, în fiecare dimineață, făceam cu tine aproximativ o ora și jumătate cu transportul în comun, de la noi de-acasă până ajungeam la destinație.

– Stai un pic! O oră și jumătate în fiecare zi, cu mine în brațe?!

– O oră și jumătate dus și tot cam atât întors. Cu tine în brațe, cu geanta mea și cu o plasă mare, plină de schimburi și de ce mai era nevoie.

– Eu ar trebui să vă pup picioarele, bă! Mi s-ar părea indicat să ne gândim mai mult, fiecare dintre noi, ce-a însemnat minut de minut, oră de oră, devenirea noastră ca oameni...

– Da... În anii '80, transportul în comun era foarte dificil, mai ales iarna. Dar ca să vezi... Exista, totuşi, bunătate, exista speranţă pe lume. Începuseră să mă cunoască şoferii de autobuz şi, chiar dacă mă nimeream între staţii, când mă vedeau cu geanta aia, cu plasa şi cu tine în braţe, opreau şi eu urcam repede. Numai că în autobuz exista o problemă cu tine...

– Ce problemă cu mine?

– Nu ştiu cum spui tu că ai devenit anxios social în ziua de azi, că pe atunci nu-ţi tăcea gura o secundă. Mai ales drumul de seara, înapoi acasă, era o întreagă aventură. Povesteai încontinuu tot ce s-a întâmplat în timpul zilei, vrute şi nevrute. Şi asta n-ar fi fost nimic. Dar îţi făcusei un obicei din a-l înjura pe Ceauşescu.

– Dar cum să-l înjur pe Ceauşescu la 2-3 ani? Eu de-abia învăţasem să vorbesc şi îl înjuram pe Ceauşescu?

– Da. Uneori atât de mult, încât părea că strict pentru asta ai învăţat să vorbeşti. L-ai auzit o dată pe bunicu' înjurându-l pe Ceauşescu, după ce a stat la coadă vreo 10 ore să ia nişte carne, şi te-ai gândit să-l faci şi tu pe tovarăşul subiect de discuţie în autobuz. Eu de fiecare dată simţeam că înnebunesc, simţeam că mor, pentru că oricând se putea nimeri vreun securist care să creadă că noi, acasă,

nu facem altceva decât să-l înjurăm pe Ceauşescu.

– Şi ce? Făceaţi şi altceva?

– Tu râzi acum, dar mie îmi ţâţâia fundul să nu ne trezim acuzaţi că suntem duşmanii poporului!

– Muco, e senzaţional! Tu practic zici că încă din fragedă pruncie am fost un disident? Ştiu ce vrei să spui! Că nu, ci că din frageda pruncie am fost pur şi simplu un idiot.

– Hai, măi Mihai, nu mai vorbi aşa despre tine. Nu eşti un idiot.

– Mulţumesc. Mereu ai ştiut să mă afunzi în negare.

– Ca să nu mai spun că mamaie Mia, străbunica ta, care te diviniza, a fost cât pe ce să o mierlească din cauza ta. Într-o după-amiază, te-ai ascuns după uşa de la sufragerie şi ea te-a căutat o oră. Şi-a luat medicamentele de inimă, s-a dus în jurul blocului, prin împrejurimi. Ştii că ei stăteau la parter. S-a gândit că ai sărit pe balcon. După acea oră, a sunat-o pe tanti Tanţa (pe mine n-a avut curajul să mă sune) şi Tanţa i-a spus să mai caute, iar dacă tot nu te găseşte, să sune la Miliţie. În timp ce plângea şi se îmbrăca să pornească în altă căutare, a făcut o ultimă încercare şi a strigat: „Bibi, că aşa îţi spunea ea, spune-i lu' bunica dacă eşti în casă, te rog, că moare bunica!". Şi atunci s-a auzit glasul tău: „Aici sunt!"

– În primul rând, faptul că eu eram ascuns după uşă şi ea nu m-a găsit timp de o oră, înseamnă că era absolut lamentabilă la „v-aţi ascunselea". Asta unu la mână. Şi doi la mână... Dacă ar fi

întrebat mai repede unde sunt, i-aş fi răspuns. Şi mai e ceva! În orice caz, eu nu v-am chinuit cum v-a chinuit Andrei!

– Pe mamaie Mia n-a mai apucat să o chinuie, pentru că a murit, între timp. Andrei n-a apucat-o.

– Dar şi dacă o apuca... A iertat-o Dumnezeu!

– Însă pe tataie Gigi şi pe mamaie Paula i-a cam chinuit, asta nu contest. Era mai neastâmpărat...

– Mai neastâmpărat?

– Bine. Foarte neastâmpărat. Eşti mulţumit? El a fost foarte zbanghiu. Chiar şi la scoală a fost destul de turbulent până în clasa a VII-a, când s-a potolit brusc.

– Păi s-a potolit pentru că a obosit să vă chinuie. Ajunsese la un burnout în materie de nemernicie! Nu mai avea Inspiraţie.

– Hai, Mihai... Îţi place să exagerezi ceva de n-am pomenit...

– Fiecare cu pasiunile lui...

O NUTRIE A MURIT CA SĂ TRĂIESC EU

Dacă ai naturelul simțitor și o doză minimă de curiozitate umană, este clar ca lumina zilei că ți-ar fi foarte greu să nu citești ceva care se numește „O nutrie a murit ca să trăiesc eu”. Și asta nici măcar nu are legătură cu faptul că cel care povestește este, deși detest terminologia, o persoană publică. Ideea în sine, că cineva trăiește datorită sacrificiului unei nutrii, n-are cum să nu te intrige măcar puțin. În primul rând, n-ai cum să nu te întrebi de ce era să moară respectivul și, mai ales, de ce o nutrie?

Nutria este un animal rozător de conformație corporală medie, deși în enciclopedii este menționat ca fiind rozătoare mare. Dar eu spun așa: în comparație cu un șobolan este mare, dar în comparație cu o capibara, este mică. Statistica spune că 6 din 10 cititori au pus mâna pe telefon ca să caute capibara pe Google. Nutria poate fi crescută (deşi sunt împotriva unei astfel de atrocităţi) pe lângă casa omului cu scopul ca, la maturitate, să fie ucisă în mod samavolnic prin înjunghiere la nivelul carotidei şi comercializată în vederea producerii de bunuri vestimentare.

Fac o mică paranteză şi vă spun că nu am să mă apuc acum să mă documentez dacă nutria are carotida la gât. O dată pentru că îmi place prea mult cum sună fraza respectivă şi pentru că nici nu vreau să caut. Poftim! Şi dacă eu nu vreau, nu mă poate obliga nimeni!

Când eram foarte mic şi stăteam cu părinţii şi bunicii în Lacul Tei, casa respectivă avea şi o mică, dar nu chiar insignifiantă, curticică. Bunicul meu, atât de simpatic-mercantilul Gigi, mai găsise o modalitate de a produce bani în acele vremuri grele. O modalitate pe care, recunosc, i-am reproşat-o până la sfârşitul vieţii. Îi sfătuiesc pe cei care lucrează în asociaţiile pentru protecţia animalelor, pe activişti sau voluntari să nu citească partea asta şi, în cazul în care o citesc, vreau să mă apăr, spunându-le că, dacă aş fi avut o vârstă macar un pic mai înaintată, aş fi realizat toate demersurile necesare ca să-l opresc pe tataie din această rătăcire de moment. Cauzată, în mod clar, de patima lui, de cele mai multe ori extrem de amuzantă, pentru bani.

Nutriile erau crescute în nişte cuşti care nu respectau niciun fel de normă europeană. Şi asta pentru că bunicul trăia în Lacul Tei. Iar Lacul Tei nu se afla pe atunci (nici geografic, nici moral, nici din punct de vedere al civilizației) în spațiul european. De fapt, dacă stau bine să mă gândesc, nu se afla în niciun fel de spațiu. Nici măcar în spațiul cosmic.

Eu n-am întrebat-o pe maică-mea (nici nu știu dacă vreau să o întreb) cum se desfășura efectiv procesul de sacrificare a nutriilor. Dar ele ajungeau, după aceea, la un tăbăcar. În cazul în care aveți o vârstă mai fragedă și nu ați auzit de această meserie, tăbăcarul este cel care jupoaie animalul, usucă blana (ori pielea, după caz) și apoi o bate cu un instrument până când ajunge în starea necesară pentru a se confecționa din ea diferite obiecte vestimentare. Asta înseamnă „a tăbăci". Și tot „a tăbăci" însemna operațiunea prin care mă mai corija mama. Nu era tăbăcar de profesie, dar pot să vă spun că făcea o treabă destul de bună pentru un amator.

Tataie transforma absolut orice în bani. Lucruri la care nici cu gândul nu gândiți. Acoperea o zonă uriașă de comerț, de la a culege ștevie și leurdă de pe marginea drumului și a le vinde te miri unde, până la a aduna absolut orice găsea. Orice! Putea fi un rahat de bară din fier îndoită, pe care o îndreptă și-o comercializa pe post de arac de vie, putea fi... mă rog, ORICE! Avea această obsesie de a procura în permanență bani.

Viața era grea. Un kil de cașcaval sau de carne găseai foarte greu, lapte praf pentru copil nici nu mai spun, totul se dădea pe sub mână și, în mintea lui, era un singur lucru: să facă în așa fel încât să nu ducem lipsă de nimic.

Pe de altă parte trebuie să admit faptul că avea destul de multe în comun cu personajul Harpagon din „Avarul" lui Molière. Apropo de Molière. Deschid o mică paranteză. Mi se pare foarte interesant faptul că ultima piesă pe care a scris-o Molière se numeşte „Bolnavul închipuit". El însuşi interpreta rolul principal şi a murit în timpul celei de-a patra reprezentaţii, din pricina faptului că era foarte bolnav. Să interpretezi un bolnav închipuit, tu fiind un bolnav deloc închipuit, ba chiar muribund, este ceva de-a dreptul remarcabil.

Bunicul meu, pe care l-am adorat şi de care îmi este foarte dor, nu era un zgârcit în toată puterea cuvântului. Era un zgârcit simpatic şi hâtru. Tocmai de-asta există în mine temerea că acele nutrii nu erau utilizate, după tragicul lor deces, doar în scopuri vestimentare. Mi-e foarte greu să cred că Gigi al nostru nu s-a gândit că e strigător la Cer să se arunce carnea de nutrie.

Nu ştiu dacă e aşa. Dar speculez nişte posibilităţi. Ori o vindea unor proprietari de animale domestice pentru hrana câinilor şi pisicilor, ori o vindea unor grătaragii pe post de carne de iepure... Asta numai el şi Dumnezeu o ştiu. Dar este de luat în calcul presupunerea obiectivă că există oameni în România care în anii ,80 au mâncat, cine ştie în ce speluncă, mici din carne de nutrie.

Parcă îl aud vorbind cu mamaie: „Hai bă, futu-le muma-n cur de speculanţi! Mie-mi spui d-ăştia? Păi ăştia bagă în mici carne de câine, băi Paula! Păi ăia în Asia mănâncă tot felul de şobolani, şi de lighioane, şi de insecte! Nu moare niciunul! N-au nici pe dracu'...

Şi nu că nu moare niciunu', da' uite că sunt din ce în ce mai mulţi..."

El avea o înţelegere cu tăbăcarul şi croitorul în sensul în care ăia mai făceau ori o haină din blană de nutrie pentru bunica, ori căciuli de nutrie pentru mine, pentru tata sau pentru el. Şi fix o căciulă de nutrie purtam în ziua aceea din clasa a II-a...

Era o iarnă cum numai Alecsandri ar fi putut să o descrie. După ore, câţiva băieţi de la mine din clasă şi câţiva băieţi din altă clasă ne-am oprit ca să ne facem cazemate şi să ne batem cu bulgări. Şi acum urmează să vedeţi de ce această chestie pentru care noi ne batem cu pumnii în piept, cum că „domnule, noi ne jucam afară şi nu stăteam cu ochii în calculator" este, din anumite puncte de vedere, relativă.

Eugen Ionescu spune că nu poţi fi la 20 de ani un imbecil şi la 70 de ani un înţelept. Cu alte cuvinte, cine e prost, e prost pe viaţă. Probabil că este în continuare la fel de imbecil şi ăla din clasa cealaltă care s-a gândit să ia un bolovan mare, să-l învelească într-un strat de zăpadă, sub formă de bulgăre imens, şi să arunce cu el înspre cazemata noastră. Taman atunci, la apropont, cum ar spune un personaj caragialian, am ridicat capul peste marginea cazematei. Bolovanul m-a lovit drept în cap şi m-am prăbuşit secerat. Am simţit o vibraţie îngrozitoare în picioare şi mâini, iar pământul a început să se învârtă.

Ştiu ce o să spuneţi. Că pământul se învârte oricum, încă de la începutul vremurilor. Nu spun că acela a fost momentul în care a început pământul să se învârtească. Spun că acela a fost momentul când eu am simţit că se învârteşte. Menţionez că, în funcţie de opţiunea personală, verbul „a (se) învârti" poate fi folosit şi la forma „învârte", şi la forma „învârteşte". După acest scurt moment lexico-gramatical absurd şi deloc necesar, relatez că mi-am pierdut cunoştinţa pentru câteva secunde. Nu acum! Atunci... Când m-a lovit bolovanul.

Să nu care cumva să credeţi că a strigat vreun copil „Staţi! Opriţi!". Nu, tată! Ei au continuat să se bată cu bulgări. Eram singuri. Eu şi moartea. Cu greu m-am ridicat în fund şi, ameţit, am băgat mâna sub căciula de nutrie. Nu că aveam un cucui... Îmi mai crescuse încă un cap!

Ca să concluzionez... Pot să spun că o nutrie a murit pentru ca eu să trăiesc. O rozătoare şi-a dat viaţa (e drept, fără să vrea) pentru mine. Am să-mi fac un talisman în formă de nutrie, pe care am să-l port la gât.

Nutria a murit! Trăiască Nutria!

***

– Care este prima amintire care îţi vine în minte şi care te face să râzi, atunci când te gândeşti la Andrei?

– Aoleu, nici nu ştiu dacă ar trebui să povestesc asta.

– Da, gândeşte-te bine. Adevărul este că această carte o să fie extrem de cumpătată, plină de bun simţ şi rezerve...

– Doamne, Dumnezeule, nici nu vreau să mă gândesc ce ai scris acolo, măi copilule!

– O să spui treaba asta de 100 de ori? Am înțeles, îți este teamă. Dar hai, curaj și deapănă!

– Bine. O spun. Tu știi că ai avut prin scheciurile tale și expresii mai deocheate.

– Asta sunt... Comedia mea are și accente îndrăznețe.

– Eu, pentru că erai frate-su, îl lăsam să se uite la Mondenii chiar dacă era prea mic pentru așa ceva. Lui Andrei nu-i plăcea să doarmă la prânz pentru că deborda de energie și simțea că, dormind, pierdea vremea. Șotiile și toate prostiile din lume cine să le mai facă dacă el dormea?

– Era de mic un tip responsabil...

– Merg într-o zi să-l iau de la grădiniță. Mă întâmpină doamna educatoare: „Doamna Bendeac, știți ce-a făcut Andrei astăzi?”. Recunosc, începusem să mă cam obișnuiesc cu năzbâtiile lui, mai ales pentru că nu era decât începutul unui reality-show care-l avea ca actor principal. Deci nu dormise deloc la ora de odihnă și îi deranjase și pe ceilalți copii...

– Daaa... Ce să mai vorbim, îi deranjase... Știm bine că toți copiii sunt fierți pe somnul de la prânz!

– Mă rog... Pentru că nu stătea cuminte și nu dormea, a fost apostrofat de doamna educatoare. Apoi de doamna îngrijitoare. Iar cireașa de pe tort a fost când l-a certat și o altă doamnă, de la bucătărie, care era în trecere prin sala lor și, dacă tot s-a nimerit să fie acolo, a pus-o și ea de o ceartă

cu Andrei. Deja era prea mult. El, mic şi al naibii, s-a uitat la bucătăreasă şi a zis: „Tu la ce ai mai venit, fă zdreanţo? Nu m-au certat astea destul?”.

– Atât am de spus: genial!

– Îţi imaginezi cum mi-a căzut mie faţa în clipa aia!

– Şi cum ai ridicat-o?

– Nu mai ştiam cum să-l scuz, ce să mai spun... Dar când am plecat din grădiniţă, fără să mă vadă el, râdeam cu lacrimi în interiorul meu. Avea o făţucă tare comică şi eu ştiam că nu vrea să facă nimic rău. Doar că nu putea să se abţină. Mai avea şi nişte replici de-a dreptul filosofice. Îl învăţase tataie Gigi să citească şi... Ah! Ştii cum l-a învăţat? În plimbările lor prin oraş, a început să-i arate literele de pe plăcuţele de înmatriculare de la toate maşinile parcate şi uite aşa a învăţat alfabetul şi putea citi. Într-o zi mergeam cu el agăţat de fusta mea spre casă, eu cu trei sacoşe pline de cumpărături, transpirată din cap până în picioare. El, imperturbabil şi indiferent la gâfâiala mea, s-a oprit în scara blocului ca să citească pe litere afişul acela cu „Păstraţi liniştea!”. Mi-am pierdut cumpătul, spre ruşinea mea, şi m-am răţoit la el: „Te omor! Treci acasă!”. Când am ajuns la lift, a zis foarte gânditor: „Oare acum, aici, să se termine cu viaţa mea, ucis de propria-mi mamă?”.

– Mirobolant!

– Hai să-ţi zic şi una cu tine de la grădiniţă!

– Hai să nu!

– Ba daaa... Tot la grădiniță erai și tu când m-a chemat într-o zi educatoarea și mi-a spus: „Tovarășa Bendeac...

– Alte vremuri, alte apelative.

– ...știți ce a făcut astăzi Mihai?!”.

– Uimește-mă.

– În pauza de odihnă, s-a urcat în pat peste colega lui Ileana și a început să o mângâie și s-o pupe. Ei?

– Sunt atât de mândru pentru ceea ce ai povestit acum și îmi relevă o imagine atât de bună față de mine însumi! Această informație îmi crește respectul de sine!

– Mă miram eu să fii serios...

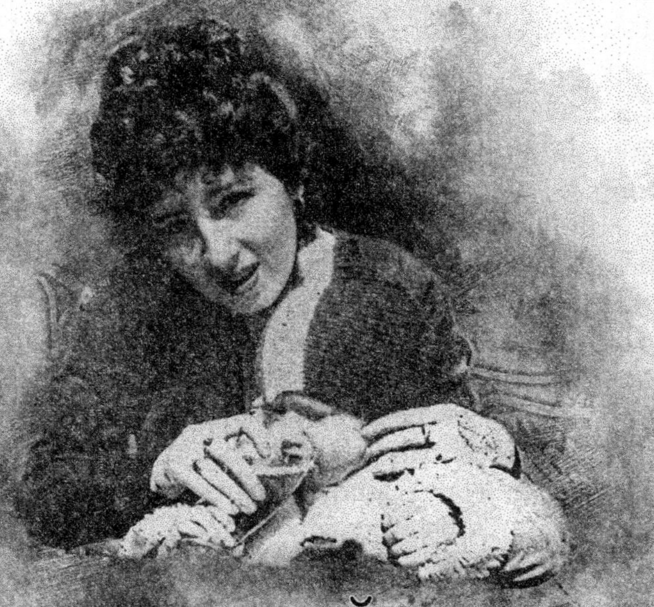

MAMĂ, EU MĂ FAC ACTOR!

Treaba asta cu profesia pe care urma să o îmbrățișez a planat deasupra mea de-a lungul întregii copilării. De fapt, nu profesia... Viața pe care urma să o îmbrățișez. Pentru mine, profesia nu a fost niciodată profesie. A fost și este, pur și simplu, viață. Singura viață pe care o știu. Singura viață pe care am reușit să o trăiesc cu adevărat.

Deși azi îmi pot da seama că existau, fără îndoială, toate semnele cu putință încă din copilărie, în perioada aceea nu am conștientizat nicio secundă ce drum o să aleg. Ceea ce, acum, privind retrospectiv, îmi pare incredibil. De fapt, cred că nimeni nu şi-a dat seama cu adevărat în afară de mama lui tanti Zoica, vecina noastră, pe care cu toţii o numeam tanti Bojin. Ea a fost prima persoană care a văzut acest ceva la mine. Îmi pare paradoxală exprimarea „a văzut”... Asta pentru că tanti Bojin a murit, acum câţiva ani, complet oarbă... Dânsa i-a spus mamei, când eu eram foarte mic, cred că nici măcar nu eram la şcoală: „Făi Emilio, ăsta se face actor!”. Motivul pentru care tanti Bojin spunea treaba asta era acela că aveam talentul de a imita gesturile, mimica, felul de a fi al unor persoane sau, pur şi simplu, de a explica, de a povesti ceva, într-un mod amuzant.

Probabil că prima mea „prestaţie artistică” a avut loc în faţa bunicului meu din partea tatălui.

Tataie Nicu a fost, fără să ştie, primul meu spectator. Deşi încă nu ştiam să citesc, inventasem, la acea vârstă ireal de mică, nu ştiu exact de ce, un soi de număr de comedie pe care mi-l amintesc perfect şi acum. Luam un ziar, orice ziar, şi începeam să mă prefac că citesc la întâmplare un articol. Clefăiam mărunt din buze, mormăiam ceva şi, din când în când, o dată la câteva secunde, pronunţam clar „tovarăşul Nicolae Ceauşescu”. După care reluam mormăiala şi tot aşa...

Băi (cu mine vorbeam, nu mi-aş permite să vă spun vouă „băi”, voi sunteţi maximum „măi”), mie mi se pare o gândire extrem de aplicată din punct de vedere comic pentru un copil la vârsta aia. Cu alte cuvinte, identificasem că totul se raporta, într-un fel sau altul, la acest tovarăş Nicolae Ceauşescu, şi că totul era despre el, cu el. Bunicul era căzut într-o admiraţie ieşită din comun pentru numărul meu de comedie și, de fiecare dată când mergeam pe la ei, se așeza lângă mine, îmi dădea un ziar și îmi zicea: „Auzi, Mihăiță... Ia citește-i tu lui tataie ce scrie aici". N-am să-l uit vreodată cum efectiv se sufoca de râs. Lucru care, evident, mie îmi dădea aripi, deveneam din ce în ce mai creativ și pronunțam „tovarășul Nicolae Ceaușescu" în toate formele cu putință, având diferite tonuri, diferite intenții, ba ferm, ba cu subînțeles, ba plictisit, ba milităros.

Îmi mai aduc aminte clar că, la un moment dat, împreună cu băiatul lui tanti Zoica, tizul meu, Mihai, am făcut o scenetă după o schiță a lui Caragiale. La inițiativa mea, normal. Am prezentat-o într-o seară când tanti Zoica făcea scovergi și ne adunaserăm în apartamentul lor. Pe vremea aia, cele mai multe seri erau precum serile de pandemie. Se stătea acasă, în grup restrâns, se mâncau scovergi, se spărgeau semințe, se pălăvrăgea. La TV nu aveai ce vedea, video-urile erau o raritate... Când se întrerupea curentul, aprindeam lumânări și se continua socializarea.

Următoarea amintire legată de felul în care urma să se împlinească destinul meu este și cea mai importantă. Când eram în clasa a V-a, am plecat într-o tabără împreună cu dirigintele meu, Ion Baciu, un profesor considerat extrem de dur în școală, dar care avea o sensibilitate ieșită din comun pentru copiii pe care îi simțea creativi. El era profesor de română și scria poezie, iar pe mine mă iubea foarte tare pentru că (și asta are legătură, probabil, tot cu destinul pe care urma să-l împlinesc mai târziu), de câte ori aveam de scris o compunere sau un comentariu, făceam în aşa fel încât reuşeam să atrag atenţia tuturor. Chestia asta s-a întâmplat chiar şi înainte de gimnaziu. Îndeobşte, la şcoală, în timp ce copiii îşi citeau pe rând compunerile, vedeai că unul mânca un sandviş pe sub bancă, altul se uita pe pereţi, îşi mai trimiteau bileţele între ei şi aşa mai departe.

Eu aveam dorinţa enormă de a captiva, eram obsedat de această idee şi, din acest motiv, când îmi făceam tema la română sau la oricare materie care îmi permitea să fiu creativ, încercam să o scriu în aşa fel încât, în momentul în care o citeam în oră, să atrag atenţia tuturor.

Să vă dau un exemplu. Aveam de făcut o compunere cu un subiect clasic, o temă pe care cei mai mulţi dintre noi o primim la un moment dat, elevi fiind. Compunerea se numea "Excursie la ţară" sau "Vacanţa mea la ţară". Instinctiv, eu simţeam un imbold ca, încă de la primele două, trei fraze, să fac în aşa fel încât să atrag atenţia tuturor. Şi începeam compunerea cam aşa: „Sângele nu este roşu". Indiferent cât de plictisiţi erau colegii mei, indiferent ce făceau, deveneau atenţi. Ăla cu sandvişul rămânea cu el suspendat în drumul spre gură. Eu continuam: „Câţiva stropi au poposit sub vişin. Aproape toamnă. Nerăbdătoare, câteva vişine nu au mai avut răbdare să fie culese şi s-au predat, aruncându-se spre pământ. Sângele este vişiniu. Pe cuţit. Însă, în bătaia soarelui, ai putea crede că e roşu. Numai eu mă gândesc la asta. Celelalte perechi de ochi fixează zbaterea, agonia. Aş vrea să mă uit şi eu. Şi o fac, în cele din urmă. Nu te uita, îmi zic...". Şi continuam să citesc compunerea într-o linişte mormântală, bucurându-mă de atenţia tuturor.

Povestea pe care o scrisesem vorbea apoi despre razele soarelui, despre iarba verde de la țară și despre tăiatul unei găini sub privirile celorlalte galinacee, fapt care m-a impresionat foarte mult. Vorbeam despre ceea ce simțisem în momentul respectiv și deplângeam întâmplarea din acea vară, deși ar fi putut rămâne în memoria mea doar susurul râului, foșnetul frunzelor, iarba plină de rouă...

Aveam un instinct care mă îndemna spre un soi de fobie de plictiseală. Întotdeauna am avut fobia de a nu plictisi, cumva, pe cineva. Uneori, treaba asta poate că a fost interpretată greșit. Poate că, în anumite situații, cu anumite persoane, am fost lapidar și ele au perceput asta greșit, neavând de unde să știe că eram, de fapt, într-un moment de apoteoză a fobiei de plictiseală.

În tabăra despre care vă spuneam, se organiza un fel de spectacol în ultima seară, la focul de tabără, așa cum era obiceiul. În locația unde eram cazați, la Cheile Bicazului, lucra și un paznic de origine maghiară care era beat de dimineața până seara. Eu i-am spus domnului diriginte că vreau să fac o scenetă împreună cu un coleg mai mare, care era în clasa a VII-a, și că mi-aș dori să-l interpretez pe nea Gyuri. M-am apucat să gândesc un text, niște replici, să improvizez câteva mișcări spectaculoase, să-mi găsesc obiecte de recuzită. Făceam toate astea extrem de natural, cu un soi de automatism a cărui proveniență nu mi-o pot explica. Nu mai știu exact ce ziceam, ce spuneam în sceneta aia, dar știu că, atunci când am prezentat-o în ceea ce s-ar numi repetiția generală, toată lumea a fost pe jos de râs. Colegii mei, dirigintele, soţia dirigintelui, bucătăreasa, femeia de serviciu, toată lumea! Senzaţia pe care am avut-o în acel moment a fost de desprindere de sol, de plutire. Am şi o fotografie. Este, poate, cea mai valoroasă şi mai dragă fotografie dintre cele care vor apărea în această carte.

Cu toate astea, încă nu conştientizasem ce urma să fac şi am trecut prin diferite faze, prin diferite profesii, ca să spun aşa.

Prima dată am vrut să mă fac antrenor de fotbal. Încă nu eram la liceu. Am găsit undeva, într-un depozit de lângă sala de sport de la şcoală, nişte tricouri foarte vechi pe care cine ştie cine le folosise. Bănuiam eu că vreo fostă echipă de fotbal de amatori sau chiar echipa şcolii de prin anii '60-'70. Erau nişte tricouri croşetate, dacă vă puteţi închipui aşa ceva! Nişte tricouri croşetate, cu mânecă scurtă, care aveau nişte numere cusute pe spate. Erau într-un sac de pânză, mototolite şi, probabil, aruncate acolo murdare de transpiraţie, în urmă cu zeci de ani. Eu le-am luat, nici nu mai ştiu cum, cred că m-a ajutat mama, şi mi-am cumpărat nişte cărţi de tactică fotbalistică, dintre care cea mai importantă mi se părea mie una scrisă de Jackie Ionescu, fost mare antrenor la Timişoara şi reputat tactician de fotbal.

Într-un fel sau altul, am convins băieţii de la mine din bloc, alături de care mai jucam din când în când cu puştii din alte blocuri din cartier, să se îmbrace cu acele tricouri croşetate şi să mă lase pe mine să devin antrenor. Vizavi de blocul nostru se afla un fost teren de fotbal lăsat în paragină. Pentru cei din Bucureşti, ca să înţelegeţi, era locul unde se află acum Parc Lake Mall. Noi, de obicei, jucam fix în faţa blocului, nu traversam până la stadion. I-am convins că trebuie să jucăm pe terenul acela mare, chiar dacă asta însemna un spaţiu de patru ori mai amplu.

Odată instalat la conducerea echipei, am încercat să-mi pun amprenta şi să construiesc un angrenaj tactic ce urma să se dezvolte într-o filosofie de joc. Orice club are o filosofie, mă gândeam eu. Până atunci, singura filosofie în fotbalul de maidan suna cam aşa: „Cel mai prost din punct de vedere tehnic stă în poartă (preferabil un gras), ăia mai mici de vârstă şi mai proşti stau în apărare şi şmecherii, în atac”. Ei bine, nu, am spus eu! Fiecare fotbalist are un set de trăsături native care îl fac potrivit pentru un anume post. Am făcut fişe pentru fiecare „jucător”. Acolo am trecut puncte forte, puncte slabe, profil psihologic, disponibilitate la efort, viziune a jocului şi altele. Apoi am organizat un sistem tactic cu patru fundaşi, un închizător, trei mijlocaşi şi doi atacanţi.

Chestia asta a durat aproximativ trei zile. După acest interval de timp, nerecunoscători şi lipsiţi de orice urmă de profesionalism, au revenit la „unde-i mingea e şi grămada”. În cele trei zile, nu numai că mi-am luat rolul de Guardiola foarte în serios, dar vă daţi seama că, privit din exterior, ce se întâmpla acolo era circul de pe lume. Peste tot în ţară se juca fotbal în faţa blocului ori pe maidane (EA Sports nu lansase FIFA). Numai că imaginea unor copii transpirând la 35 de grade, în nişte tricouri croşetate, şi unul, pe margine, îmbrăcat elegant şi dând indicaţii era ceva care, în mod clar, ieşea din peisaj. Mi-aduc aminte că, în nebunia mea, la primul meci cu „echipa" unui bloc rival, am început să urlu: „Pasul la offside! Faceţi pasul la offside". Au rămas interzişi toţi. Şi echipa mea, şi echipa adversă. Era absurd. Nu numai că nu jucam cu regula offside-ului, dar nici măcar nu exista vreun arbitru de centru, darămite tuşieri care să sancţioneze o poziţie afară din joc. În fotbalul de cartier, existau două reguli: era fault când locul impactului sângera, se umfla sau se învineţea imediat şi în cazul în care mingea se lovea de un copac, iar cineva striga: „Natură!". Şi meciul continua. Ce vremuri...

Apoi am vrut să mă fac ziarist sportiv. Am făcut chiar şi nişte meditaţii la o materie care se numea „creativitate" cu un profesor relativ dement. Zic asta pentru că meditaţiile cu el s-au încheiat într-un mod cel puţin ciudat. Într-o zi, când am ajuns la el acasă, a întredeschis uşa şi m-a ţintuit cu o privire sinistră. Era îmbrăcat în pijama, nebărbierit de câteva zile, cu părul în dezordine.

După o lungă tăcere, eu am reuşit un „bună ziua" anemic. El a mai tăcut câteva clipe apoi, cu un fel de tragism apocaliptic, a grăit rar şi apăsat: „Începând de azi... Eu... Nu voi mai da niciun fel de meditaţii". A mai stat un pic pironit cu ochii la mine, de mă simţeam ca într-o peliculă marca David Lynch, şi a închis foarte lent uşa care, parcă pentru şi mai mult efect dramatic, scârţâia demonic. Ştiu cum sună povestea asta. Dar aşa a fost..

Apoi am vrut să fiu avocat. Ideea de avocatură s-a declanşat din cauza unei fete, pe când eram la începutul clasei a X-a. Am tot încercat să-mi amintesc numele ei și nu reușesc. Ea era boboacă, tocmai începuse clasa a IX-a. Nu știu dacă vreodată în viața asta voi mai simți ce simțeam când o vedeam pe fata aia. Îmi lua foc inima, îmi lua foc sufletul ori de câte ori o întâlneam, ori de câte ori o zăream, timpul se oprea în loc, corpul îmi devenea greu, începeam să respir diferit, rar, cu inspirații și expirații profunde. Per total, după câteva săptămâni, am simțit că îmi dă tot felul de semne că și ea mă place. Eram timid... Nici nu vă puteți imagina de câtă forță am avut nevoie ca să mă decid să fac un pas. Dar, finalmente, l-am făcut!

Am rugat-o pe mama să cumpere un cățeluș de pluș și, după ce am terminat orele, iar ea se pregătea să le înceapă, am așteptat-o și m-am apropiat tremurând, ținând strâns în mâini acel cățeluș de pluș. I-am spus că... Nu. Aș minți. Nu mai știu ce i-am spus. Ceva ce îmi repetasem zile întregi în minte, asta este clar. Ea s-a uitat la mine prima, fără nicio urmă de emoție, cu o siguranță de sine care mie, clar, îmi lipsea. I-am întins jucăria (nu vă gândiți la tâmpenii, jucăria de pluș, concentrați-vă!) și ea, fără s-o primească, mi-a răspuns: „Îmi pare rău, dar mie-mi place de altcineva". Și a plecat. Am simțit că mă înghite pământul.

Acela a fost, de departe, momentul care mi-a marcat tot ceea ce a însemnat relația mea cu femeile până în acest moment. Pe drumul spre casă m-am simțit atât de umilit de ceea ce se întâmplase, încât mi-am jurat că niciodată nu voi mai permite unei femei să-mi facă așa ceva. Cred că nu mă deranja atât de mult refuzul, cât mă deranja faptul că, practic, se jucase cu mine, cochetase atâta vreme. Nu m-am dus cu acel căţeluş de pluş ca boul, din senin.

Credeţi-mă că am urmat până în ziua de azi ce mi-am jurat atunci! Nu am mai făcut niciodată primul pas către vreo femeie. Vi se pare imposibil? Am să explic, poate mai încolo, cum a fost totuşi posibil.

În seara aceea, revoltat şi supărat pe mine însumi, dornic de o răzbunare pe care o veţi considera puerilă, am decis că voi fi cel mai bun avocat din România, că voi avea foarte mulţi bani, o maşină decapotabilă şi că, într-o bună zi, o să mă opresc într-o staţie RATB care are şi chioşc, pentru a-mi cumpăra trabucuri. Şi în staţia RATB o să fie ea. EA! Cu o plasă în mână! Aşteptând autobuzul. Eu o voi privi doar aşa, în treacăt, iar ea va înghiţi în sec fiindcă eu, pe lângă faptul că voi fi un bărbat bine, voi fi şi îmbrăcat într-un costum impecabil! Voi respira succes prin toţi porii. Fără să-i adresez măcar un cuvânt, o să-mi aprind un trabuc, o să intru în maşina mea decapotabilă şi voi demara în trombă. Jur că exact acesta era planul pe care l-am făcut, la nervi, în câteva ore.

În acest sens, le-am cerut alor mei bani ca să cumpăr Codul Penal, Codul de Procedură Penală şi alte câteva tratate din aria de specializare juridică. Nu numai că le-am cumpărat. M-am pus pe studiat parcă mai abitir decât o făcusem cu manualele de tactică fotbalistică.

Această serie de posibile meserii s-a încheiat brusc într-o noapte de duminică spre luni. Vă spuneam că întotdeauna a planat asupra mea spiritul profesiei pe care o practic astăzi. În fond, cred că toate aceste profesii pe care eu le luam foarte în serios erau, de fapt, nişte roluri în care intram foarte bine. Când stăteam pe margine şi dădeam indicaţii tactice, eu intram extraordinar de bine în rolul unui antrenor. Când făceam pe ziaristul, intram foarte bine în rolul unui ziarist. La fel de bine intram şi în rolul de avocat.

În duminica aceea, tatăl meu s-a întors din târg (unde mergea, şi încă merge, la fiecare sfârşit de săptămână) cu diferite nimicuri cumpărate, printre care se afla şi o carte cu titlul: „Carte despre Toma Caragiu". Nu e nimic banal în ceea ce-l priveşte pe Toma Caragiu, dar titlul „Carte despre Toma Caragiu" suna destul de banal. Nu mă întrebaţi de ce am citit PE NERĂSUFLATE acea carte. Până am adormit, deja o citisem. Peste noapte, cred că era patru sau cinci dimineaţa, m-am trezit şi m-am dus să fac pipi. Ştiu sigur că exact în momentul în care făceam pipi, am avut o revelaţie: „Eu voi fi actor!" Am rămas minute bune acolo, înţepenit cu mâna pe ştrumeleag şi cufundat într-o contemplare fabuloasă a acestei idei pe care sper că am reuşit să o transmit în acest capitol. Era acolo dintotdeauna.

Se spune că marile revelaţii vin în momente pline de sublim, când stai întins şi priveşti coroana unui arbore secular sau când admiri nemărginirea mării... Poate, la alţii... Iată că revelaţia mea absolută şi definitivă a venit la vârsta de 15 ani, noaptea, având ochii cârpiţi de somn şi făcând pipi... Nu vă mai spun că, peste două zile, nu aveam nimic altceva în minte decât crearea unui plan complex prin care să pot să fiu, de-a lungul anilor, şi actor, şi regizor, dar să fac şi film, şi teatru, şi scheciuri, şi televiziune, şi... şi...

Ideea devenea din ce în ce mai complexă şi elaborată, iar mintea nu-mi mai stătea la absolut nimic altceva. Trebuia să-i spun mamei. Şi i-am spus...

***

– Am povestit despre momentul acela în care m-am trezit noaptea să fac pipi şi...

– Ştiu! Şi ai început să faci teatru în liceu şi să-mi furi mie de acasă tot felul de cearşafuri, ceasuri, haine...

– S-a înţeles ideea...

– Batiste, bibelouri, becuri, farduri...

– Aoleu!

– Păi întreabă-mă. Ce vrei să-ţi spun?

– Ce-a zis tata? El nu a fost de acord...

– Să ştii că el era fascinat de ideea de teatru, era fascinat de actori şi de fenomen în ansamblul lui. Noi mergeam la teatru foarte des, iar el iubea actorii.

– Şi mie, culmea, îmi vorbea mereu despre actori, îmi spunea replici din filme româneşti, mergeam cu el şi închiriam casete cu Louis de Funès, la care ne uitam împreună. Până la urmă, el mi-a adus acea carte. Mereu m-am întrebat de ce a simţit, când a văzut-o, să mi-o cumpere tocmai mie...

– Păi vezi? El nu avea decât o singură grijă: să nu ajungi să trăieşti mizerabil din punct de vedere financiar.

– Da, e un alt capitol în care povestesc şi despre asta. Spune-mi ce ai făcut tu? Cum ai ajuns tocmai la casa de bilete de la Teatrul de Comedie?

– Puteam să merg la orice teatru din Bucureşti. De ce am ales Teatrul de Comedie, unde joci tu acum, doar Dumnezeu ştie. Eu m-am urcat în metrou şi am mers acolo, fiindcă era unul dintre teatrele unde mergeam frecvent. Nu cunoşteam pe nimeni. M-am dus la casa de bilete. Acolo era o doamnă. I-am spus că am un băiat care doreşte să dea examen la teatru şi ea s-a oferit să-mi înlesnească o întâlnire cu George Ivaşcu. Deşi cred că îl văzusem pe scenă, sincer, nu îi ştiam numele. Mi-a zis că este un actor tânăr, foarte bun şi foarte sufletist. Aş vrea să menţionez o chestie. Vezi ce înseamnă să întâlneşti oameni săritori? Ce interes a avut femeia aia? Niciunul!

– Că tot vorbeşti despre asta, încă ceva! Domnul Ivaşcu nu a acceptat niciodată să primească vreo remuneraţie pentru pregătirea mea! Cine mai făcea aşa ceva, când meditaţiile pentru admiterea la teatru erau pentru mulţi o maşinărie de făcut bani?

– Aşa e! Probabil ţi-a iubit talentul. Dar chiar şi în condiţiile astea, putea să propună o sumă per meditaţie. Era un om foarte ocupat, repeta încontinuu, juca în fiecare seară, filma, era şi profesor. Îşi rupea din timpul lui. Adu-ţi aminte că eu mă simţeam prost că nu vrea să primească niciodată nimic şi te-am întrebat pe tine ce ţigări fumează. Tu mi-ai spus că fumează Viceroy şi îţi puneam în geantă când mergeai la pregătire, din când în când, câte un cartuş de ţigări. Ştiu că-ţi spuneam: „Când

se termină pregătirea, scoţi repede ţigările şi le laşi acolo. Orice ar spune, tu fugi şi zici că a spus mama să nu mă întorc cu ele acasă, că mă omoară!". Un om minunat... Să ştii că acea primă întâlnire cu Georgică nu am cum să o uit. Parcă a fost ieri. Era o zi destul de mohorâtă, cu ploaie măruntă...

– Exact cum îmi place mie...

– În faţa Teatrului de Comedie, un bărbat mărunţel (dar esenţele tari se ţin în sticluţe mici), cu un zâmbet larg pe toată faţă, ne aştepta şi ne-a invitat în cabina lui. Nu ştiam că, de acolo şi din clipa aia, o să înceapă drumul tău în meseria asta foarte grea, dar şi foarte frumoasă.

– Superb ai zis... Literar, aş spune.

– Am stat acolo în cabină de vorbă cu el şi a fost foarte surprins că aveai atât de multă determinare să devii actor, deşi erai doar în clasa a IX-a. Îmi amintesc perfect că, la întâlnirea aceea, i-am menţionat eu că ne mai distrezi uneori şi cu imitaţii. El a fost curios, iar tu i-ai imitat pe Toma Caragiu şi pe Ceauşescu.

– Eu asta nu-mi amintesc.

– Îţi zic eu! Când ai dat examen...

– Nu, stai, ăla este alt capitol!

– Măi, dar câte capitole are cartea asta?

– Multicele...Prea puţine, totuşi.

– Dar de citit, o să le citească cineva?...

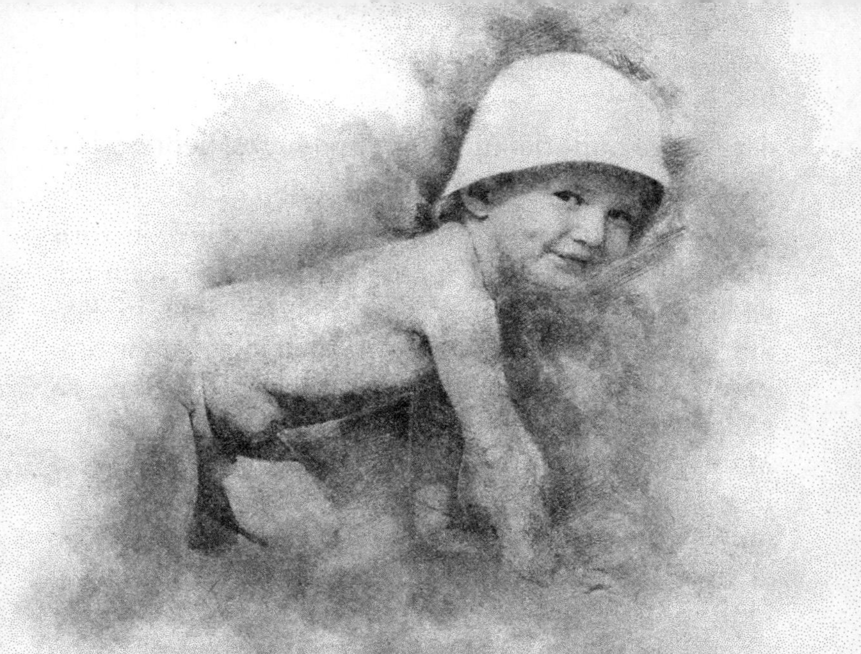

MICROPENIS

Când ai teama de a nu fi penibil în societate și mai ales când, pe măsură ce înaintezi prin existență, ți se tot îndesesc momentele de anxietate, parcă Universul conspiră, distrându-se copios pe seama ta. Te trezești în situații penibile, pe care cu greu le poți depăși. Legea atracției...

Acest capitol descrie, cu gratitudine și mulțumire, felul în care mama m-a salvat de la o viață cu un penis foarte mic. Probabil că fără Muca mea, așa cum îi spun eu, aș fi fost mort de multă vreme. Și în acest caz punctual, dacă ea nu ar fi acționat la timp... Ce am eu acum destule frustrări, ia să mai fi avut și pula mică. Probabil că asta ar fi fost acel ceva care putea pune definitiv capac pe sicriul depresiei cu care am trăit de când mă ştiu.

Aveam 12 ani şi jumătate. Fiind copil, în zorii pubertăţii, încă nu mă feream atât de tare să nu mă vadă mama dezbrăcat. Venisem de la şcoală în ziua aia şi, pentru că avusesem sportul penultima oră, eram năclăit de transpiraţie. Am intrat în baie ca să fac duş, fără să mai trag perdeaua aia din plastic. Mama, care habar n-avea că eram acolo, a intrat în baie şi m-a văzut. Eu, gol puşcă. A dat să iasă, dar am văzut că se opreşte. S-a uitat la mine cu atenţie şi a zis: „Măi, tu ai puţa cam mică. Ai mai crescut în înălţime, dar puţa e ca acum trei ani". Dom'le, ce-i drept, trebuie să recunosc: de mica, era mică, iar de groasă, cam subţire.

Pusă dintr-odată pe rezolvat problema, s-a apucat să dea telefoane pe la diferite cunoştinţe din domeniul medical şi a aflat despre un urolog specializat şi pe urologie pediatrică. Profesor universitar! E important să menţionez că era şi profesor universitar. O să aflaţi voi de ce. Într-un fel sau altul, mama a reuşit să obţină o programare chiar a doua zi.

Cum vă spuneam, abia pătrundeam în ceea ce urma să fie pubertate dar, cumva, începeam să cunosc incipient din ce în ce mai multe sentimente masculine. Începeam să am şi eu un pic de orgoliu, un pic de mândrie bărbătească. Îmi amintesc cum abia aşteptam să vină odată momentul în care o să mă lase şi pe mine să mă bărbieresc. A fost o mare discuţie în casă pe tema asta. Intuiesc de ce s-a făcut atâta caz. Având în vedere că eram singurul copil, bărbieritul se constituia, pentru mama şi tata, într-un fel de început al sfârşitului.

Momentul în care lama de ras atinge obrazul infantului reprezintă semnalul despărţirii de copilărie. Bărbieritul este, pentru băieţi, ce este prima menstruaţie pentru fete. Ca părinte, eşti învăluit într-un vălătuc de melancolie. Copilul tău nu mai este copil. Eu m-am „berberit" după multe insistenţe, când tuleiele de sub nas tindeau deja să se transforme într-o mustaţă pe oală.

Până să remarce mama că netrebnicul meu mădular nu are dimensiunea potrivită unui viitor optimist, cunoscusem şi eu deja atracţia faţă de nişte fete şi, aşa cum povesteam şi în primul capitol, deja mă pipăisem pe-acolo, ca să nu spun că făcusem cunoştinţă cu păcatul malahiei. Chiar şi aşa, nu realizasem că este foarte mică. În primul rând că nu mai văzusem alta. În altă ordine de idei, deşi o luasem în mână, nu conştientizam că o puţă sculată ar fi trebuit să fie mai mare decât dimensiunea mânuţei pe lat.

A doua zi, precum Jason Statham în misiune, mama, plină de determinare şi avânt, m-a dus la spital cu scopul precis de a face băiatul pula mare, ca să mă exprim neaoş. Când am ajuns, o asistentă ne-a chemat într-un cabinet, ne-a invitat să luăm loc pe un pat şi ne-a anunţat că: „Domnul profesor urmează să vină imediat". După câteva momente, uşa s-a deschis, iar în cabinet a pătruns, cu o mină afectată, preocupat şi extrem de grăbit, domnul profesor. Până aici, toate bune şi frumoase. Însă ce a urmat avea să mă ducă în pragul unui infarct.

În urma lui au mai intrat, mă ia cu leşin numai când îmi aduc aminte, nu mai puţin de 10 studenţi, dintre care, ce credeţi, vreo şapte erau fete. Conştient că vor participa cu toţii la ceea ce urma, m-am gândit care ar fi şansele ca, exact în clipa aceea, să se pornească un cutremur devastator, spitalul să se dărâme, iar noi toţi să pierim striviţi. Căci în felul acesta eu aş fi fost scutit de ruşinea înspăimântătoare care mă cuprinsese într-o fracţiune de secundă.

Domnul doctor a întrebat direct: „Bună ziua, care e problema?”. Eu eram desfigurat de jenă. Mama, senină, pe un ton grijuliu, a spus: „Domnule doctor, eu m-am uitat la el şi mie mi se pare că are o puţă foarte mică. Adică mi se pare excesiv de mică pentru vârsta lui”. Dom' profesor, mânca-i-aş sufletul lui de băiat, a zis: „Ia dă-ţi pantalonii jos!”. Eu am rămas blocat cu privirea către studenţi. Nu ştiu dacă din această cauza el a întrebat: „Nu vă deranjează că sunt şi studenţii mei aici, nu? I-am chemat în practică”. Instantaneu, mama, care părea că se bucură de atenţia care mi se acorda, a zis: „Ba nu, Doamne fereşte!”. Dacă privirea mea ar fi fost mitralieră, în secunda aia aş fi ciuruit-o cum a ciuruit-o plutonul de la Târgovişte pe coana Leana..

Mi-am dat pantalonii jos, încercând să fac asta într-un timp cât mai lung, în speranţa că totuşi poate se va porni acel cutremur. N-a pornit. Am rămas în chiloţi. După ce că mă aflam în situaţia în care mă aflam, mai aveam şi chiloţi tetra... Domnul doctor mi-a tras el chiloţii jos cu o mişcare fermă şi a început să privească atent, lucru pe care l-au făcut şi studenţii.

Mă rog, focul meu nu erau studenţii, ci studentele. Douăsprezece perechi de ochi îmi priveau puţa. Unii se mai apropiau, mai notau... Cel mai umilit m-am simţit când una dintre fete şi-a pus ochelarii.

Las-o dracu'! Nu era chiar aşa mică! Ce urma? Să trimită pe cineva după un microscop? Profesorul m-a pipăit, m-a palpat, m-a tras un pic de coaie şi a grăit: „Mda... E un micropenis!".

Băi copii! Vouă cum vă sună „micropenis"?! Deci nu că e mică... E microscopic de mică! Aşa am perceput eu diagnosticul. Mi-a zis să mă îmbrac, lucru pe care l-am făcut fără nicio grabă, pentru că deja mă mişcam greu din pricina faptului că devenisem catatonic de ruşine ce mi-era.

Totuşi, acest profesor şi, bineînţeles, maică-mea (care a observat înainte să fie prea târziu) au din partea mea recunoştinţă veşnică. Mi s-a prescris un tratament cu un medicament numit Naposim, tratament pe care l-am urmat vreme de aproape un an, dacă nu mai mult, dar care medicament, atenţie, are astfel de efecte până într-o anumită vârstă. Deci adulţii să nu-şi facă speranţe... Pe mine mama m-a dus cam la limita momentului în care s-ar mai fi putut face ceva. Să ne înţelegem... Acum, când vorbim, nu aş fi mare scofală în industria porno. Dar cred că mă poziţionez într-o zonă medie absolut decentă. Şi plângeri nu am. Pentru asta, îţi mulţumesc, mamă! A făcut băiatul pulă. Nu mai are microputţă.

***

– Nu ştiu dacă realizezi ce importanţă covârşitoare a avut pentru mine faptul că...

– Ţi-am dat viaţă?

– Nu. Mă rog, a avut şi asta importanţa ei.

Însă eu vreau să-ţi mulţumesc pentru faptul că mi-ai salvat pula.

– Că ce?!

– Că mi-ai salvat pula!

– Eşti nebun?! Cum adică?

– Nu m-ai văzut tu sub duş şi nu m-ai dus la doctor să mă trateze de micropenis?

– Măi Mihai, mamă... Măi... băiatule, că nici nu mai ştiu cum să mă exprim. Eu ştiu sigur un singur lucru.

– Care-i ăla?

– Când o să apară pe piaţă cartea asta?

– Sperăm că până de Crăciun.

– Asta e bine. Pentru că ce vreau eu să-ţi spun este că, după ce o să apară, eu nu mai ies din casă două săptămâni cel puţin!

– Te autoizolezi?

– Da! De ruşine!

– Izolarea este la modă. Ai prins o perioadă bună.

– Tu ştii ce-ai scris acolo... Să ne ferească Dumnezeu!

– De ce nu vrei să citeşti?!

– Am stabilit că nu citesc. Nu citesc şi basta! Am să văd ce ai perorat când va fi tipărită.

– Treaba ta. Dar măcar atâta spune-mi, a-propo de subiectul ăsta. Ce era cu cohorta aia de

studenţi care m-au făcut să mor de ruşine?

– Păi am mers la doctorul Ion Anca. Era un mare pediatru. Am fost de mai multe ori cu tine la el. Şi cu Andrei am fost. Până a murit.

– Andrei?!

– Nu Andrei! Domnu' doctor Anca!

– Ştiam. Mă joc cu tine.

– Eu fraieră că te bag în seamă. Era profesor universitar. De-aia avea studenţi. După ce s-a retras din spital, încă mai mergeam la el acasă pentru orice problemă. Am dus şi pe copiii altora. Mare om...

– ...mare caracter. În concluzie, ai intrat din greşeală în baie peste mine de două ori. O dată cu efect devastator emoţional, a doua oară cu efect salvator. Prima dată m-ai prins că-i dădeam în cap lu' mutu' şi a doua oară, în ultima clipă, încât să apuc să am un „mutu" corespunzător la maturitate.

– Mă duc până la Mega, că nu mai avem pâine.

PARENTING
(SAU, MAI DEGRABĂ, UN CAPITOL DESPRE TATA)

Mi se pare foarte interesant subiectul ăsta, deşi sunt convins că am să-l ating doar în mod superficial. Dar asta nu mă împiedică să-l abordez. Dacă stau bine să mă gândesc, în afară de scheciuri şi scenarii, nu mi-am exersat niciodată talentul „beletristic" şi nici nu am dovedit că aş avea un astfel de talent, în afară de aceste mai bine de 100 de pagini câte au trecut până în clipa asta. Totuşi, lucrul acesta nu mă opreşte să continui precum un imbecil inconştient. Să ştiţi că autoironia este cea mai puternică armă pe care o poate dezvolta cineva, în ideea de a contracara ceea ce în ziua de astăzi numim „hate", dar care, până nu demult, era denumit „duşmăneală". Recunoaşteţi că aţi râs un pic la tâmpenia asta.

Ideea de parenting era o chestiune extrem de relativă înainte vreme. Nu că acum ar fi mai puţin relativă. Acum doar avem pretenţia că e ceva care ne preocupă în mod real. Singura problemă este aceea că, deşi avem pretenţia că ne preocupă mai mult decât ne preocupa înainte, progresul tehnologic chiar ne ridică noi dificultati de comunicare în relaţia cu copiii.

Nu mă erijez într-un expert în ceea ce priveşte psihologia copiilor. Spun doar că scheciurile pe care le-am făcut de-a lungul timpului sau manifestările din spaţiul online, activitatea mea, în genere, mi-au adus ceea ce mi-am dorit dintotdeauna, şi anume un public extrem de larg.

Au fost două lucruri pe care mi le-am propus când eram adolescent şi îmi proiectam mintal întreaga carieră. În primul rând, ca ceea ce fac să fie cât mai „chaplinian" cu putinţă. Un fel de socialism artistic. În sensul că mi-am dorit ca ceea ce creez să poată atinge atât ţăranul cât şi boierul, muncitorul şi intelectualul, copilul şi bătrânul. Nu e o întreprindere uşoară, din contră. Dar uneori mi-a reuşit.

Al doilea lucru pe care mi l-am propus a fost ca munca mea, tot ceea ce rămâne înregistrat, filmat, postat, să treacă peste bariera timpului. Mărturisesc faptul că, cel puţin o dată pe an, mă uit la clipuri pe YouTube cu filmări pe care le-am realizat în ultimii 15 ani şi caut să văd care sunt ultimele comentarii. Când fac asta, nu mă interesează gradul de pozitivism sau negativism vizavi de ele. Pur şi simplu încerc să determin dacă există un interes real pentru ele şi în ziua de azi. Dacă puştii de 14-15 ani, care abia se năşteau sau erau foarte mici când au fost realizate, le urmăresc.

Un mecanism intrinsec a făcut în aşa fel încât să am întotdeauna un număr foarte mare de spectatori tineri şi extrem de tineri. Acesta este motivul pentru care, mai mereu, am intrat în contact cu foarte mulţi copii şi adolescenţi. De la chestii superficiale precum o poză sau un autograf, până la discuţii mai ample când m-am întâlnit cu un grup de liceeni şi am stat mai mult de vorbă. Sunt adeseori invitat să le vorbesc. Primesc astfel de invitaţii de la organizaţii de elevi sau studenţi din toată ţară. Cumva, li se pare că un discurs sau o sesiune de Q&A cu subsemnatul ar putea să-i ajute. Nu ştiu dacă i-ar ajuta, dar mă încântă gândul lor în ceea ce mă priveşte. În acelaşi timp, mă raportez şi la citirea diferitelor mesaje primite pe reţelele sociale, puţinele pe care am apucat să le citesc, în care unii copii sau adolescenţi chiar şi-au deschis sufletul, spunându-mi chestii pe care nu le spun, altminteri, părinţilor lor.

Toate aceste aspecte, coroborate cu faptul că diferenţa dintre mine şi frate-meu este de 18 ani, m-au adus în poziţia de a putea să creionez o imagine de ansamblu în ceea ce priveşte adolescenţa anilor 2000, 2010 comparativ cu ce însemna asta în anii '90 ori chiar '80. Din această perspectivă urmează să vorbesc.

Nu cred în noroc. Aşa cum, de altfel, nu cred în ghinion. Cred cu sinceritate şi convingere în câmpul mental. Cred că, atunci când ai un vis, când îţi doreşti un lucru cu adevărat, când faci totul obsesiv-compulsiv, în direcţia respectivă, şi când mergi până la demenţă în a nu renunţa la visul tău, muncind şi perseverând până la epuizare, de la un punct încolo este foarte posibil să se producă o serie de întâmplări pe care mulţi le-ar considera „noroc". Conform teoriei mele, ele nu sunt altceva decât rezultatul determinării tale absolute.

M-am referit la treaba asta, riscând o altă paranteză lungă şi posibil plictisitoare pentru unii, fiindcă mi-a venit pentru o secundă să scriu că eu mă consider norocos. Norocos că am avut părinţii pe care îi am. Şi aici se ridică o întrebare în ceea ce priveşte soarta versus liberul arbitru. Părinţii nu pot fi o rezultantă a unui gând sau a unei determinări de genul: „Domnule, eu îmi doresc să schimb lumea, eu îmi doresc să fac o mare carieră, eu îmi doresc să bucur oamenii, eu îmi doresc să... Eu îmi doresc să... Şi, pentru asta, am nevoie de doi părinţi (genetica nu permite mai mulţi) care să fie capabili să mă înţeleagă, doi părinţi care să mă susţină".

Ideea pe care mă pregătesc să o enunţ poate părea oarecum controversată, însă nu m-aş ierta niciodată dacă m-aş abţine din a o nota în prezenta lucrare cu pretenţii (deşarte) de carte. Şi am s-o enunţ. Acum, aici, cu acest pix, pe această hârtie. Indiferent dacă soarta ţi-a rezervat nişte părinţi care să te susţină şi care să te iubească sau dacă soarta ţi-a rezervat nişte părinţi nedemni de această titulatură, trebuie ca tu să urmezi cu îndârjire ceea ce îţi doreşti, ceea ce îţi propui, ceea ce visezi. Drumul fiecăruia dintre noi este înlăuntrul nostru şi doar noi înşine îl putem descoperi şi îl putem urma. Există foarte multe cazuri de părinţi care îşi iubesc foarte mult copiii şi tind să aibă, în multe situaţii, o gândire extrem de pragmatică vizavi de viitorul lor. Dacă ei sunt medici, şi-ar dori să aibă un copil care să fie medic. Dacă ei sunt oameni de afaceri, şi-ar dori un copil care să preia afacerea.

Sunt, bineînţeles, şi cazuri în care părinţii, conştienţi de dificultatea profesiei lor, fac tot posibilul ca urmaşii lor să nu acceseze acelaşi domeniu deşi poate că ei asta simt să facă. Totodată, sunt foarte multe situaţii în care părinţii sunt de o condiţie modestă şi îşi doresc să aibă un copil care să urmeze o meserie pe care o consideră foarte sigură din punct de vedere financiar, din care să câştige „bani frumoşi". Dar ce te faci dacă eşti un părinte cu o astfel de grijă şi copilul tău are o chemare pentru filosofie? Ce te faci dacă eşti un părinte care-şi divinizează copilul, dar care munceşte de dimineaţă până noaptea şi abia se ajunge cu banii ca să-l crească? Cu toate astea, el nu vrea să urmeze o carieră care, să-i confere, în principiu, un viitor sigur din punct de vedere financiar. Ce te faci dacă tu şi soţul tău sau soţia ta aveţi în casă un mic viitor Noica, un mic viitor Pleşu, un mic viitor Cărtărescu? Dacă te trezeşti că „lumina ochilor tăi" urmează o cale pe care tu o consideri imaterială, deloc pragmatică, „anormală"?

Am să mă folosesc de mine însumi pentru a exemplifica. Iar referirea la tatăl meu mi se pare esenţială în ceea ce vreau să demonstrez.

La ora la care vorbim, atât mama, cât şi tata sunt convinşi, în egală măsură, că eu nu puteam face altceva decât ceea ce fac în acest moment. Însă acest comun acord nu a existat dintotdeauna. Pentru mine, dar şi pentru frate-meu, tata a reprezentat un sprijin pe care mi-aş dori ca mulţi copii să-l regăsească în tatăl lor.

Eu am 37 de ani şi în viaţa mea nu am plătit o factură, nu mi-am achitat personal întreţinerea, nu ştiu cum şi unde se plăteşte curentul electric. Asta deoarece sunt incapabil să fac aceste lucruri. Sunt, de departe, cea mai leneşă fiinţă pe care ţi-o poţi imagina. În afara profesiei mele! Când vine vorba despre profesia mea, sunt în stare să cad din picioare de oboseală sau de stres şi asta chiar s-a întâmplat de foarte multe ori. Altminteri nu m-a preocupat nimic, nu m-a interesat nimic, mi-am dorit întotdeauna, în mod excesiv chiar, să nu fac nimic şi să nu-mi ocup mintea cu altceva.

În acelaşi timp, nici măcar nu ştiu cu exactitate câţi bani câştig, când, cum, unde se plătesc taxele, cum se reţin impozitele şi toate celelalte lucruri atât de „pământene". Tata s-a ocupat întotdeauna de lucrurile acestea. Deşi nu am fost programat să vin pe lume, iar tata era efectiv un copil când m-am născut, am simţit toată copilăria mea că sunt centrul universului lui.

Am făcut această introducere ca nu cumva să înţelegeţi greşit ce urmează să vă spun. Căci e delicat... Când am avut revelaţia absolută şi am ştiut că eu urmează să fiu actor, regizor, scenarist şi, în principiu, orice are legătură cu acest domeniu, tata a avut o reacţie negativă. Chiar îmi aduc aminte că, într-o seară, butona telecomanda. Eu eram la mine în cameră şi scriam scheciuri de televiziune... Atenţie! Aveam 16 ani. Şi nu făceam asta decât dintr-o pasiune răvăşitoare. Nu aveam posibilitatea de a le filma. Nu exista YouTube-ul, nu exista conceptul de vlogging... Cum butona el telecomanda, a nimerit peste un reportaj pe TVR 2, asta îmi aduc aminte perfect, reportaj realizat într-un cămin studenţesc, unde nişte studenţi la actorie trăiau în condiţii extrem de precare. În reportaj, printre altele, se tot revenea la situaţia salarială a actorilor de teatru, la condiţia lor socială şi, per total, concluzia era că actorii, altminteri tributari pasiunii lor, sunt cumva damnaţi, condamnaţi la o viaţă trăită în sărăcie. Tata m-a chemat să văd reportajul respectiv, spunându-mi: „Asta vrei tu să trăieşti?!". Iubindu-mă enorm, el încerca să mă convingă să renunţ la ceea ce îmi propusesem, pentru că în ceea ce îşi proiecta mintal legat de viitorul meu, dragostea îl împingea spre o gândire pragmatică (poate că folosesc excesiv termenul în acest capitol, dar se potriveşte).

Eu îi spuneam că nu mă interesează, îi spuneam că aş muri dacă va fi să nu fac asta, îi spuneam că vreau să fiu cel mai mare artist pe care l-a dat vreodată România. Nu râdeţi. Aşa gândeam. Aşa simţeam. Aveam toate ambiţiile din lume. Dar el tot împotrivă era. I se părea că aleg un viitor „neserios". Prin „neserios" înţelegem un lucru fără o necesitate punctuală, practică, esenţială, imediată.

După cum aţi putut observa de-a lungul acestei pandemii, teatrele, cinematografele, bibliotecile au făcut parte din ceea ce putea fi închis imediat. Ele nu fac parte din elementele care constituie necesarul minim pentru supravieţuirea unui om. Dar merită, oare, viaţa trăită cu necesarul minim? Ce fel de viaţă este aceea în care doar stomacul şi adăpostul reprezintă esenţa?

Pe de altă parte, culmea, sunt semne din ce în ce mai clare că robotica va prelua domeniul medicinei, că robotica va prelua domeniul judiciar, că vom trăi clipa în care nu vor mai exista vânzători fizici în magazine, gunoieri, pe străzi. Totul va fi robotizat. Deja au apărut programe care te pot apăra mai bine decât mulţi avocaţi şi, în principiu, cam tot ceea ce părea o meserie sigură, repet, nu acum, dar, poate, peste zeci de ani, va fi înlocuită de inteligenţa artificială. Şi s-ar putea să rămână doar domeniile „neserioase", artistice, creative. Ştiu că au apărut inclusiv scenarii de film, cărţi, poezii, melodii create de inteligenţa artificială. Dar contactul uman cu un artist sau cu opera lui supusă fragilităţii, greşelii, pe care o poţi indentifica a fi creaţia unui suflet, nimic nu o va putea înlocui.

Însă tata ştia ce vorbeşte. În acea Românie, a fi actor, indiferent cât de bun, reprezenta o permanentă luptă. Eterne încercări chinuite de a trăi cât de cât decent. La vârsta respectivă nu aveam cum să-i spun că eu îmi făceam temele, pe care oricum le detestam (pentru că detestam tot ce însemna sistem de învăţământ), pe foarte repede înainte, ca să-mi rămână cât mai mult timp în care să stau la mine în cameră şi să dau autografe imaginare. Că asta respir, asta visez. Nu puteam să-i spun că, în singurătatea camerei mele, îmi pun muzică şi îmi imaginez că sunt la aplauze, după spectacol. Că scriu adaptări pentru spectacole de teatru. Că în ore, la şcoală, scriam pe caiete tot felul de distribuţii ideale şi că nu aveam niciun alt gând în afară de acesta. Era îngrijorat, pur şi simplu, de elementul pecuniar. Chiar mi-a spus, la un moment dat, că mai degrabă mă leagă cu un lanţ de calorifer, decât să dau la teatru.

Măi fraţilor, eu îl iubeam, el mă iubea. Dar toate argumentele pe care le-a avut nu m-au atins! Am continuat. Vreţi să vă spun cine plângea de fericire la volanul maşinii după ce a aflat c-am intrat la teatru cu o notă foarte mare? Păi vă spun: TATA! Vreţi să vă spun eu ce se citea în privirea lui de fiecare dată când venea să mă vadă într-un spectacol la Studioul Casandra sau, chiar mai înainte, la examene sau la Teatrul de Comedie (unde începusem deja să joc)? Vreţi să vă spun ce se citea în privirea tatălui meu ori de câte ori mergeam cu el undeva şi vedea că oamenii apreciază ceea ce fac?

Tata nu a fost de acord. La început. Însă doar la nivel verbal. Niciodată faptic. Şi, de asemenea, a simţit că trebuie să renunţe. Şi a făcut-o. Progresiv.

Şi da! Dacă-l întrebi acum pe tata, el îţi va răspunde: „În legătură cu asta, bine că nu m-ai ascultat!”. Iar Andrei a avut norocul... Vedeţi? Blestemată inerţie! Am adus iar în discuţie „norocul” deşi, mai devreme, am spus că nu cred în el. Rectific! Andrei s-a bucurat de faptul că tatăl meu a avut acea experienţă în ceea ce mă priveşte. Şi, în relaţia cu el, niciodată nu a exprimat vreo părere în linii abrupte vizavi de viitorul lui profesional. Eu aici vorbesc (atingând şi o zonă de banalitate, nu contest) pentru părinţii care nu au trecut prin experienţa pe care a avut-o tatăl meu cu mine, astfel încât să se raporteze la ea şi să acţioneze ca atare în relaţia cu copilul lor.

Şi mai vreau să scriu ceva! Ceva ce mă roade. Nu are legătură cu ce am expus anterior, dar are legătură cu ceea ce trăim în plan global. Ceva foarte complicat de adus în discuţie. Pentru că implică multe probleme care ţin de morală, de religie şi de alte concepte pe care le desfid.

Trăim într-o lume în care, dacă vrei să-ţi faci un credit la bancă, eşti căutat şi în cur pentru a se determina dacă, ulterior, vei avea posibilitatea de a returna împrumutul şi eşti obligat să prezinţi anumite garanţii: casă, maşină, un teren sau orice altceva. Cu toate astea, pentru a avea un copil sau mai mulţi, libertatea este totală.

Sunt un fanatic al libertăţii individului. Bineînţeles, în măsura în care nu încalci libertatea altuia. Dar, în acelaşi timp, consider că votul şi procreaţia trebuie să aibă la bază un minimum de norme.

În cazul votului, lucrurile sunt sau, mă rog, ar trebui să fie extrem de simple. Actul de a vota, în sine, ar trebui să reprezinte rezultatul unui proces cognitiv complex. Un proces cognitiv cum este, spre exemplu, explicaţia ştiinţifică a dispariţiei soarelui pe timp de noapte ori motivul pentru care, din când în când, cad picături de apă din cer, pe care cineva care trăieşte fix ca o legumă, ca un zombi lipsit de cunoştinţe de bază, nu îl poate efectua în mod raţional.

În cazul procreaţiei, discuţia este şi mai complexă. Un copil desculţ, care creşte într-o casă de chirpici, alături de un tată alcoolic, o mamă analfabetă şi abuzată, cu încă opt sau zece fraţi şi surori, are şanse mari să nu dezvolte plus valoare, ca o persoană întreagă, o persoană care își merită aerul respirat și propria greutate, pe care Pământul, vrea nu vrea, trebuie să o susțină.

Nu vreau să fiu nedrept. Există și în celelalte pături sociale părinți care, prin tot ceea ce fac, își distrug în mod progresiv copiii, împovărându-i pe aceștia cu frustrările lor, cu năzuințele lor ratate sau neștiind, pur și simplu, cum să gestioneze relația cu propriii copii și eșuând lamentabil precum numitul Gino Iorgulescu.

***

– Hai să vorbim un pic despre parenting.

– Despre parenting?

– Da.

– Așa, la modul general?

– Cum vrei tu...

– Acum, că tot am făcut și școala asta de psihologie și, dacă mă ajută Dumnezeu,...

– Și Măicuța Domnului...

– Taci... Să îmi deschid un cabinet, îți dai seama că am studiat și voi studia în profunzime lucruri care țin de relația cu copiii. Făcând această școală, am început să realizez complexitatea domeniului care înainte se numea simplu „creșterea copilului", iar acum, așa cum spui tu, „parenting". Parenting-ul este format din lucruri simple, Mihai. Îți dau un exemplu. În prima zi în care te-am dus la grădiniță, s-a lăsat cu plânsete. Nu numai din partea ta, dar și din partea mea. Simțeam că te părăsesc. Și când m-am întors după-amiază ca să te

iau, mi-au zis că ai refuzat să mănânci şi ai stat tăcut într-un colţ. Aici, în astfel de momente, intervin aceste lucruri simple. Dar care nu sunt simple deloc. Şi pe lângă faptul că nu sunt simple, când ai copii te loveşti zilnic de sute de situaţii care, cumulate, construiesc, până la urmă, un om. Tovarăşa educatoare, ca să vezi că totuşi existau oameni pregătiţi şi cu mare intuiţie, m-a sfătuit să-ţi aduc a doua zi, de acasă, un pacheţel cu mâncarea ta preferată. Ţi-am făcut chiftele, pentru că îţi plăceau mult. La prânz, după ce toţi copiii s-au aşezat la masă, educatoarea ţi-a dat şi ţie pacheţelul de la mine. Uşor-uşor te-ai ridicat din colţul tău, ai înaintat şi te-ai aşezat la o măsuţă. Pasul fusese făcut. Ai mâncat împreună cu ceilalţi. Iar după câteva zile nu ţi-am mai făcut niciun pacheţel. Din contră, îmi lăudai încontinuu mâncarea de la grădiniţă, mai ales pilaful.

– Doamne, cum era pilaful ăla!

– Când faci un copil, indiferent cât munceşti, trebuie să-i acorzi atenţie. Pe Andrei mie-mi place să spun că l-am crescut în maşină. Îl luam cu mine peste tot, pentru că aveam foarte multe activităţi cu firma şi nici nu puteam să-l las în permanenţă doar la grădiniţă şi cu bunicii. El avea nevoie de mamă. Cât despre meserie, profesie, cred că un părinte greşeşte dacă îşi îndrumă copilul spre ceva anume pe considerente financiare sau, mai ales, în acele cazuri când el, părintele, nu a reuşit să-şi împlinească un vis în tinereţe şi se gândeşte că s-ar împlini împingând copilul spre acel domeniu. Hai să vorbim şi despre calculator, tabletă şi celelalte.

– Am început să fiu degeaba aici. Nu mai ai nevoie de întrebări.

– Nu pot să neg faptul că ține foarte mult și de copil în sine. O să-l iau ca exemplu pe Andrei. Tu știi că el a fost un elev foarte bun. Și la școala generală, și la liceu. Unii spun chiar ieșit din comun. În orice caz, asimilează cunoștințele cu o ușurință uluitoare. Eu nici nu știam când își făcea el temele. Am auzit despre foarte mulți părinți care fac teme împreună cu copiii lor. Nu am fost niciodată de acord cu așa ceva. Nici în cazul tău, nici în cazul lui. Buba, însă, în cazul lui, era purtarea. Comportamentul a fost cel care ne-a pus ceva probleme. Nu făcea niște nenorociri. Dar crea probleme la școală. Probabil pentru că e născut în zodia Leului...

– Aoleu... Dacă o dăm în Neti Sandu...

– Avea o imaginație bogată, prindea totul foarte repede și apoi se plictisea. O personalitate foarte puternică. E ca și tine. Să zicem... diferit. La Andrei nu mergea cu: „Eu te-am făcut, eu te omor" sau „Pentru că așa spun eu, nu-ți dau voie și gata". Întotdeauna, pentru că era atât de inteligent, trebuia ca totul să fie argumentat și explicat logic. Fii atent! Se apropia examenul pentru admiterea la liceu și nu-l vedeam la teme mai mult decât de obicei. Ba chiar, încercând să-l determinăm să se joace pe computer mai puțin, îi ascundeam tastatura în toate cotloanele casei. Dar el o găsea în secunda doi.

– Între noi fie vorba, nici nu erați voi, tu și cu tata, acești „mari ascunzători" ai umanității. La piteală, ați fost execrabili. Fie că vorbim despre tastatura lui Andrei, casetele cu filme porno, cadoul meu de Moș Crăciun...

– O dată, chiar am luat tastatura cu mine în maşină, la cabinet...

– Tu n-ai nicio treabă cu ce spun eu aici, nu?

– ...dar a găsit una de rezervă, pe care o avea taică-tău.

– Da. N-ai!

– Nu mai aveam ce face. M-am lăsat păgubaşă. Am înţeles că nu merge şi îmi făceam mari probleme. Cu o lună înainte de examen, mă trezesc cu el aşa, din senin, că îmi aduce tastatura şi îmi spune: „Ia-o şi să nu o mai ascunzi, că nu mă mai joc. Consider că nu este bine să merg la examen cu capul plin de jocuri".

– Aşa a spus el?

– Da, măi!

– Erai sub influenţa unor stupefiante? Luaseşi pastile care îţi puteau altera percepţia?

– Nu ştiu ce voiai tu să auzi de la mine despre parenting-ul asta. Ce am învăţat eu crescând doi copii este că, înainte de toate, trebuie să studiezi şi să observi foarte bine personalitatea copilului tău. A creşte un copil nu înseamnă să-i faultezi permanent personalitatea sau, mai rău, să i-o distrugi, ca să construieşti de la zero imaginea ta despre ceea ce ar trebui să reprezinte personalitatea copilului tău. E important să te adaptezi la personalitatea lui. Altfel nu va fi totul decât o continuă ciocnire.

UN BĂNUȚ... AURIU

Dacă aceasta nu ar fi o carte, ci ar fi un film, cred că ceea ce urmează ar constitui, de departe, cea mai frumoasă secvență. Întâmplător sau nu.

„Întâmplător". Discutabil cuvânt... Mi-a venit acum în minte o piesă a lui Băieșu care se numește „Ciudatul rol al întâmplării".

Tema acestui capitol este MAGIA. Nu e prima dată când o amintesc. Pesemne este ceva care m-a urmărit. Și nu pot fi decât recunoscător pentru asta.

Dacă intrăm în detalii discutând despre ce înseamnă soarta sau predestinarea, ori ar trebui să scriu încă un volum doar despre treaba asta, ori cel de față ar deveni efectiv la fel de voluminos precum „Istoria literaturii române", a lui George Călinescu.

Uite, aia este, realmente, o mare carte. O carte pe care s-au bazat generaţii întregi şi nimeni nu a fost dezamăgit de ea. Dacă o pui proptea la uşă, poţi fi sigur că uşa nu se va închide indiferent cât de mare este curentul din casă. Glumesc! Chiar este o lucrare monumentală. Deşi, în cazul lui George Călinescu, ca şi în cazul lui Sadoveanu, iar lista ar putea continua (evident că l-ar include şi pe Păunescu), trebuie făcută o distincţie foarte clară între Talentul lor, Geniul lor şi jegul moral în care şi-au dus existenţa. Sigur că aceasta este părerea mea şi mi-o asum. În orice caz, discuţia despre tot ceea ce a însemnat intelectualitatea românească după Al Doilea Război Mondial şi până la Revoluţia din decembrie este extrem de complexă, iar subiectul, foarte sensibil.

Secvenţa la care am făcut referire în deschiderea capitolului s-a desfăşurat, unde în altă parte, decât într-un teatru... Mama şi tata mergeau foarte des la teatru. Mama era cea care cumpăra biletele, chestie care, cel puţin la spectacolele bune, era o întreprindere extrem de dificilă.

Dacă aş pleca de la premisa că m-am născut să fac ceea ce fac, atunci se ridică o întrebare foarte interesantă şi care, dintr-o dată, îmi complică gândurile. Lucru care nu mă atinge prea mult fiindcă, raportat la cum este construit şi cum funcţionează mentalul meu, această mică încurcătură nu este altceva decât o biată sincopă, o umilă picătură într-un ocean de haos. Extrapolând şi mergând într-o generalizare poate un pic forţată, nasc o introspecţie pe care vi-o redau.

Mi-e clar că ceea ce fac este singurul lucru pe care aş fi putut să-l fac fără să mor. Nu este o exagerare. E ceva ce simt şi, dincolo de asta, are şi o implicaţie logică. Dacă făcând ceea ce iubesc am trăit întotdeauna cu o depresie majoră, îmi este destul de clar că această depresie, în cazul în care nu aş fi făcut ceea ce iubesc, m-ar fi dus către ştreang, săpun şi scăunel. Dacă mergem pe această presupunere cu mari şi evidente implicaţii spirituale, faptul că am fost crescut de doi părinţi care mergeau atât de des la teatru şi, nu numai că mergeau ei, dar mă luau şi pe mine, cum se poate numi?

O să vă povestească mama o chestie incredibilă. Au început să mă ia cu ei când eu aveam trei ani. Şi nu! Nu la teatrul de păpuşi. Mergeam şi vedeam spectacole la „Bulandra”, la Naţional, la Comedie, la „Nottara”... Unele spectacole durau şi câte trei ore. Faptul că un copil de trei ani stă trei ore smirnă la o manifestare artistică pentru adulţi poate reprezenta un semn...

Aveam, cred, cel mult şase ani când s-a petrecut această secvenţă, pe care eu o consider cea mai importantă din întreaga mea existenţă, cea care m-a marcat cel mai mult şi a cărei însemnătate (şi nu neapărat însemnătate, cât origine), dacă aş descoperi-o, probabil că aş descoperi cel mai mare secret pe care noi, cu toţii, fiecare la nivelul lui de educaţie, de cultură şi de înţelegere, îl căutăm.

Nu ştiu dacă în seara aceea eram la un spectacol al Teatrului de Comedie. Dar, dacă aşa a fost, ar fi şi mai frumos... În orice caz, aveam bilete în primul rând. Eram cu mama şi cu tata, aşezat între ei. Cu toate că nu-mi amintesc care era acţiunea piesei, la finalul primului act, înainte de pauză, era o scenă în care personajele se luptau pentru o punguţă cu galbeni (monede de aur). Actul se încheia cu ei luptându-se, punguţa cădea pe jos şi cortina se trăgea pentru că urma o pauză.

La acea reprezentaţie la care participam din public, s-a întâmplat că, în momentul în care punguţa a căzut pe jos şi banii s-au răsturnat, un bănuţ a-nceput să se rostogolească venind exact spre buza scenei, pe direcţia scaunului în care stăteam.

Pe măsură ce scriu, retrăiesc senzaţia şi momentul acela cu ochii minţii. Nu cred să existe ceva în memoria mea care să se fi păstrat cu o asemenea bogăţie de sentimente. Nu mă pot gândi la asta decât retrăind clipa. E aievea... Văd totul atât de clar dar, în acelaşi timp, şi cinematografic. Văd acel bănuţ venind parcă într-un soi de ralanti. Bănuţul a înaintat şi a continuat să se rostogolească parcă sfidând legile fizicii. Văzând că bănuţul se îndreaptă spre mine, bătăile inimioarei mele...

Hai că m-am dus să trag o ţigară. Am revenit la scris. Mă tulbur ori de câte ori mă gândesc la bănuţul ăla. Se leagă foarte mult cu 46... Există ceva, mai presus de mine, care îmi aminteşte mereu că e acolo. Uite cum mă emoţionez ca proasta-n târg. Apropo. De ce „proasta în târg" reprezintă un simbol absolut al prostiei? Dacă nu ar fi în târg, nu ar fi la fel de proastă? N-are importanţă, nu despre asta vorbim acum.

Cortina s-a tras, iar bănuţul, căzând de pe scenă, a ajuns între scaunul meu şi buza scenei. Mama mi-a spus să-l iau de pe jos. Iar ceea ce am simţit atunci mi se pare chintesenţa vieţii noastre de actori de teatru. Când am luat acel bănuţ în mână, mi se părea că e ceva interzis, că e ceva magic, că acel bănuţ provine dintr-un univers intangibil. Dar eu îl ţineam în mână... Simţeam că am în palmă ceva dintr-o altă lume, ceva pe care nu îl atingi niciodată şi care, tocmai din acest motiv, mă fascina.

Toată omenirea a crezut, când a apărut cinematograful, că teatrul va muri. Nu s-a întâmplat asta. Sălile au fost în continuare pline. Apoi a apărut radioul şi toţi au spus că teatrul va muri. Apoi a fost inventat televizorul, iar în clipa aceea s-a spus că, de data asta, teatrul chiar va muri. Şi n-a murit. Şi a apărut şi televiziunea prin cablu, internetul, Netflix-ul, HBO-ul, au apărut şi ochelarii VCR... Teatrul este tot acolo. Ştiţi de ce? Pentru că senzaţia aceea a viului nu poate fi înlocuită de absolut nimic. Şi mă refer aici la cazurile fericite în care vorbim despre teatre de calitate şi spectacole de calitate.

Teatrul se departajează în acest „viu", fără supărare, de orice formă de concert. Sigur că ambele sunt live, dar concertul prezintă un artist sau nişte artişti fiind ei înşişi, comunicând prin arta lor emoţii, mesaje, stări. La teatru, însă, actorul se depersonalizează şi permite unei alte entităţi să pună stăpânire pe el, devenind altcineva. Acel altcineva nu are dreptul de a fi un om oarecare. Pentru scenă nu e altă viaţă. Şi indiferent dacă personajul este un contabil, ca să dau un exemplu drag mie, el este un contabil care trăieşte în alt univers. Mi-e greu să explic.

Mult mai bine a zugrăvit această concepţie, acest mod de a privi fenomenul, profesorul nostru de an, Gelu Colceag, un om pe care îl consider cel mai mare dascăl de actorie pe care l-a avut vreodată România. Dânsul ne spunea, când unul sau altul dintre noi încerca să fie natural, excesiv de natural, dar dânsul căuta un firesc mai degrabă de zi cu zi: „Băi copii! Ţineţi minte ce vă spun! Teatrul trebuie să fie real. Pentru că altminteri oamenii nu vor crede ceea ce văd. Dar realitatea din teatru nu este realitatea de pe stradă. Teatrul nu e realitate. Teatrul este ALTĂ REALITATE...".

De aici, cred eu, derivă magia acestei arte. Magia de a transporta sute de oameni într-o cu totul şi cu totul altă realitate. Veţi spune că asta face şi filmul. Aşa e. Dar nu live. Filmul nu e fragil, deoarece nu este supus greşelii. Nu e supus posibilelor accidente. Filmul este acelaşi pentru mii, zeci de mii sau milioane de spectatori. Ceea ce vezi, acasă ori la cinema, este exact ceea ce vede şi un scoţian. Frame cu frame, secundă cu secundă. Spectacolul de teatru este mereu altul. Am jucat în peste o sută de reprezentaţii cu „Bani din cer" şi, de fiecare dată, a fost altfel. Iar spectatorii din seara unei reprezentaţii sunt singurii martori. Efemerul acesta este deopotrivă trist şi miraculos.

Marele regizor Alexandru Tocilescu a găsit o definiţie superbă. Spunea aşa: „Într-o noapte, mă plimbam pe nişte străduţe. Cineva dăduse foc la un maldăr de frunze uscate. Fumul era extrem de gros. În lumina unui felinar, crengile unui copac, bătute uşor de vânt, creau umbre mişcătoare pe acea perdea de fum. Ăsta e teatrul. Umbre pe fum".

Artistul de teatru este precum un pictor care

termină un tablou, apoi îl distruge. Şi mai face încă unul şi iar îl distruge. Şi tot aşa... Seară după seară... Mereu.

***

– Măi mamă, totuşi cât de mic eram când aţi început să mă luaţi cu voi la teatru?

– Trei ani aveai. Prima oară când am mers, nu au vrut să ne lase cu tine în sală.

– Şi cum ai făcut?

– M-am rugat de plasatoare şi le-am promis că nu o să scoţi un sunet.

– De unde ştiai că aşa o să fie?

– Habar n-aveam, îţi dai seama. Sincer, mă gândeam că n-o să ai răbdare şi după cel mult o oră te vei plictisi. Când colo, ai stat cuminte şi n-ai scos un sunet. Săptămâna următoare am fost iar. Şi mergeam des. Te uitai pe scenă fascinat. Ronţăiai încontinuu sticksuri. Luam cu noi întotdeauna apă şi sticksuri. Putea să dureze spectacolul şi trei ore, nu-ţi luai o secundă ochii de la scenă. Uneori, când ieşeam de la câte un spectacol, auzeam oamenii vorbind între ei: „Uite ce băieţel mic a fost în sală şi ce cuminte a ascultat."

– Ai idee cam ce actori am văzut eu pe scenă în perioada aia?

– Vai de mine... Păi noi mergeam des şi mergeam la toate teatrele din Bucureşti. Era greu să faci rost de bilete, dar sigur i-ai văzut pe scenă în

anii ăia pe mai toţi marii actori. De la Dem Rădulescu la Victor Rebengiuc, de la Olga Tudorache, Tamara Buciuceanu, Leopoldina Bălănuţă până la... Pe mai toţi, clar!

– Dar şi Andrei a mers foarte repede la teatru.

– Da. Cam pe la aceeaşi vârstă ca tine, pentru că îl luam cu mine când veneam la spectacolele tale. Îmi aduc aminte că, de fiecare dată când îl luam cu mine, mic aşa cum era, la aplauze, oriunde am fi stat noi în sală, el ieşea până la capătul rândului singurel şi alerga până la scenă ca tu să vezi că e şi el acolo...

– Am această imagine în minte... Când a fost ultima dată la mine la teatru, la „Nunta lui Krecinski", a făcut acelaşi lucru şi m-am emoţionat foarte tare. Mi-a venit să plâng pentru că, parcă dintr-o dată, în loc de piticania aia, lângă scenă era un bărbat în toată firea...

JURNALUL UNUI BURLAC

-PARTEA A DOUA-

Epictet spunea: „Ești doar un suflet împovărat de un cadavru”. Întrebați-mă de ce am început acest nou capitol din miniseria „Jurnalul unui burlac”, miniserie dedicată unor experiențe la limita povestibilului, cu un citat din Epictet.

Nu se continuă nimic până nu mă întrebați.

Degeaba citiți în speranța că va continua. Până nu îmi adresați măcar în gând această întrebare („De ce ai început, bolnavule psihic, cu acest citat din Epictet?”), capitolul nu va continua.

Nu știu dacă m-ai întrebat sau nu, dar este evident c-o să continui. Că doar nu era să se vândă cartea doar până la pagină asta și să poți accesa restul numai dacă intri într-o librărie și demonstrezi că întrebi de ce am început eu capitolul pizdii cu marele citat din Epictet. Am început aşa... de-aia! Ca să am acoperire în faţă snobilor pe care i-am detestat de când mă ştiu. Ei, dacă văd din când în când câte un citat, o să li se mai estompeze din reflexul de a spune, la fragmentele de genul acesta din carte: „Este posibil aşa ceva, domnule? Astfel de lucruri au început să fie publicate? Unde sunt marii noştri scriitori?”.

Da, o să le răspund eu. De exemplu, Creangă a scris „Povestea pulei”. Eminescu are nişte poezii pornografice care îţi vor provoaca noi revelaţii, contrare senzaţiei tale iniţiale că gândirea perversă este apanajul epocii moderne. Sau poezia pornografică a lui Emil Brumaru... După umila mea părere, Brumaru nu este nimic altceva decât un geniu. Un geniu plecat de curând dintre noi. Îl iubesc pe Brumaru. I-am văzut interviurile, conferinţele. Seamănă enorm cu nenea Dan Mihăescu. Amândoi, uriaşi afemeiaţi. Dar cu atât de mult farmec. Numai când mă gândesc la faptul că nu voi apuca, în această carte, să povestesc aventurile sexual-sentimentale ale lui nenea Dan, omul care se situează pe locul trei în topul celor mai mari consumatori de... „etern feminin” din istoria recentă a României, mă face să intru în depresie. Oare sunt obligat să mai scriu o carte?

Continuând, spune-i unui snob că Mozart avea ca principală pasiune, în viaţa de zi cu zi, glumele despre căcat şi o să-l blochezi. Pentru Mozart, glumele scatofile erau distracţia supremă.

Să vorbim un pic despre vulgaritate. Să vorbim despre „pulă”, „pizda”, „coaie”, „fut”. Un individ care nu pronunţă vreunul dintre aceste cuvinte în viaţa lui, dar care nu lasă nimic în urmă, e demn de glorie doar pentru limbaj nelicenţios?

Nu! Vreţi să vă spun ceva mai vulgar decât Mozart şi glumele lui despre căcat? A afişa şi a te arăta cu bunuri materiale. A-ţi cânta permanent buna stare financiară este mai vulgar decât 1000 de puli! Vulgaritatea nu stă în cuvinte, ci în acţiuni.

Să jonglăm cu un exemplu. Un om circulă cu maşina şi, trecând printr-un sat, vede pe cineva bătând cu sălbăticie un cal care nu mai face faţă tracţiunii. Omul nostru se opreşte şi urlă (pentru că aşa simte): „Opreşte-te, în pula mea de dobitoc, futu-ţi morţii mă-tii! Lasă bâta aia jos, că te distrug, în Paştele mă-tii!”. Este vulgar din prisma faptului că a simţit să se exprime astfel, în momentul acela? Din acţiunea lui, asta extragem? Cuvintele care deranjează hipotalamusul unui snob?

Să luăm contraexemplul. Altcineva trece prin acelaşi sat, vede acelaşi lucru şi nu simte nimic. Conduce mai departe. Gestul său, indiferenţa lui sunt sau nu mai vulgare?

Eu cred că este în firea noastră ca, cel puţin în intimitate sau în gând, să folosim expresiile de genul acesta, să le spunem vulgare, atât timp cât le cunoaştem. Trăiesc cu convingerea că, atunci când a ajuns la concluzia că E este egal cu mc la pătrat, Einstein şi-a spus (în germană): „Aia e, bă!!! Futu-ţi gâtu' mă-tii de formulă!”.

Rândurile ce vor urma sau, ca să mă exprim în conformitate cu noul meu statut de mare om de litere, rândurile ce va să vie sunt scrise pentru a reda, din această perspectivă profund lumească, o oarecare paletă de figuri umane. N-o să cuprind în cele trei episoade care au mai rămas decât o parte insignifiantă din experienţele care ţin de interacţiunea mea cu „eternul feminin".

Să-i dăm drumul. „Aşadar şi prin urmare / Grecii fac comerţ pe mare"... Spicuiesc, în această serie de patru capitole, doar câteva dintre lucrurile pe care le-am trăit în anii (mulţi!) de burlăcie absolută. Reamintesc faptul că numele persoanelor implicate a fost schimbat pentru protejarea identităţii. Mi-e teamă de carte. Jur că în secunda asta, scriind, mi s-a făcut teamă de această carte! Mi-am dat seama ce conţine ea până în această clipă... Hai să spunem că eu am să mi-o asum. Dar mama? Mă duc să dorm o oră şi continui după aceea.

Chiar am fost şi m-am odihnit. Parcă altfel curge pixul pe hârtie acum. De dormit nu poate fi vorba, pentru că este ora prânzului, iar eu, de pe la 22 de ani şi până azi, nu pot să dorm altfel decât cu somnifere foarte puternice. Iar ca să iau somnifere la ora prânzului nici nu poate fi vorba. Ar însemna să fiu defazat toată după-amiază, dacă nu chiar toată seară. Îmi este de ajuns că, din cauza faptului că le ingurgitez în fiecare noapte, sunt defazat mai toată dimineaţa.

Dar de odihnit, m-am odihnit! Şi am ajuns la concluzia că nici măcar un nume nu o să inventez pentru fiecare dintre poveştile următoare. O să folosesc iniţiale! Sunt deştept sau ce?

Pe când aveam nu mai mult de 27 de ani, am cunoscut-o pe M. Am cunoscut-o din iniţiativa ei, evident. Altfel nu se putea. V-am explicat că, după experienţa cu acel căţeluş de pluş, mi-am jurat să nu nu mai fac primul pas către o femeie.

M. împlinise 18 ani cu câteva luni înainte să interacţionăm şi se pregătea să înceapă clasa a XII-a. A spune că sexul cu M. era fabulos, n-ar fi de ajuns. Legătura noastră intimă a fost, încă din prima secundă, atât de compatibilă, încât tot ceea ce se întâmpla poate fi exprimat cel mai bine folosind un vers dintr-o piesă a trupei Vunk - „artificii pe tavan"... M. avea, nativ, acel lucru pe care eu îl consider extrem de rar. Este cel mai rar lucru pe care îl poţi întâlni în pat la o femeie: verbalizarea! Şi nu atât verbalizarea, cât iniţiativa verbalizării.

Nu ştiu dacă această statistică la care am ajuns în 20 de ani este una reală. Las loc de îndoială pentru că este foarte posibil ca subsemnatul să fie oarecum intimidant din anumite puncte de vedere şi poate că, uneori, o femeie care altminteri ar avea iniţiativă verbală în pat, ar renunţa la ea în clipa în care ne-o tragem. Dar, având în vedere felul în care s-au desfăşurat lucrurile de-a lungul timpului şi nivelul de relaxare reciprocă la care am reuşit să ajung destul de rapid în cele mai multe dintre situaţii, înclin să cred că iniţiativa verbalizării în pat este una dintre cele mai rare abilităţi întâlnite la doamne şi domnişoare.

M. mai avea o calitate. Era în permanenţă însetată de sex şi excitată. Îmi convenea de minune treaba asta, având în vedere că ne întâlneam o dată pe săptămână sau poate chiar la două săptămâni. Eram ceva între "friends with benefits" şi "fuck buddies", iar eu eram, de fiecare dată, extrem de încărcat şi dornic să recuperez. Această senzaţie permanentă şi sentimentul că trebuie să recuperez (situaţie cauzată de faptul că munceam încontinuu şi nu-mi permiteam nopţi de sex decât în mod absolut parcimonios) cred că m-au făcut destul de bun la pat în viaţa de burlac. Neputând să-mi permit niciodată mai mult de două nopţi de amor pe săptămână (foarte rar trei nopţi şi asta doar vara), am existat permanent într-un context de tip „bagă mare să-ţi ajungă!".

Pe lângă faptul că activitatea sexuală era, cu adevărat, superbă, M. era şi fix pe gustul meu: minionă şi cu forme. Întotdeauna am avut o afinitate pentru acest gen de femeie: scundă şi relativ voluptoasă. Forma perfectă pentru luat în braţe în timpul somnului. Care îţi conferă senzaţia că ocroteşti fără să te loveşti însă de coaste şi oase. Forma ideală de manevrat rapid şi cu uşurinţă în momentele de pasiune.

Însă M. avea o problemă. Urma blestematul de examen de Bacalaureat şi, chiar mai mult, admiterea la facultate. Iar cum sindromul Pygmalion s-a manifestat la mine de când mă ştiu, am început să aplic tot felul de tactici şi jocuri astfel încât s-o responsabilizez. Era ireal de cretin. Dar, totodată, eficient.

Ca să vă faceţi o idee, la un moment dat... (cred că dacă citeşte acum, sigur va zâmbi)... i-am spus că, data viitoare când urma să ne vedem, ne-o tragem numai dacă ştie pe de rost toţi vicepreşedinţii americani. Concentraţi-vă, fraţilor! Vicepreşedinţii! Câtă perversitate în gândire să ai pentru a pune pe cineva să înveţe numele vicepreşedinţilor americani? E clar că, dacă te apuci să înveţi vicepreşedinţii, eşti obligat să înveţi şi preşedinţii. Logic! Pentru că ăla urmează să te întrebe cine a fost vicepreşedinte în mandatul lui Herbert Hoover. Vă dau cuvântul meu de onoare că i-a învăţat la perfecţie! Ne-am tras-o de ne-au sărit capacele.

Când am văzut cât de bine merge treaba, am început să-i dau diferite cărţi, o întreagă bibliografie şi nu ne futeam decât pe bază de conspecte. Demonstrându-i că se poate, am progresat şi spre materia de BAC. Ăsta numesc eu un sistem de educaţie eficient!

În aceeaşi perioadă mă mai întâlneam cu cineva, de-o vârstă apropiată cu a lui M., pe care o cunoscusem cu vreo doi ani înainte. C. avea, la momentul ăla, 22 de ani. Cu această C. am şi o amintire mai puţin plăcută.

Într-o seară, când eram la Sinaia şi ne destrăbălasem pe pereţi în toate felurile, am făcut trei, patru fotografii cu telefonul ei, într-un mic moment de pauză. Fotografiile au apărut, după ceva timp, pe prima pagină a unui tabloid.

Din nefericire pentru mine, pozele respective erau făcute pur şi simplu în glumă, într-o clipă de relaş între partide. Penisul era complet flasc. Măcar dacă apăream într-un moment de glorie... Chiar şi felul în care mi s-a explicat că au ajuns fotografiile acolo mi se pare elucubrant. Mama domnişoarei în cauză era poliţist în cadrul unei secţii din Sectorul 4 (sper să nu mă înşel). În timp ce făcea curăţenie în camera lui C., a dat peste vreo trei telefoane vechi, sparte sau stricate, şi le-a dus unui coleg (tot poliţist), care se mai pricepea la reparat dispozitive electronice. Asta în speranţa că, poate, va recupera vreunul dintre ele. Ăla se pare că i-a adus unul singur reparat şi a spus că celelalte nu mai au nicio şansă. Dar nici nu i le-a mai returnat. În memoria unuia dintre aceste telefoane erau şi fotografiile respective. Totuşi... Cum să vândă un poliţist nişte poze intime cu o persoană publică unui tabloid? Mă rog, tempi passati...

Ce le leagă pe C. şi M.? Simplu. Îmi doream de ceva vreme o experienţă în trei. I-am spus lui M. despre treaba asta, i-am povestit despre această fată pe care o cunoscusem, iar M., cu dezinvoltură, mi-a spus doar: „Dă-mi numărul ei!". Săptămâna următoare au venit împreună la mine. Nici n-am apucat să închid uşa că totul a explodat. Am aflat, ulterior, că ele deja experimentaseră împreună. Seara și noaptea care au urmat au alcătuit ceva memorabil. Nu a fost singura experienţă de genul acesta pe care am trăit-o, dar aceasta mi-a rămas pregnant în memorie, datorită faptului că rar mi-a fost dat să văd o asemenea conexiune sexuală între două femei.

Sigur... A fost memorabilă şi din pricina faptului că amândouă fiind... cum să mă exprim... extrem de gălăgioase în manifestări, vecinii au chemat poliţia. Ţineţi-vă bine! De trei ori! Na, viaţa la bloc atunci când ai pereţii subţiri. Un argument pentru alegerea locuinţei mele actuale a fost grosimea pereţilor... De fiecare dată când vecinii apelau 112, venea acelaşi echipaj format din o tipă şi un domn pe la 45-50 de ani. Norocul meu a fost că eu începusem să fiu destul de cunoscut, iar ei îndeajuns de simpatici.

Ceea ce este şi mai fain şi completează cu adevărat această superficială scriere deloc literară este faptul că, fix a doua zi, M. avea ultima zi de şcoală din clasa a XII-a. La ora unsprezece avea loc un fel de serbare. Noi trei am încheiat dezmăţul pe la nouă, iar ea nu a mai apucat să treacă pe acasă, ca să se schimbe, să se spele pe cap, să se aranjeze... Pozele ei de la acea serbare (pe care mi le-a şi arătat, ulterior) sunt grăitoare. Elevi veseli, proaspăt pregătiţi pentru noua aventură ce avea să însemne facultatea, dacă nu chiar viaţa, şi o puştoaică răvăşită, cu zone încleiate din cauza spermei uscate, cu cearcăne, dar cu un zâmbet dezinteresat, oarecum superior.

Next story.

S. cânta într-o trupă când am văzut-o pentru prima oară. Încă nu era persoană publică... Nu mai ştiu exact cum am început să comunicăm pe Facebook. Ne-am dat întâlnire în parcarea de la Mall Băneasa. Am ajuns şi am identificat maşina ei. Îmi menţionase marca. Am parcat lângă şi am deschis portiera. N-am apucat să fac doi paşi că, brusc, am văzut nişte flash-uri puternice şi vreo trei paparazzi, parcă ieşiţi din pământ, ne-au încercuit. Am reintrat cât de repede am putut în maşină şi, aproape imediat, S. m-a sunat şi mi-a zis: „Ţine-te după mine!". Apoi a demarat în trombă. Am plecat după ea în mare viteză. Paparazzi s-au urcat în altă maşină şi au pornit după noi. Tot ţinându-mă în urma ei, am ieşit din Bucureşti şi am ajuns în Corbeanca. Acolo am luat-o pe tot felul de străduţe întortocheate care, pe moment, mi se păreau a fi un labirint. Spionii erau, în continuare, după noi.

Am ajuns în faţa unei vile destul de luxoase, a deschis poarta şi am trecut amândoi de partea cealaltă. „Inamicii" au rămas cantonaţi pe afară, nu neapărat cu buza umflată, fiindcă ceva material aveau deja. Era aproape unu noaptea... Am intrat în casă, năuc. Părinţii ei s-au trezit şi au coborât în living. Încercaţi să vă imaginaţi situaţia în care eu mă aflam. Am plecat de acasă pentru a mă întâlni cu o fată cu care nici nu apucasem măcar să mă văd faţă în faţă, din cauza unor fotografi, i-am urmărit maşina şi, dintr-o dată, în modul cel mai intempestiv, făceam cunoştinţă cu „socrii".

Oamenii au fost foarte drăguţi, trebuie să recunosc. Mama ei chiar s-a mobilizat exemplar şi a umplut masa, în timp record, cu tot felul de sandvişuri şi alte aperitive. Stând aşa la masă, asta îmi amintesc perfect, m-a întrebat: „Măi Mihai, dar de cât timp sunteţi voi împreună? Că ea nu spune nimic, niciodată. E foarte secretoasă!". Eu m-am uitat în ochii ei şi i-am răspuns: „De cât timp? Nu ştiu, doamnă... Cât e ceasul?".

Pe I. am cunoscut-o într-un club. Nu mai ştiu ce club. Posibil să fi fost una dintre nopţile alea de nedescris din Centrul Vechi, cu precădere în Vintage, deşi amintirea este atât de veche, încât e posibil să fie vorba despre un club din Floreasca, The Gang. Clubul ăsta, în care am comis crime în serie la adresa ficatului din dotare, s-a desfiinţat după ce în faţa localului a avut loc un grav accident de maşină, lucru care a aruncat, pare-se, o karma proastă asupra spaţiului respectiv.

În orice caz, atât eu, cât şi I. eram beţi pulbere. Nu-mi aduc aminte exact cum ne-am ciocnit unul de altul. Asta are mai puţină relevanţă în contextul în care amândoi eram în patru labe. Cert este că am ajuns împreună la mine acasă. Unde cred că ne-am molfăit preţ de vreo 20 de minute, după care am căzut amândoi într-un soi de comă alcoolică. După vreo şase ore de somn, ne-am trezit în acelaşi timp, parcă la un semn, şi ne-am mai ridicat din pat spre seară, când ea a plecat acasă la bărbatu-său care ştia doar că e la o petrecere a burlăciţelor, acasă la viitoarea mireasă. Asta am aflat între momentele de pasiune, la o ţigară şi o apă plată. Mi-a spus că are 29 de ani, ceea ce m-a mirat. Eu nu i-aş fi dat mai mult de 28. Atunci mi-a comunicat şi că este măritată, lucrul acesta incitându-mă şi mai mult. Dacă e pe lume ceva care mă incită deplin, acel ceva este statutul de amant. Recunosc! Ăsta-i adevărul... Chiar am avut o discuţie extrem de intensă acum ceva vreme cu nişte colegi, la un şpriţ. Discuţia mă enerva din ce în ce mai mult pentru că mergea într-o zonă de moralitate, ori eu nu cred că acest statut de amant, pe care l-am îmbrăţişat periodic şi care mi-a plăcut atât de mult, ţine în vreun fel de moralitate.

Oricum, găsesc că moralitatea este ceva extrem de discutabil. Singurul lucru imoral mi se pare a fi îngrădirea libertăţii altcuiva. Altminteri, tot ceea ce faci nu trebuie să-ţi fie subjugat de absolut niciun fel de percept religios ori de moralitate. Alegerile tale sunt strict alegerile tale. Atât timp cât ele nu au un impact asupra altora, de ce ţi-ai crea o problemă? „Păi da...", spunea unul dintre amici, „...dar ceea ce făceai tu avea un impact asupra cuiva!". „Asupra cui?", am întrebat eu. „Asupra soţului", mi-a răspuns.

În clipa aceea m-am gândit aşa, dintr-o dată, la tipele cu care am interacţionat intim de-a lungul timpului şi care erau într-o relaţie sau chiar căsătorite.

M-am gândit la iubiţii lor, la soţii lor. Discursul meu nu curge într-o direcţie luminoasă, credeţi-mă. Dar aşa gândesc. De ce m-ar interesa pe mine relaţia sau căsnicia altcuiva? Eu am ales să fiu burlac. Ei au ales să trăiască alături de o singură femeie, într-un pact mutual sau mai puţin mutual de fidelitate reciprocă. Nu este treaba mea că tu ai eşuat în ştiinţa de a alege un partener care să respecte lucrurile asupra cărora aţi căzut de comun acord. Lipsa de fidelitate a unei femei este doar eşecul bărbatului respectiv. În niciun caz o vină care să-mi aparţină.

În plus, nu am făcut niciodată primul pas în mod decisiv. Decât, eventual, după ce o femeie a făcut semne evidente că mă vrea. Prin semne evidente înţeleg ceva foarte clar, precum semnele pe care le face ăla cu steguleţele, pe pistă, în aeroporturi.

Nu sunt eu obligat să întreb cu fiecare astfel de ocazie: „Stai o secundă! Iartă-mă dar... tu ai, cumva, pe cineva?". Am ales-o pe I. dintre toate paradigmele de acest gen, pentru că voiam să exprim ceea ce am spus anterior, dar şi pentru că de ea mă leagă o chestie foarte mişto.

La vreo două săptămâni după întâlnirea noastră, când ne-am văzut a doua oară, am avut o discuţie în care ea îmi povestea că soţul ei are 52 de ani şi foarte mulţi bani. Plecând de la asta, am întrebat-o (în clipa asta să pic mort dacă va mint): „Înseamnă că tu eşti o prostituată ajunsă la următorul nivel, nu?". Şi ea a dat din cap afirmativ. Acest acces de sinceritate şi acceptare a pus punct discuţiei în care aveam de gând să mă lansez şi, în cadrul căreia, aveam de gând să mă manifest destul de violent din punct de vedere verbal.

N-am nimic cu prostituatele, n-am nimic împotriva curvelor. Însă doar atâta timp cât sunt asumate.

Fac o mică paranteză. Cred că se înţelege greşit terminologia. Curvă nu este acea femeie care face sex cu mulţi bărbaţi. Dacă o femeie ajunge în pat, de-a lungul timpului, cu o mie de masculi, pentru că îi face ei plăcere, nu se numeşte că e curvă.

Curvă este acea femeie care oferă sex, afecţiune unui/unor barbate, urmărind un cât de mic interes (fie că este un interes material, un interes care ţine de o anumită poziţie socială şi orice altceva din această serie).

Ea, mă refer la I., era şi este o curvă. Ar fi o curvă şi dacă nu s-ar fi futut cu mine sau cu vreun alt bărbat. Dacă I. s-ar fi măritat virgină cu mai vârstnicul ei soţ şi nu ar fi ajuns în pat cu nimeni altcineva, tot prostituată se numeşte. Deoarece motivul legăturii ei cu el are o rădăcină mercantilă.

Revenind la acea a doua întâlnire şi la discuţia noastră debordant de sinceră, mi-am făcut curaj şi am exprimat o fantezie mai veche pe care nu mi-o împlinisem. Mă excita gândul de a avea o aventură în cadrul căreia să fiu remunerat pentru activităţi sexuale. Cu alte cuvinte, să mă simt un pic gigolo. Sau, ca să se simtă bine feministele, voiam să fiu târfă masculină. I. m-a întrebat dacă vreau să-mi dea bani. I-am spus că nu mi se împlineşte fantezia dacă mă plăteşte ea, pentru că deja se întâmplaseră nişte lucruri între noi. Am întrebat-o însă dacă are vreo prietenă căsătorită care şi-ar dori o mică escapadă. Aşa am cunoscut-o pe D.

Tipa pe care mi-a prezentat-o I. avea 42 de ani.

Era cea mai mare diferenţă de vârstă dintre mine şi o parteneră, din câte experienţe anterioare avusesem. Bineînţeles, asta dacă o excludem pe Carmen din Mătăsari, care oricum avea o vârstă neidentificabilă în mod precis.

D. a fost absolut superbă şi tandră. Nu numai că ne-am simţit minunat împreună, dar mi-a şi satisfăcut fantezia într-un mod sublim. A ales să achite... programarea aducându-mi un săculeţ cu nişte monede vechi. Se interesase la I. despre mine şi a aflat că îmi plac lucrurile vechi, obiectele de anticariat. Avea un soţ ceva mai tânăr decât I., dar şi un copil. Era nefericită. Se măritase căzând pradă unor presiuni ale familiei. Tatăl ei şi socrul erau parteneri de afaceri, iar ea cu soţul se cunoşteau din copilărie. De la un punct încolo, totul i-a părut ca un dat. Uniunea ei cu el îi făcea pe toţi fericiţi. Pe părinţi, pe bunici... Iar ea îşi dorea ca ei să fie fericiţi. Ce trist. Ştiu că m-am uitat, după aceea, la profilul ei de Facebook. Acolo, totul respira un Rai conjugal...

Va urma.

ŞCOALĂ = SCOALĂ!

Asta înseamnă şcoală: „Scoală, bă, şi mergi la şcoală!". Ideea visceral întipărită genetic în noi ca şi naţie, că şcoala trebuie să fie un supliciu şi, în niciun caz o plăcere, m-a enervat de când mă ştiu. Auzim foarte des expresia „înainte se făcea şcoală, dom'le!". Se făcea un căcat! Cultivaţi ajungeau doar aceia care aveau o aplecare nativă către curiozitate intelectuală şi care citeau pe lângă materie. Asta deşi era mult mai greu decât azi pentru că, evident, nu exista internetul.

Dacă proveneai dintr-o familie care-ţi dădea ghes spre învăţătură, puteai întâlni, în anumite domenii care te interesau, un dascăl cu har care îşi făcuse un scop în viaţă din a preda cât mai repede blestemata de materie obligatorie (de care, vrând nevrând, copiii aveau nevoie ca să poată lua nişte examene esenţiale, gen admiterea în liceu, Bacalaureatul ori admiterea la facultate), dar care, pe lângă asta, se preocupau să-şi pregătească lecţiile şi prezentările sub o formă interesantă, captivantă şi care să acopere mult mai mult decât ceea ce era în programă.

Eu am detestat şcoala! Am urât-o din toţi rărunchii! Am să vă spun ceva ce n-am mai spus niciodată. Nu ştiu dacă este un efect al pastilelor de tip somnifer pe care le folosesc, dar eu nu îmi amintesc ultima noapte a vieţii mele în care să nu fi visat încontinuu.

Visez în fiecare noapte şi visez exagerat de mult. De cele mai multe ori, visez în timp real. Şi, nu de puţine ori, e ceva obositor, chinuitor. Mi se întâmplă să visez, de exemplu, că trebuie să fac ordine şi curăţenie într-o baie sau execut alte activităţi fizice neinteresante şi, pentru că în vise mişcările îţi sunt încetinite, mă străduiesc încontinuu fără mare spor. Alteori visez că parcurg un drum ca Bucureşti-Timişoara, conducând efectiv kilometru cu kilometru... După nopţi de genul acesta, mă trezesc rupt de oboseală. Bineînţeles că am şi vise complet absurde ori suprarealiste. Dar, cele mai multe dintre ele, sunt vise obositoare şi lungi.

Ei, visul (mai degrabă coşmarul) recurent pe care-l am este că sunt elev şi mă revoltă faptul că sunt încă elev. În lumea viselor, când mă (re)întâlnesc cu acest statut, sunt intrigat de faptul că, deşi am vârsta pe care o am, încă sunt elev. Culmea, în vis ştiu ce vârstă am! Şi nu înţeleg niciodată de ce, la această vârstă, nu am scăpat de surghiunul şcolar.

Am să încep, totuşi, cu părţile pozitive. Am avut doi diriginţi care m-au iubit, fiindcă m-au simţit talentat. Dirigintele meu din şcoala generală, profesorul de română Ion Baciu, era foarte cald cu mine. Asta când nu ne lua în şuturi la comun (metaforic vorbind), ca să se impună. În şcolile generale, dacă nu aveai coaie ca diriginte, ceea ce trăiai în calitate de dascăl devenea, în principiu, că să mă exprim didactic, belirea pulii. Am mai spus-o. Şcolile erau un amalgam de elevi din diferite medii sociale. Laolaltă, puteai găsi copii de interlopi, copii de conferenţiari universitari, copii geniali, copii violenţi... Angrenajul uman nu rezulta în urma vreunei admiteri. Era în funcţie de proximitatea faţă de casă. Iar „toată lumea" stătea peste tot. Poate doar şcolile de prin zona Primăverii să fi fost mai selective. Dar nici acolo nu exista o garanţie pentru calitatea elevilor. Căci Serghei Mizil şi alţi „răsfăţaţi" (a se citi „tembeli infatuaţi scârboşi") pe la acele unităţi de învăţământ îşi făceau veacul.

Domnul Baciu mă iubea şi pentru că prezentam interes şi un oarecare har în exprimare când scriam compuneri, eseuri sau caracterizări de personaje. Nu foloseam niciodată cărţi de comentarii, chiar îmi plăcea să fiu original, fiindcă mă atrăgea orice era creativ. El, la rându-i, fiind şi poet, vă daţi seama că nu avea cum să nu fie atras de genul acesta de manifestare aproape artistică într-o şcoală generală populată de univers uman extrem de pestriţ.

În rest, cu câteva excepţii, profesorii erau pur şi simplu dobitoci. Nişte cretini. Unii nu erau doar dobitoci căci, pe lângă asta, erau lipsiţi şi de orice spirit de „leadership", încât nici măcar să se impună nu reuşeau şi erau efectiv batjocoriţi de elevi. Da! O spun asumat! În mare măsură, puritatea copiilor este o legendă. Cei mai mulţi copii sunt extraordinar de cruzi şi insensibili. A se citi „Împăratul muştelor", pentru alte detalii. Alţi profesori, chiar dacă se impuneau prin severitate securistică, erau rigizi şi robotici, în sensul în care veneau, scriau pe tablă, dictau şi dădeau lucrări şi teze. Nu numai că nu te captivau. Din contră. Fiecare minut petrecut cu ei reprezenta o corvoadă.

Mai vieţuia şi acea categorie de profesori care, pe durata perioadei de Ev Mediu - căci altfel nu pot numi anii '90 în România, ani în care orice urmă de normă şi lege lipsea cu desăvârşire -, se manifestau precum nişte maniaci, nişte bolnavi cu probleme psihice grave. Nu sunt eu cel mai în măsură să acuz problemele psihice ale cuiva (smileyface), numai că nemernicii ăia activau în domeniul învăţământului. Iar problemele lor psihice aveau şi nişte conotaţii de multe ori violente.

De pildă, profesorul de sport Iancu, din şcoala mea, Şcoala Nr. 88. Locul acestui Iancu (nu de Hunedoara, ci de Balta Albă) ar fi fost, în mod normal, într-o puşcărie, nu printre copii. Bătea cu sălbăticie pe cine prindea. Umbla mereu încruntat, cu o moacă de criminal sadea. Unui copil chiar a reuşit, în urma unei corecţii fizice, să-i desprindă lobul urechii.

Una dintre cele mai mari satisfacţii pe care

le-am avut în acei ani de generală a fost atunci când a venit la şcoală, timp de două săptămâni, cu ochelari de soare. Ce se întâmplase? Pentru că România, repet, era o junglă în care nu existau şanse reale dacă te adresai Inspectoratului sau Poliţiei (aşa cum astăzi, din fericire, se poate), nişte elevi de liceu care-l avuseseră profesor, l-au încolţit pe o străduţă şi, purtând cagule, l-au bătut până s-a căcat pe el. Nu ştiu dacă mai trăieşte. În cazul nefericit în care mai trăieşte, fac un apel. Dacă printre cei care citesc aceste rânduri se găseşte cineva cu posibilitatea de a lua cumva legătura cu el, îl rog să-i transmită că îmi doresc din inimă să moară agonizant de lent, într-o suferinţă cumplită şi îndelungată, horcăind ca un porc înjunghiat. DOAMNE! Ce răcoritoare a fost ultima frază! Îmi doresc să fiu un om bun. Nu am reuşit. Îmi doresc să ating acea lumină care să-mi permită să ajung la iertarea absolută. Încă n-am reuşit. Aşa că, Iancule, suge-o, futu-te-n gură de Vişinescu made in China! Şi nu, la el nu se aplica ideea că trebuia să te impui în acel univers şcolar. Una e să te impui şi alta e să fii un maniac care-şi găseşte refugiul printre victime sigure şi slabe.

Aveam o structură umanistă. Eram visător. Mergeam greu cu matematica, chimia fizica. Mergeam greu şi pentru că nu eram ajutat în niciun fel să fiu interesat. Ajuns la vârsta maturităţii, mi-am dat seama că mă interesează şi fizica, mă interesează şi chimia, urmăresc cu pasiune documentare pe aceste teme, sunt pasionat de noile descoperiri din fizica cuantică, sunt pasionat de istoria marilor descoperiri ştiinţifice ori de biografiile unor oameni precum Nikola Tesla ori Thomas Edison. Dar cum era să mă fi atras spre aşa ceva nişte bugetari robotizaţi care veneau şi scriau probleme şi formule pe tablă?

Uite că n-am menţionat-o pe învăţătoarea din clasele I-IV, doamna Coman. În primul draft al acestei lucrări, vizavi de dumneaei îmi exprimasem o serie de păreri nu neapărat laudative. Nu îi zugrăvisem un portret negativ, dar proporţia dintre „bune" şi „rele" înclia un pic spre prima categorie.

O întâmplare petrecută cu trei zile în urmă, însă, m-a sensibilizat. Şi chiar dacă, aşa cum observaţi, ce mi-e în guşă mi-e şi-n vârful pixului, am revenit asupra acestui subiect. Scriu acum sub imperiul emoţiei şi nu-mi reproşez asta. Până la urmă, e ceea ce mi-am propus cu acest volum. Să ajungă în faţa ochilor dumneavoastră o serie de emoţii. E o carte care m-a costat foarte mult din punct de vedere emoţional şi am trecut prin foarte multe stări scriind. Nu mă îndoiesc nicio clipă de faptul că acelaşi sentiment l-a avut şi mama, pe măsură ce înainta prin paginile caietului ei studenţesc.

Motivul principal pentru care nu pot fi completamente idilic în ceea ce o priveşte pe doamna învăţătoare şi clasele primare, în ansamblu, este unul care, probabil, a avut un impact major asupra mea.

Când eram în clasa a II-a, într-o pauză, copertele tuturor caietelor colegilor mei sau, mă rog, a majorităţii colegilor mei, au fost tăiate cu ceea ce părea a fi fost o lamă. O lamă de cuţit, o lamă de ras, nu se ştia. Când am revenit cu toţii din pauză, s-a constatat infracţiunea, cum ar veni, iar doamna învăţătoare a început o anchetă pe care îmi permit să o cataloghez drept stalinistă, menită a descoperi făptaşul. Respectând toate regulile unei anchete staliniste, făptaşul trebuie descoperit sau, dacă nu e descoperit cu probe, el trebuie numit, tovarăşi! Din felul în care se desfăşura tot procesul, devenea din ce în ce mai clar, cu fiecare minut care se scurgea, că nu va ieşi nimeni din acea sală de clasă până când nu se va găsi un vinovat.

Pentru că pe vremea aceea elevii scriau cu stiloul la şcoală, tata mă învăţase cum poţi şterge de pe hârtie, când greşeşti ceva, cu ajutorul unei lame de bărbierit. Îmi dăduse o lamă ruptă pe jumătate, pe care o ţinem în penar. Nu eram eu singurul copil care avea o lamă în penar. Eu eram doar singurul copil sincer până la prostie...

În toiul anchetei, i-am şoptit colegului meu de bancă: „Mai, eu am o jumătate de lamă, dar n-am făcut nimic. Nici măcar nu am fost în clasă în timpul pauzei!”. Spre stupoarea mea, colegul s-a ridicat în picioare şi a spus: „Doamna! Bendeac are lamă!”.

Ceea ce-a urmat nu doar că m-a traumatizat pentru o perioadă lungă, dar mi-a şi creat o stare de revoltă, exacerbându-mi spiritul justiţiar pe care îl posedam oricum. Lama mea a fost imediat studiată şi s-a făcut cu ea o probă de tăietură pe o copertă. Tâmpenie fără seamăn! Orice lamă ar fi tăiat la fel!

Am fost scos în faţa clasei, acuzat în mod direct şi găsit cu repeziciune vinovat. Deşi îmi susţineam cu lacrimi în ochi nevinovăţia, a fost contactată şi mama, iar scandalul pe care mi l-a făcut acasă şi faptul că a ales să creadă rezultatul acestui proces injust au reprezentat motive de reproş până în ziua de astăzi. Mama regretă până azi că nu m-a crezut.

Ah, să nu uit! Colegul acela de bancă este, astăzi, politician... Aţi zâmbit? Eu da...

Altfel nu pot să spun că era învăţătoare rea. Avea însă un fel de rigiditate cu care nu m-am împăcat deloc. Cred că m-a luat la ochi încă din clasa I. Aveam un fel de a fi, în anumite privinţe, care nu-mi permitea să mă abţin din a spune anumite lucruri.

Vă dau un exemplu. De 1 şi 8 martie se obişnuia să mergem la învăţătoare cu flori şi un cadou. Cu prima ocazie de acest fel - de-aia spun că atunci bănuiesc eu că i-am atras atenţia în mod negativ -, mama m-a trimis cu un buchet de flori şi un spray fixativ. Ne-am dus pe rând şi am pupat-o, oferindu-i cadourile şi florile. Dumneaei ne-a dat, apoi, o cumpunere de făcut şi s-a apucat să desfacă, în tihnă, fiecare punguţă. Eu am rămas atent şi, când a scos spray-ul fixativ, i-am spus cu îngrijorare: „Doamna, să nu vă daţi cu el la subraţ, că vă rămâne mâna pe sus!". Nu numai că n-a râs, dar s-a şi supărat şi m-a pârât maică-mii. Chestia asta m-a ambiţionat.

La începutul clasei a doua, toată lumea a adus câte un buchet de flori. Doamna, stând la catedră, s-a gândit că e o ocazie bună să ne înveţe soiurile de plante decorative. Şi a început: „Acestea sunt ga..." şi noi completam cu „...roafe!". „Bravo, copii! Acestea sunt la..." „...lele!". „Bravo!" şi aşa mai departe. După câteva minute am întrerupt lecţia de botanică ridicând mâna. „Da, Bendeac!". Eu, cu un aer serios, am întrebat: „Băşina porcului n-a adus nimeni?"... Cu replica asta am avut un oarecare succes la audiență, dar dânsa a zis: „Deci vrei să spui că eu sunt o învățătoare care asta ar merita?! Să primească bășina porcului?!". Iar scandal, iar și-a retras ambasada, iar m-a spus mamei. Mi-a făcut tata acasă o morală, de lipsea doar un podium și un microfon ca să rămână în istorie. Am încercat să explic faptul că bășina porcului este o floare superbă, galbenă, care se transformă în păpădie precum unele omizi, în fluturi... Nimic!

Pe de altă parte, avea o capacitate excepțională de a educa prin puterea unor exemple punctuale. Ne-a povestit odată o chestie care mi-a rămas în minte și cred că este genul de lucru pe care un dascăl ar trebui să-l spună elevilor săi, astfel încât munca lui să conteze în progresul unei societăți, mai ales o societate precum era cea românească, adică derutată, haotică și lipsită de o minimă civilizație. A relatat cum, aflându-se în vizită la niște rude în Germania, și-a uitat căciula pe o bancă, în Berlin. O căciulă scumpă, de blană. Iar a doua zi, ce să vezi, mergând pe aceeași stradă, a găsit căciula cu un bilețel pe care scria, în limba germană: „găsit în data de... la ora...". M-a impresionat mult faptul în sine.

Schimbarea de discurs în ceea ce-o privește pe doamna învățătoare a avut loc acum trei zile după ce, cu exact o zi înainte terminasem capitolul pe care aveți amabilitatea să-l citiți. Îl plimbam pe Happy și am ajuns pe o alee de lângă casa alor mei. În acel moment, am auzit dintr-o curticică o voce fragilă: „Mihai? Mihăiță?!". M-am oprit. Happy, bineînțeles, nu, fiindcă era în permanenta lui căutare de pisici. În cele din urmă am reușit să-l proptesc naibii şi am rămas pe loc amândoi. Din curtea respectivă a ieşit doamna învăţătoare... Bătrână, bolnavă... Şi, văzând-o, mi-am dat seama că reţinusem şi redasem o serie de aspecte negative care, în mod clar, m-au marcat şi eludasem complet aspectele generale.

Sigur că doamna Coman traversase o bună parte din viaţă în sistemul de învăţământ comunist şi acel sistem nu era menit să creeze oameni, ci era menit să creeze soldaţi dedicaţi cauzei şi specializaţi pe diverse domenii. Oricum, elementul magic există în viaţa mea, iar genul acesta de întâmplări precum închiderea unui capitol dintr-o carte şi întâlnirea la nici 24 de ore cu persoana despre care povesteam şi pe care nu o mai văzusem de ani şi ani de zile, acest tip de potrivire este ceva ce face parte din viaţa mea de zi cu zi.

În liceu am început să devin din ce în ce mai conştient de absurditatea modelului românesc de învăţământ şi nu am făcut altceva decât să driblez cât am putut sistemul. În consecinţă, m-am păstrat în jurul notei şapte, cel mult opt (chiar cinci şi şase, la unele materii). Eram revoltat de foarte multe lucruri, printre care ţin să menţionez faptul că, deşi eram la uman, aveam în continuare ore de matematică, fizică sau chimie. Era normal să fiu la uman, dată fiind structura aceasta artistică pe care o conţin. Dar motivul pentru care eram într-o clasă de uman nu era acesta. Ci faptul că avusesem o notă destul de mică la intrare. O notă mică în raport cu liceul respectiv, care era considerat unul bun. Liceul „Alexandru Ioan Cuza”, fostul MF3. Ai mei nu erau foarte mulţumiţi de faptul că nu avusesem o notă mai mare. Până la urmă s-au convins că ar fi fost o nenorocire să intru la real sau la informatică. Nu era de mine!

În cei patru ani, nu înţelegeam de ce toate aceste materii realiste, împreună cu biologia şi tot felul de ştiinţe ale naturii nu erau înglobate într-o materie numită „cultură generală", unde să avem un pedagog care să ne captiveze aşa cum te captivează documentarele la care avem acces astăzi. Foloseam aceste ore ca să mă gândesc la teatru, să scriu pe foi distribuţii imaginare şi, o să râdeţi, chiar scheciuri de televiziune. Mai eram revoltat şi de faptul că urma să termin liceul obligat fiind să mi se predea Hortensia Papadat-Bengescu, dar fără să studiez scriitori precum Shakespeare, Dostoievski sau Garcia Marquez.

Mi-am adus aminte de o tâmpenie petrecută prin clasa a XI-a. Am rămas corigent la fizică. Mintea mea era la pasiunea pentru teatru, film, televiziune şi niciodată la orele de fizică, matematică, biologie, chimie sau latină. Profesorii scriau formule pe tablă, formule şi probleme, iar mie, pe bună dreptate, mi se zbârcâia de ei şi de predarea lor deloc adecvată condiţiei mele de umanist. Ştiu! Am pus pe listă şi latina. O să spuneţi că asta ţine de uman. O ţine, dar nu trei ore pe săptămână în care studiam gramatica unei limbi moarte. Am înţeles ideea, limba noastră-i o comoară, în adâncuri bla-bla-bla şi se trage din latină. OK! Învaţă-mă despre filosofi, trei-patru expresii în limba latină şi hai să mergem mai departe, că sunt atâtea lucruri pe lume care merită atenţie... Cine vrea să ştie declinarea cu „-us, -i, -o, -um, -o, -e, -i, -orum, -is, -os, is, -i" să devină lingvist şi să studieze. Eu ce vină am?

Tâmpenia absolută a sistemului m-a dus în situaţia la care făceam referire, petrecută în clasa a XI-a. Eram în situaţie de corijenţă la fizică. Tema principală a trimestrului fusese electricitatea. Aveam inspecţie. Domnul profesor îi chema la tablă, normal, pe acei puţini elevi pe care se baza. Nu ştiu cum, cred că dracul şi-a vârât coada, o inspectoare m-a indicat şi pe mine să ies la tablă. Eram frumuşel, simpatic, probabil. Ce să zic şi eu acum, laudă-mă gură... Profu' de fizică s-a albit instantaneu. Mi-a cerut, în disperare, cel mai simplu lucru (în mintea lui): să desenez circuitul electric al unei sonerii. Am folosit asta şi într-un scheci, acum vreo trei ani. Eu eram terci! Ca să mă „scot", am desenat un dreptunghi, în el, un cerc şi am scris deasupra „Familia Popescu". În completare, pentru că se lăsase o linişte apăsătoare, am făcut şi ceva gen benzi desenate, în care am scris cu creta un „zbârrr!". Adică „suna"! În cazul în care aveţi dubii, vă scot din ele. Da, am rămas corijent pe trimestrul ăla.

Un alt motiv de revoltă personală în liceu mai era şi ora de română. Deşi profesoara mea avea nişte calităţi... Doamna Lupu era considerată cea mai bună profă din sector şi asta având la bază, ca principal argument, rezultatul elevilor ei la examene. Aceste rezultate derivau, în mare măsură, din severitatea ei. Eu continuam să fiu la materia aceasta aşa cum eram construit. Extrem de creativ şi original. Gândirea pe cont propriu, însă, nu era deloc încurajată. A contrazice un mare critic, a avea o părere contrară celei unui mare om de litere, în privinţa unei poezii, era considerat un sacrilegiu. Doamna Lupu avea oarece obsesie vizavi de Eminescu. Îl diviniza.

Dar nu era o formă de divinizare care să te determine pe tine să îl apreciezi pe Eminescu.

În general, atunci când termină şcoala, absolvenţii trăiesc o ură profundă pentru marele poet. El este prezentat ca imaginea perfecţiunii absolute, ca un om descurajant de desăvârşit. Nu contest că Eminescu era un geniu! Un uriaş scriitor! Dar nimeni nu încearcă să prezinte portretul întreg. Să prezinte şi omul. Cu tarele şi direcţiile lui uneori extremiste, cu viciile lui (şi nu erau puţine), cu atitudinea lui uneori lipsită de masculinitate, în relaţie cu femeile, sau cu spiritul său extrem de hazliu, care se manifesta şi în mod vulgar, prin poezii şi mici creaţii pornografice.

Oare câtă lume ştie – şi aici iarăşi o să zâmbiţi – despre talentul lui fenomenal (aşa cum povestesc câţiva contemporani) de a imita... Eminescu avea talentul de a imita diferiţi scriitori sau politicieni, ceea ce năştea un haz nebun în cercurile în care îşi pierdea nenumărate nopţi. Fiindcă, vă vine să credeţi sau nu, îi cam plăcea viaţa. EL a rămas în metodele de predare din şcoala românească, în mare măsură, ceea ce a reprezentat celebra epopee naţională începută în anii '60, prin care marile personalităţi ale istoriei sau ale culturii erau prezentate, mai ales în acele oribile filme istorice, ca un fel de statui, fără niciun fel de umanitate. Nimic altceva decât monumente istorice neînsufleţite, care recită încontinuu doar vorbe de duh.

Nu o să intru în conversaţia cu mama înainte de a spune două lucruri foarte importante. Primul este acela că, la sfârşitul clasei a IX-a, când m-am hotărât să devin actor, la câteva zile distanţă am înfiinţat o trupă de teatru căreia i-am dat numele „Trupa Millo", după numele unuia dintre primii mari actori români, Matei Millo. Doamna Lupu este cea pe care am întrebat-o ce piesă ar trebui să pun în scenă, iar ea mi-a răspuns „Jocul de-a vacanţa" de Mihail Sebastian.

Şi chiar asta am făcut. Împreună cu alţi colegi am montat piesa care dura, nici mai mult nici mai puţin de două ore. A fost prima mea experienţă în calitate de actor. Atunci mi-a devenit cu adevărat foarte clar că nu pot face nimic altceva.

Al doilea lucru foarte important, poate cel mai important din acea perioadă, este că am avut o dirigintă, doamna Gârleanu (de franceză), care mi se potrivea perfect. Femeia asta, lăudat fie-i numele, care era un om destul de original şi oarecum excentric, mi-a sărbătorit în permanenţă şi mi-a încurajat creativitatea. Povestea maestrul Mălăele, într-un interviu, că a avut un profesor de desen care i-a schimbat direcţia. Era un copil timid, ochelarist şi chiar dislexic. Părea a fi sortit unui destin sub zodia eşecului. Mai presus de orice, i se spunea că desenează foarte prost. Menţionez că, între timp, Horaţiu Mălăele a devenit un fabulos caricaturist şi grafician. Dar pe vremea când era încă elev, acest profesor de desen i-a pus mâna pe umăr şi i-a zis: „Băi băiete, tu eşti genial!". Iar maestrul spune în interviu: „Iar eu am început să fiu...".

Cea mai frumoasă remarcă pe care am primit-o în întreaga mea copilărie şi adolescenţă a fost din partea doamnei Gârleanu. În decurs de o săptămână, făcusem un întreg caiet cu texte, dialoguri şi caricaturi despre toţi colegii şi cei mai importanţi profesori din liceu. „Creația" a ajuns și în posesia doamnei Gârleanu, care a intrat în clasă în timpul unei ore cu o profesoară destul de nesuferită căreia, de față cu toată lumea, i-a spus: „Dragă, tu ai văzut caietul pe care l-a făcut Bendeac?". Aia a răspuns: „Nu. Ce caiet?". Diriga s-a întors spre mine și a zis: „Ăsta e genial! Ține minte ce-ți spun!".

Ce-a făcut doamna dirigintă cu această vorbă? Mi-a pus pe spate două aripi. Eu nu știu dacă sunt sau nu genial, dar, din clipa aceea și până în ziua de astăzi, n-am încetat să cred că sunt. Dar asta are mai puțină importanță. Important este că, dacă nu aș fi crezut că sunt, aș fi atins un nivel mai mic decât acela atins cu acest mindset indus și de doamna dirigintă, la momentul oportun.

***

– Cum a fost școala pentru tine?

– Am fost prima generație care a mers la școală la șase ani. Școala Generală Numărul 28, de pe Aleea Circului. Funcționează și acum.

– La fel de prost?

– Cum la fel de prost?

– Continuați, vă rog...

– Am revăzut-o de curând într-o plimbare cu prietena mea din clasa I. Mă leagă de ea o prietenie de 52 de ani.

– De ce vrei să se afle că ai 52 + 6 ani?

– După 45 de ani, nu mai cochetezi cu ideea de

vârstă. Crede-mă... Îmi aminteam cu Luci, prietena mea, cum mi-a dat-o mama ei mie în grijă, în prima zi de şcoală.

– De ce ţi-a dat-o ţie în grijă?

– Pentru că eram mai mare decât ea cu câteva luni.

– Da, e un argument valid...

– După aceea a devenit ea cea care îmi lua apărarea, pentru că făcea sport de performanţă şi nu sufla niciun băiat în faţă ei. Uite că mă gândeam acum... Eu nu cred că eram pregătiţi să mergem la şase ani la şcoală.

– Mai ales în acest tip de şcoală...

– Copilul, la vârsta aceea, este atras de joacă.

– Ai venit pe strada mea! Asta spun şi eu! Că nu există un sistem creat astfel încât să-l atragă pe copil spre cunoştinţe, prin joc. Apropo, şi pe mine m-aţi dat la şase ani şi un pic la şcoală. N-aţi mai aşteptat un an...

– Ne-am gândit că, fiind născut în februarie, ar fi însemnat să te dăm la şapte ani şi jumătate. Aşa, am preferat să mergi la şase ani şi jumătate.

– Corect. Nu m-am gândit la asta.

– Că tot se vorbeşte despre meditaţii din ce în ce mai mult. A încercat tata, tataie Gigi adică, să-mi aducă o profesoară acasă, ca să învăţ limba germană. Când venea, eram singură acasă şi mama îmi spunea să o servesc cu un pahar de apă şi dulceaţă. După vreo doi ani de gramatică şi peste

100 de borcane de dulceață, nu s-a lipit nimic de mine, pentru că nu-mi plăcea. Am rămas doar cu 10 cuvinte și un mare mister în capul meu: cum Dumnezeu mânca profesoara toată dulceața și nu se atingea de niciun strop de apă?

– Da... Dacă deslușim asta și semnificația comportamentului bosonului Higgs, umanitatea va începe o nouă era...

– După școala generală, a urmat liceul...

– Logic, Gică!

– Care Gică?

– Hagi. El are fraze de genul „după generală, vine liceul, cum zic..."

– E, să mă pupi în...

– Și tataie Gigi era profesor. De electrotehnică, nu?

– Exact. Chiar la un liceu de lângă casă. Și ce s-a gândit el? Să mă ia sub aripa lui. Cu alte cuvinte, sub strictă supraveghere, obligându-mă să intru la liceul acela. Îl iubesc pe tata, dar nu sfătuiesc pe nimeni să învețe acolo unde unul dintre părinți este profesor.

– Eu nu sfătuiesc pe nimeni să învețe, în general...

– Hai, potolește-te! Ce vreau să spun...

– Asta ne întrebăm cu toții...

– ...e că nu poți să chiulești și tu o oră cu colegii în parc, pentru că se află imediat. În cancelarie!

Roiau băieţii în jurul meu, dar eram fiica lui dom' profesor Petrişor şi n-avea nimeni curaj să...

– Abia asta e o dramă!

– Sunt sigură că ai spus şi multe lucruri negative despre şcoală. Bănuiesc că ai scris despre asta şi de-aia mă tot descoşi. Nu că vreau să-ţi dau apă la moară şi, mai ales, nu vreau să se simtă nimeni lezat, dar sunt de acord că profesori dezinteresaţi au existat întotdeauna. Ori dezinteresaţi, ori fără har. Sau chiar amândouă la un loc. Tu, pentru Bacalaureat, nu ai făcut niciun fel de meditaţii. Şi nici Andrei. Dar, când ai dat la liceu, ne-am gândit la o profesoară care să te ajute cu pregătirea la limba română, ca să fim mai siguri de reuşită.

– Pentru admiterea la liceu am făcut şi la matematică.

– Eu de română îmi amintesc. Am găsit pe cineva aproape de casă şi ne-a cerut banii pentru pregătire pe câteva luni înainte. După două-trei şedinţe, mă trezesc cu tine că mă întrebi cu oarecare reţinere: „Mamă, tu ai vrut să merg la profesoara asta că era mai ieftin?". Eu zic: „Doamne fereşte, cum poţi să crezi aşa ceva? De ce?". „Păi nu fac nimic cu ea la pregătire. Mă pune să copiez ceva dintr-o carte şi ea vorbeşte la telefon sau face mâncare".

– Avea simţ practic, a dracu'...

– Am sunat-o şi i-am spus că nu este compatibilă, pare-se, cu al meu copil.

– Adică eu.

– Normal. Nu despre tine vorbeam?

– Mai sunt şi oameni care citesc cartea beţi sau fumaţi.

– Nu te mai suport! În fine... Am rugat-o să-mi returneze banii pe care i-a luat în avans. A fost revoltată, dar n-a avut încotro. Şi, când m-am dus să iau banii...

– Zăcea un mic Nuţu Cămătaru în tine...

– M-a străpuns cu o privire ucigătoare din uşă şi mi-a spus: „Copilul dumneavoastră minte şi dumneavoastră l-aţi crezut! Nu o să se aleagă nimic de el în viaţa asta!”. Sper că a auzit de tine şi a aflat că s-a ales totuşi ceva.

– Lauda de mine nu miroase a bine. Despre cafteala pe care mi-am luat-o acasă pentru caietele pe care nu le tăiasem eu, ce poţi să-mi spui?

– Ai scris şi asta?

– Nu. Făceam conversaţie...

– Acolo am greşit, recunosc. După ce că trăiai o profundă nedreptate, eu am dublat-o. Nu te-am crezut. Aşa cum mi s-a prezentat mie situaţia, era extrem de clar că tu ai făcut asta.

– Te căieşti?

– Mă căiesc!

– Bine! Fie! Eşti iertată, păcătoaso!

– Păi eşti tu întreg la cap?!

ACNEE JUVENILĂ

Cea mai mare catastrofă cu putință! Așa mi se părea la momentul acela. Însă timpul are puterea de a estompa orice sau aproape orice, măcar. Asta e bine, uneori, alteori, nu. În anumite situații, uitarea te poate face pe tine, ca individ, să nu asimilezi anumite lecții pe care experiențele respective ar trebui să le sedimenteze. Tindem să uităm orori ale trecutului, războaie și multe altele, dar nu vom intra acum într-o zonă atât de înnegurată.

Povestea care urmează este mai degrabă veselă. Am început cu niște cuvinte adânc sondate din puțul gândirii, pentru că noul statut pe care l-am căpătat, acela de gigantic și extraplanetar de genial scriitor, îmi provoacă accese de profunzime. Norocul meu este acela că am puterea de a mă detaşa şi de a observa că multe dintre aceste accese nu sunt altceva decât nişte banalităţi şi locuri comune, dar poate că, printre ele, se mai strecoară şi câte o clipă pasageră de minimă inteligenţă. Nu vă faceţi speranţe, totuşi. Şansele sunt infime.

Am avut şi eu o problemă cu care se confruntă mulţi adolescenţi: coşurile. De pe la 14 până pe la 18 ani, cu toate că nu am avut o acnee chiar vulgară (am văzut nişte cazuri foarte grave), aceste coşuri aveau darul de a-mi crea o serie întreagă de frustrări şi complexe. Efectiv mă înnebuneau. Nu mai pun la socoteală faptul că nu aveam mai niciodată răbdarea de a le lăsa să-şi facă un pic mendrele, ca să fie mult mai uşor de stors, să se usuce şi să se vindece mai rapid. Cum simţeam că apare câte unul undeva, începeam să zgândăr până când treaba în locul respectiv devenea mult mai amplă. Pe obraz, îmi apăreau foarte rar. Cel mai des irumpeau pe bărbie şi în jurul gurii, iar dacă ar fi să fac un clasament, locul doi ar fi ocupat de frunte.

Începusem să fiu un pic obsedat de treaba asta şi încercam să descopăr tot felul de metode, astfel încât să o rezolv. În prima fază foloseam nişte creme pe care le aplicam pe toată faţa, urmate de un strat gros de pudră de talc, astfel încât arătam de parcă purtam o mască neterminată de clown. Pe urmă, am descoperit nişte soluţii uleioase pe bază de mentol. Când mă ungeam cu aceste poţiuni, aveam senzaţia că mi-am băgat faţa într-un şemineu, atât de tare mă ardea. Nu prea se vedeau cine ştie ce rezultate. Lucrul acesta mă deprima cumplit.

Menţionam într-un capitol anterior că începusem

de ceva vreme să mă bărbieresc şi, într-o seară, am văzut un film la televizor a cărui acţiune se petrecea în Vestul Sălbatic. Într-una dintre secvenţe, văzui un cowboy care se afla la bărbier. Bărbierul respectiv, interpretat de un actor septuagenar - ceea ce mi-a indus ideea că e om cu experienţă -, i-a pus pe faţă un prosop oarecum aburind.

Privind imaginile, am întrebat-o pe mama la ce foloseşte treaba asta. Mama, fără să dea multă atenţie întrebării, molfăind floricele făcute în ceaun, mi-a răspuns cu ochii în ecran: „E un prosop fierbinte, pe care îl pune câteva minute, ca să i se înmoaie faţa înainte să-l radă". BINGO!, mi-am spus eu, deşi nu era nici măcar „linie". Şi exact aşa cum (sper că nu sună dizgraţios) un coş se coace, la fel s-a copt peste noapte şi această idee în mintea mea... Atât de bine s-a copt, încât dimineaţa, când m-am trezit, ideea era ditamai cozonacul de toată frumuseţea. Nu întâmplător am folosit verbul „a coace" sau „a se coace". Curând, ceva asemănător avea să mi se întâmple mie...

M-am suspectat întotdeauna de inteligenţă emoţională. Ceva mai sigur am fost de inteligenţa mea profesională, aplicată strict pe domeniul în care am ales să exist. Dar, în rest, diferenţa dintre mine şi o meduză este aceea că, în privinţa meduzelor încă mai sunt dezbateri privitor la capacitatea acestora de a raţiona, dacă au sau nu un proces cognitiv asemănător cu cel produs într-un sistem neuronal. În cazul meu, nicio discuţie nu-şi are sensul. În viaţa de zi cu zi sunt cretin până la sublim.

Într-un moment de prostie monumentală, fiind (evident) singur acasă, am pus o oală cu apă la fiert, am aşteptat până când apa a dat în clocot şi am aruncat înăuntru un prosop. Nu orice fel de prosop! Existau nişte prosoape neobişnuit de lungi. Înguste şi lungi. Atât de idiot eram, încât nu a fost de ajuns că am pus prosopul în apă clocotită. L-am şi lăsat să fiarbă preţ de vreo 10 minute, de parcă făceam supă de textile. Am oprit aragazul şi, aşezaţi-vă să nu leşinaţi, m-am chinuit să agăţ cu două furculiţe prosopul din apa clocotită, astfel încât să-l scot de acolo desfăcut. Până la urmă am reuşit şi, precum ai arunca o clătită în aer, am aruncat prosopul spre tavan. Eu am venit foarte rapid pe direcţia lui de cădere, ca să-mi pice exact pe fizionomia mea imberbă, de băiat superb, dar chinuit de acnee. Prosopul mi-a picat fix pe moacă. Am simţit o durere instantanee şi o usturime pe care nu am cum să vi le redau nici dacă aş avea măcar o dâră infimă de talent literar.

Am dus disperat mâinile spre cap, ca să-l arunc deoparte numai că eu, în mâini, aveam furculiţele. M-am izbit cu una dintre ele sub ochi şi, din reflex, am mişcat capul într-o parte, ceea ce-a făcut ca prosopul să se înfăşoare în jurul craniului ca un turban. Cu menţiunea (importantă) că turbanul se pune doar pe creştetul capului nu şi pe faţă. Eram ca o mumie în agonie! Uite că şi rimează... Mă gândesc tot mai serios să scot şi o carte de versuri! Am aruncat furculiţele, urlând de usturime.

Am început să trag de prosop nereuşind să nimeresc locul în care cele două părţi se suprapuseseră. Trăgeam din partea greşită, astfel încât nu se întâmpla altceva decât să îmi storc apă clocotită şi mai mult pe faţă. Când am reuşit să dau prosopul jos, m-am repezit în oglindă şi, ca să mă exprim în termeni cinematografici raportat la western-ul văzut cu o seară înainte, nu aş fi putut interpreta cowboy-ul pe care-l văzusem la bărbier dar, în mod cert, eram foarte potrivit pentru căpetenia pieilor roşii...

***

– Am relatat, într-un capitol, o întâmplare care relevă, fără putinţă de tăgadă, faptul că sunt imbecil.

– Nu mai vorbi, măi, aşa despre tine, te-am mai rugat! Ce anume ai relatat?

– Multe! Dar tu nu vrei să citeşti, aşa că te întreb eu ce vreau.

– O să mă aduci la disperare cu cartea asta.

– Ca să existe o contrabalanţă, spune-mi care a fost momentul în care Andrei te-a făcut să te simţi mândră.

– Din fericire, au fost destule. Dar nu uit cum a intrat la liceu.

– Şi nu orice liceu.

– Exact. La „Coşbuc"! Unde se intra foarte greu! La matematică nu aveam mari speranţe, pentru că era relativ paralel.

– Mai ştiu pe cineva...

– În ultima teză sau simulare, nu mai ştiu ce a fost, luase nota cinci. De aceea spun eu că are o capacitate ieşită din comun.

– Îmi aduc aminte că îmi spuneai, în ultimele două săptămâni înainte de admitere, că îl vezi, ca niciodată, făcând probleme şi exerciţii de dimineaţă până seara.

– Da. Asta venea după momentul în care a renunţat singur la tastatura de la computer, ca să îşi adune forţele şi să se concentreze. În ziua în care s-au afişat rezultatele, l-am lăsat acasă dormind. Eu trebuia să fiu la cabinet.

– Cabinetul stomatologic.

– Normal. La care cabinet să fi fost?

– Relaxează-te, dom'le. Încerc să-ţi fac reclamă.

– Hai, Mihai, lasă... Toată ziua am stat cu emoţii!

– Azi? De ce?

– Nu azi! În ziua afişării rezultatelor! Am revenit la discuţie!

– Ah...

– Vorbeam la telefon cu alte mămici din clasa lui...

– Păi ce? El era coleg cu mămici?

– Mămicile colegilor, că mă omori!

– Hai, dragă, mai glumim şi noi...

– Deci am vorbit cu alte mămici şi mi-au spus că ai lor copii au mers în curtea şcolii să aştepte rezultatele. În pauza de prânz de la cabinet, când eu credeam că el doarme în continuare, fiind într-o stare de emoţii covârşitoare şi bătând mătănii, văd că sună telefonul...

– Era pe silent?

– Nu.

– Înseamnă că ai auzit că sună, nu ai văzut că sună.

– Cine era la telefon?

– Patriarhul Teoctist!

– Era Andrei!

– Şi am vrut să zic...

– Mi-a stat inima! „Mama, am luat 9,95 la matematică şi 9 la română!” Când am auzit „9,95 la matematică”, unde ştiam că este un pârlit, am crezut că l-a sunat vreun coleg din curtea şcolii şi face mişto de el. Dar nu! El era la faţa locului. A fost prima dată când a plecat de acasă fără să mă anunţe. Iar eu îl credeam acasă, nepăsător... Am fugit într-un suflet la liceu. Aş fi avut nevoie de ştergătoare la ochelari, pentru că nu mă puteam opri din plâns.

– A fost superb, într-adevăr. Mie mi s-a părut fenomenală şi reacţia lui tata. Ştiu că eu l-am sunat şi i-am zis: „Dacă eşti în picioare, aşază-te! Ştii cât a luat Andrei la matematică?”. El a întrebat: „Cât?”. Zic: „9,95!”. S-a lăsat o tăcere mormântală. Creierul lui nu putea procesa o asemenea informaţie în contextul în care un 7 ar fi fost o mare performanţă, raportat la ceea ce ştiam despre el vizavi de această materie. Din cauza şocului, când a auzit 9,95, tata a spus atât: „De ce i-au scăzut 5 sutimi?”.

CEL MAI TRIST CAPITOL

Ceea ce urmează să citiți este, poate, cea mai dureroasă parte a acestei... să-i spunem „cărți". Acest capitol nu are parte de o conversație cu mama. O să mai fie câteva (în afară de segmentele din seria „Jurnalul unui burlac"). I-am spus mamei despre aceste fragmente. Nu i-am spus ce conțin ele, fiindcă nu a vrut să citească niciun cuvânt. I-am spus doar că se vor regăsi în carte patru părți dintr-un jurnal intim, cu conotații sexual-amoroase, și încă trei sau patru chestiuni pe care trebuie să le afle așa. Citindu-le. Lucruri pe care nu i le-am spus niciodată sau pe care nu i le-am detaliat. Acesta este unul dintre ele.

Ceea ce veți citi este un paragraf care conține un lucru pe care nu am avut vreodată puterea să-l povestesc, la nivel de detaliu, cuiva. L-am mai menţionat de-a lungul timpului mamei, l-am spus şi de câteva ori în mod public, însă niciodată nu am detaliat.

Am avut parte, în şcoala generală, de ceea ce astăzi numim „bullying”. Pe vremea aceea, din păcate, nu avea niciun nume. Puteţi să mă credeţi sau puteţi să nu mă credeţi... Am încercat să redau această amintire în multe forme, dar nu am reuşit să exprim în mod plenar ceea ce simt vizavi de perioada respectivă. În această clipă mă aflu în dormitorul meu de la etaj, cu plapuma în cap, dictând pe o aplicaţie. De ce? Fiindcă în momentul în care pun pixul pe hârtie există un blocaj. Vă rog să înţelegeţi că, atunci când eu eram în şcoala generală, nu doar gimnaziul, ci România, în general, era efectiv un tărâm medieval, o realitate oribilă. Asta ne-a lăsat cei 45 de ani de „socialism”...

Totul a început undeva prin clasa a VII-a. Mai exact, în primul trimestru al acelui an şcolar. Cred că eram un băiat un pic aparte. Sensibil. Nu eram emotiv. Aveam o fire artistică de care nu eram eu însumi pe deplin conştient, darămite cei din jurul meu. Şi, de la un punct încolo, aproximativ jumătate dintre colegii băieţi au început să mă numească „prostul clasei”. Şi să mă bată constant.

Cred că am mai scris asta, dar nu stau acum, când dictez, să conspectez ce am scris - NU cred în puritatea absolută a copiilor. Eu nu am nici pe departe convingerea că un copil se naşte pur. De fapt, NU! Asta am spus-o la nervi! Un copil se naşte pur. Poate că există, câteodată, influenţe genetice, dar felul în care el este coordonat ulterior de părinţi, de societate, are ca rezultantă Copilul, Adolescentul, Adultul care va deveni.

Nu ştiu ce s-a ales de cei care făceau asta cu mine şi nici nu mă interesează. Nu mi-am descoperit încă generozitatea şi deschiderea sufletească, nu mi-am descoperit acel Zen care să-mi permită să respir adânc şi să-mi doresc ca ei să fi avut un viitor frumos şi să fie împliniţi. Nu am ajuns în punctul în care să împărtăşesc iubire absolută în stânga şi în dreapta. Nu, tată! Eu am o rană deschisă aici... Simt că am aceeaşi revărsare de nervi ca în povestea cu profesorul Iancu, cel care „preda" sportul. Dar tot ce se tipăreşte, îmi asum! Eu, Mihai Valentin Octavian Bendeac, îmi doresc ca cel puţin trei dintre ei (care erau înspăimântători în manifestările lor asupra mea) să zacă în chinuri! Îmi doresc să se regăsească azi în căsnicii cu neveste ultra-supraponderale şi coafate prost, care put a transpiraţie şi care au renunţat la feminitatea lor după ce s-au măritat. Iar ei, ca bărbaţi, să fie îndeajuns de dizgraţioşi, încât să ştie că nu mai au nicio şansă la vreo femeie şi să fie nevoiţi să-şi ducă mai departe existenţa mizeră. Sper să trăiască prost. De la o zi la alta. Să resimtă nimicul, să ştie că sunt nişte gunoaie.

Asta simt. Asta spun. Asta urmează să transcriu. Asta urmează să apară în carte.

Am spus că mi-aş dori asta „pentru jumătate dintre ei", fiindcă ceilalţi mă băteau ca să nu fie bătuţi ei înşişi, la rândul lor. Asta este o constanţă a firii umane. În felul acesta, istoria a născut monştri. O să ofer un singur exemplu. Eugen Ţurcanu. Personaj oribil al temniţelor comuniste, simbol a ceea ce se numeşte azi „Experimentul Piteşti". La vremea arestării lui (din raţiuni politice), a decis să devină torţionar pentru a nu fi o victimă. Însă modul în care a acţionat ulterior merge mai departe de orice putere de imaginaţie a celor care realizează scenarii pentru filme horror la Hollywood. Vă sfătuiesc să citiţi povestea lui. Găsiţi informaţii pe internet.

Când eu eram în şcoala generală, din păcate nu existau oameni care să vorbească despre „bullying". Nu existau persoane publice precum Smiley, pe care-l apreciez enorm nu numai pentru asta, sau alţi câţiva care să aducă un pic de conştientizare asupra acestui fenomen. Nu cu multă vreme în urmă am văzut câteva imagini cu nişte fete care umileau şi băteau o altă fată. Imaginile au devenit virale în spaţiul online. Din păcate, nu sunt singurele imagini de acest gen pe care le-am văzut în ultimii ani. Vă dau cuvântul meu de onoare că tot ceea ce am în casă (obiecte vechi, mici statuete, amintiri) sunt lucruri la care ţin foarte mult, dar mi s-a întâmplat de câteva ori să am răbufniri înspăimântătoare atunci când, întâmplător, am auzit despre chestiuni de genul acesta şi, manifestându-mă incontrolabil, am spart şi am distrus câteva dintre ele.

Subiectul poveştii de faţă este extraordinar de sensibil şi este o traumă care m-a marcat profund. Dar m-a marcat nu doar în sens negativ. Ci şi în sens pozitiv. În momentul în care am început, pe la 15 ani, să-mi desfăşor în minte tot ceea ce a însemnat ulterior cariera mea, mi-am propus ca, indiferent ce se va întâmpla, eu să consider, într-un final, din punct de vedere mintal că, la sfârşitul vieţii mele, voi fi cel mai mare artist pe care l-a dat vreodată România. Nu ştiu dacă asta e ceva utopic, dar mi-am dorit mereu şi am urmărit mereu acest obiectiv pentru a demonstra tuturor celor care au făcut lucrurile despre care vorbesc aici, că le sunt mult superior...

Mi-aş fi dorit ca această destăinuire să aibă o latură pozitivă. Să vă arăt că sunt împăcat cu mine, că am ajuns la ceea ce suntem cu toţii - lumină Eternă şi Iertare. Nu mănânc rahat. Chiar cred cu toată fiinţa mea că asta suntem cu adevărat. Ce să fac dacă, deşi mă străduiesc secundă de secundă, încă nu am ajuns la asta? Deşi asta îmi doresc... De-aia mă desfăşor aşa vindicativ. Au fost 18 luni groaznice. Zic 18 luni pentru că atât a durat. De la jumătatea clasei a VIII-a s-a oprit totul. Brusc. Datorită mie...

Ultimele trei propoziţii rostite înainte de acest nou alineat (eu acum dictez, dar văd în perspectiva transcrierii în pagină) trădează o dorinţă subconştientă de a trece direct la final şi de a nu detalia. Vin puternic împotriva acestui impuls.

Îmi aduc aminte o chestie. Ceea ce mi se întâmpla în timpul zilei la şcoală îmi crea atât de multă frustrare şi indignare, îmi lovea aşa puternic orgoliul şi demnitatea încât de multe ori adormeam cu greu şi, deseori, mă trezeam în toiul nopţii plângând de nervi, cu senzaţia unui răspuns violent reprimat. Singurul lucru pe care puteam să mă răzbun era o batistă. Ce făceam cu ea? O trânteam plin de nervi pe unde apucam, prin camera mea minusculă. Acea batistă aruncată nervos în toate direcţiile camerei nu făcea niciun zgomot. Acesta era motivul pentru care mă descărcam aşa... Era singura soluţie pe care eu o aveam în acel moment, astfel încât să nu mă audă cineva, mai ales mama şi tata.

De ce nu le-am spus nimic alor mei? Poate pentru că mi s-ar fi părut umilitor să-ţi vină părinţii la şcoală cu o astfel de plângere, atunci când ai treişpe ani, într-o perioadă în care copiii se transformă în băieti, iar primele semne de testosteron încep să-şi facă apariţia. Te-ai fi simţit... "fătălău". Se simţeau, totuşi, primele semne de testosteron. Aş adăuga şi: primele semne ale oamenilor maturi în care se vor transforma acei copii...

Se întâmpla, din când în când, atunci când aveam ore cu profesori de care oricum mai toată lumea îşi bătea joc, să înceapă încă înainte de pauză să mi se trimită bileţele sau să mi se şoptească despre cât de rău urmau să mă bată...

Mi-e foarte greu să vă spun de ce s-a încheiat această treabă atunci când eram la mijlocul clasei a VIII-a. Nu am nicio explicaţie pertinentă. Pur şi simplu s-a întâmplat.

Mai târziu un pic, s-a petrecut ceva care avea să-mi schimbe şi mai mult percepţia. Am avut parte de o experienţă care m-a acoperit de o forţă de care nu mă ştiam capabil. După acea experienţă nu am mai avut astfel de probleme niciodată. Pesemne că întâmplarea a sădit în privirea mea o doză de „paharul e plin, hai să dansăm! Ori la bal, ori la spital!". Această mentalitate mi-a rămas întipărită până azi. Nu-mi place să mă implic fizic în violenţă dar, dacă mă atingi, poţi fi campion european la lupte libere. Găsesc ceva ascuţit şi-ţi înfig direct în inima. Sunt scurtcircuitat. Mi-a rămas ceva pe creier care reacţionează năprasnic la violenţa îndreptată asupra mea. Nu accept să mă bat. De-aia, într-un context violent, sunt periculos.

Căci odată atacat, evitând cu disperare bătaia, am impulsul de a închide repede lupta prin orice mijloc.

Nu numai că am avut această experiență, pe care urmează să vi-o redau, dar, după momentul în care am început să fac teatru în liceu, iar golanii și interlopii arondați liceului nostru (pentru că fiecare liceu avea niște golani și interlopi arondați) au venit la primul spectacol al trupei de teatru pe care eu am înființat-o în liceu, eram chiar un răsfățat al „sorții". Înainte de a reda întâmplarea aceea care mi-a schimbat viața, am de semnalat faptul că liceul pe care l-am absolvit, „Cuza", este liceul unde a fost filmată celebra peliculă „Liceenii". Taman acolo nu exista o trupă de teatru așa cum există, de altfel, în alte licee. Eu am înființat-o pe prima. Și sunt mândru de asta. Amărât sunt doar pentru că abia la doi ani după ce am absolvit eu s-a făcut o sală de festivități. N-am apucat să joc decât în clubul Sectorului 3, aflat în curtea interioară, într-un spațiu care era un fel de sală de clasă mai mare.

Hai că tot evit să povestesc. Acum o pot face. Am 37 de ani. Când s-a petrecut totul, aveam 15. Au trecut peste 20 de ani. Din punct de vedere legal, s-a prescris. Mă simt acoperit. Totuși, aș vrea să trăiesc într-o țară unde să mă simt protejat de lege și dacă s-ar fi întâmplat ieri.

Era iarnă. Clasa a IX-a. 1998. Nu-mi aduc aminte exact din ce motiv am rămas un pic mai mult la liceu, după ore. În drum spre casă, am întâmpinat un viscol pe placul meu. Ador genul ăsta de vreme. Aproape ajunsesem lângă stația de tramvai. Eram cu ochii după haitele de câini căci da, în București, efectiv te mâncau câinii de viu şi să mă pupe în cur ăia care nu recunosc meritul lui Băsescu în transformarea Bucureştiului în ceea ce este astăzi, când, brusc, au apărut în faţa mea doi indivizi. Doi vagabonzi. Unul înalt şi slab, celălalt un pic mai mic de înălţime şi mai îndesat.

Aveam la mine primul telefon mobil din viaţa mea. Nokia 6138. Îl ţineam legat de gât, într-o husă, sub canadiană.

M-au controlat prima dată în ghiozdan, apoi prin buzunare şi, uşor-uşor, au început să mă pipăie ca să vadă dacă am ceva sub canadiană. M-am ferit cu gândul la telefon, cu determinarea unuia care ar fi ţinut ascunse două kile de aur. Unul dintre ei a simţit ceva acolo, iar în momentul în care m-am dat într-o parte, am încasat un pumn ca plecat din tun şi apoi un picior, care m-au culcat la pământ. Nu mai primisem o palmă sau un picior din clasa a VII-a şi am retrăit, ca acel ipotetic film care-ţi trece prin faţa ochilor înaintea morţii, toată umilinţa din acea perioadă.

Când am picat pe caldarâm în urma loviturilor, am nimerit în dreptul unei cărămizi. Nu ştiu cine pusese acolo cărămida. Poate 46... Am mai primit încă un picior în coaste şi am ştiut că nu există decât două şanse: să fiu jefuit sau să dau o singură lovitură şi să fug. Ce nu ştiau ăia doi era că, pentru mine, a fi jefuit însemna mai mult decât a fi doar jefuit. Însemna că cedez în faţa a ceea ce mi s-a întâmplat în clasa a VII-a. Am apucat cu mâna dreaptă cărămida... Ştiţi cum am simţit-o în mână? Ca pe o batistă...

M-am întors extrem de rapid, m-am ridicat în picioare şi, cu o forţă ieşită din comun, am lovit cu cărămida direct în mijlocul capului unuia dintre cei doi vagabonzi. Cel înalt. Am mai apucat să văd o singură secundă. În acea secundă, sângele a început să-i ţâşnească din nas şi din ochi, ca dintr-un robinet. Ăla grăsuţ şi îndesat a rămas şocat. Lunganu' a căzut instantaneu, iar eu am luat-o la fugă fără să mai aştept tramvaiul şi am parcurs trei staţii cu o viteză care l-ar face pe Usain Bolt să crape de ciudă. Nu ştiu nici până în ziua de astăzi dacă ăla pe care l-am lovit a murit sau a intrat în comă. Un lucru ştiam. Nu erau dintre vagabonzii care se învârteau zilnic în jurul liceului.

Ziua următoare, dacă nu chiar două zile după aceea, m-a luat tata de la şcoală, seara, cu maşina. Sunt un om de nimic. Ştiţi de ce? Pentru că, dacă mă gândesc ce mi-aş dori acum, privind retrospectiv, ca ăla să fi murit sau să fi trăit, eu sper din tot sufletul la a doua variantă. Lunganul ăla slăbănog, cu acea figură malefică, un bărbat de cel puţin 25 de ani care în loc să muncească, în loc să aducă plus valoare acestei planete, jefuia un băiat de 15 ani, nu este o pierdere atât de mare.

Relaxaţi-vă! Acest capitol a fost negru. Şi crunt. Urmează şi clipe fericite în naraţiune. Dar această carte nu a fost scrisă nici cu scopul de a fi amuzantă, nici cu scopul de a fi tristă.

Trebuia să scriu asta. Morala? Nu cred că există neapărat vreuna. Dacă vi se întâmplă aşa ceva, oricine aţi fi, nu aşteptaţi. Scrieţi-mi mie, scrieţi-le profesorilor, părinţilor. Nu este ceva ruşinos. Nu voi sunteţi cei umiliţi. Umiliţi sunt ăia care fac asta. Pentru că ei acţionează ca nişte făpturi jenante. Azi există puterea de a-i face pe ei să se simtă penibili şi dizgraţioşi. Cineva ca mine are capacitatea de a nenoroci un "bully" printr-o singură postare. Curaj!

JURNALUL UNUI BURLAC

-PARTEA A TREIA-

În miezul misterului privind numărul 46 (despre care urmează un capitol special), să tot fie câţiva ani buni de atunci, am visat într-o noapte că cineva (o persoană pe care simţeam că o cunosc, dar nu reuşesc nici până astăzi să o identific) s-a uitat la mine, zâmbind, şi m-a întrebat: „Tu tot n-ai habar ce înseamnă 46?... Păi ce-o să se întâmple când o să ai tu 46 de ani?". Cu lentoarea specifică viselor, am căutat pe Google şi am determinat, lucru confirmat şi de calculul de a doua zi, după ce m-am trezit, că în anul 2029, când eu voi împlini 46 de ani, în România vor avea loc alegeri prezidenţiale. L-am întrebat pe tipul respectiv dacă despre asta este vorba. El mi-a zâmbit şi am trecut în alt vis. Ştiu că pare stupidă această povestire. O porcărie idealistă. Dar, indiferent dacă o acceptaţi sau nu, eu vă spun sub cuvânt de onoare că voi fi un preşedinte bun, că voi creşte punctul de pensie cu 30%, alocaţiile pentru copii se vor...

V-aţi speriat?

Hai că nu sunt chiar aşa nebun.

Cum să crească la 30%?! Va creşte la 40%!

Culmea e că, încă de la o vârstă fragedă, mă jucam, din când în când, de-a preşedintele. Iarăşi, nu mă întrebaţi de ce.

Ştiţi ce mi-a trecut acum prin minte? Nu are legătură cu nimic din ceea ce discutăm aici, acum. Mi-a trecut prin minte felul în care am ratat acum ani de zile experienţa Ayahuasca din cauza faptului că nu aveam râşniţă în casă...

Buuun... După această paranteză absurdă, să revenim. (Facepalm).

După ce am avut visul ăsta cu prezidenţialele din 2029, mi s-a năzărit ideea, mai mult în glumă, evident, că eu, fiind un burlac din ce în ce mai notoriu, aş putea să mă scald în ideea de a nu căuta Femeia Ideală. Eu trebuie să găsesc o Primă Doamnă! Haide, nu vă daţi o palmă peste cap. Sau... de ce? Puteţi să vă daţi! Nu, chiar vă rog să vă daţi o palmă. Aceasta ar fi o reactivitate. Iar o reacţie din partea unui cititor semnalează existenţa unei trăiri vizavi de opera literară pe care o parcurge. Semnalează faptul că lectura i-a născut o reacţie, o emoţie. Deci, nu citeşte ceva mort. Mai există câteva elemente care duc spre o din ce în ce mai pronunțată imposibilitate de a-mi uni destinul cu cel al unei femei. (Dacă, prin absurd, aş ajunge să-mi doresc asta). Aş avea de luat în calcul prea multe întrebări.

1. Contează în relaţia cu mine enorma publicitate de care s-ar bucura chiar şi împotriva voinţei mele?

2. Ar avea vreun interes material, având în vedere faptul că nu sunt chiar un sărăntoc?

3. O interesează poziţia socială conferită de acest statut?

4. Este cu adevărat atrasă de mine sau este atrasă de o imagine publică?

5. Îşi poate asuma faptul că nu am putea locui în permanenţă împreună din cauza faptului că între creativitatea mea şi însingurare există o relaţie de interdependenţă?

6. A acumulat îndeajuns de multe cunoştinţe, şi-a îmbogăţit îndeajuns mintea astfel încât să nu mă plictisesc vorbind cu ea?

7. Este ea o femeie care merită promovată în ochii altor femei? Căci, cu voia sau fără voia ei sau a mea, devenind partenera unui burlac absolut (cu notorietate în acest sens) ar deveni extrem de studiată şi discutată. Ori această chestiune chiar mă încarcă de ceva care nu-mi dă linişte. Dă naştere unui soi de responsabilitate tâmpită.

Lista poate continua. Nu vreau să vă plictisesc.

Nu vă mint când spun că, fără doar şi poate,

în această perpetuă stare sentimentală care pe Facebook ar fi bifată ca „single”, mi-am făcut adnotări încercând să definesc „eternul feminin”. În acest parşiv scop, uneori conştient, alteori deloc conştient şi lăsându-mă dus de val, am întâlnit o multitudine de tipologii feminine, mergând, adeseori, de la o extremă la cealaltă.

În acest al treilea episod din miniseria despre viaţa intimă a unui umil burlac, am să prezint, foarte pe scurt, şapte exemple de tipologii. Sper că v-aţi obişnuit cu faptul că folosesc iniţiale pentru protejarea identităţii.

1. Cu I. m-am văzut de câteva ori. Îmi oferea statutul de amant. Avea un prieten tâmpit, dintr-o familie bună, care era căzut în admiraţia ei şi exagerat de gelos. Aş vrea să remarc un lucru, dacă tot mi s-a oferit ocazia. În majoritatea ocaziilor în care am avut statutul de amant, iubiţii/partenerii/soţii femeilor respective erau, în mare parte, „muci în freză după ele”, geloşi, dependenţi şi posesivi. Poate că asta ar putea să reprezinte o lecţie... Ce mă excita la I. era faptul că, în timp ce făceam dragoste, îl suna, din când în când, pe numitul F., logodnicul ei. Nu mă judecaţi pentru asta. Cu riscul de a mă repeta, nu sunt responsabil nici pentru relaţiile altora, nici pentru prostia unor bărbaţi...

2. L. mi-a oferit prilejul de a mă răzbuna într-un mod absolut satisfăcător. Soţul ei, având locul de muncă oarecum în presă, a comis o nemernicie la adresa mea. O nedreptate profundă cu singurul scop de a face un articol viral. Fără orice urmă de bun-simţ sau conştiinţă. Un jegos care s-a culcat cu capul

pe pernă după ce a mâncat o pâine murdară, fără să-i pese de consecinţe. Prin metode demne de un serviciu de informaţii, m-am nimerit într-o conversaţie cu iubita lui soţie, am ajuns în ipostaze intime şi am filmat pe ascuns, astfel încât eu să nu pot fi identificat în imagini. I-am trimis soţului mesajele cu filmările explicite fix în Ajunul Crăciunului. Pentru că „de Crăciun fii mai bun, fii adevărat!". Mă căiesc acum pentru această faptă. Mint. Nu. Nu mă căiesc. Jegul ăla uman era un gunoi. Genul de infect care se scoală de dimineaţă şi se pune în faţa laptopului ca să inventeze articole clickbait despre moartea unor persoane publice care, de fapt, n-au murit. Identificaţi genul? Iar pe ea nu o plâng. N-am făcut niciun pas înspre dumneaei. I-am zâmbit de câteva ori şi a ridicat coada. Deci nu e ca şi cum jegul ăla avea lângă el stabilopodul iubirii vieţii sale de căcat cu ochi. Să privim pozitiv. Sunt şi azi împreună. Ura!

3. Am avut o scurtă şi intensă relaţie cu A., o actriţă de filme porno, celebră la momentul acela. Parţial labagiu, ca orice bărbat (nu vă mai daţi, bă, ce nu sunteţi) eram, dincolo de atracţia reală faţă de ea ca femeie, curios să aflu ce se ascunde în spatele industriei. Mi-a povestit câteva lucruri senzaţionale. Vedeţi ce face lipsa de timp şi dorinţa de a scrie o carte cu cel mult 300 de pagini? Încă o mulţime de lucruri pe care vi le-aş putea relata. Geniale, credeţi-mă! Vă frustrează asta? Dar pe mine?! Ca şi femeie, A. era... Cum să vă spun eu... Când făceam dragoste nu avea nicio legătură cu peliculele în care apărea. Făcea dragoste cu ochii închişi, era ieşit din comun de sufletistă şi iubitoare. Când o vizitam în apartamentul ei din Vitan, mă aştepta cu nenumărate feluri de

mâncare (gătite senzaţional), cu baia plină de spumă şi cu un sentiment de acasă în ochi. Nu ştiu dacă din cauza relaţiei cu mine, chiar într-una din acele luni în care ne-am întâlnit, a renunţat la filmele porno. Ştiu doar că A. este un episod relevant din construcţia mea mentală despre „eternul feminin". Şi ştiu că rar mi-a fost dat să întâlnesc pe cineva cu asemenea disperată nevoie de iubire...

4. S. era manager la una dintre cele mai importante agenţii de turism. Avea destul de mulţi oameni în subordine. Stilul ei vestimentar îl pot caracteriza ca sexy-banal. Era superbă oricum. Avea silicoane puse cu bun gust. Ceea ce rar întâlneşti căci, de multe ori, silicoanele sunt puse în contradicţie totală cu trupul femeii respective. În general, multe dintre intervenţiile estetice se află, ca şi rezultat, în neconcordanţă totală cu modul în care este genetic construită tipa. Fundul, sânii, buzele, pometii trebuie ajustate în concordanţă cu trupul posesoarei. Dar S. îşi făcuse intervenţiile la un medic bun. Pe lângă silicoanele cu bun-simţ şi firesc gândite, avea în posesie foarte puţin acid hialuronic în buze (la fel, fără exagerare), dar şi un fund bombat în mod absolut natural. Mai presus de toate, era deosebit de inteligentă. Mă futea exemplar. O dată s-a întâmplat chiar în agenţie, în biroul ei. Acest gen de femeie, o femeie obsedată, la rându-i, de carieră, m-a însoţit de multe ori. Mai ales în perioadele în care doream să mă simt comod şi să-mi văd, în rest, doar de muncă. Acestea au fost acele "friends with benefits" supreme.

5. N. reprezintă un ideal. Interacţiunea dintre noi s-a produs după numai două întâlniri. Una în

America, pe vremea când încă mai mergeam cu avionul, și alta, în România. De întâmplat ceva mai intim, s-a întâmplat doar în România. Iar acel „ceva”, care se dorea a fi extraordinar, s-a dovedit nereușit. Mă refer la sex. A fost unul dintre acele momente când ești în pană, ca bărbat. Orice bărbat are momente când nu i se scoală ca lumea, când e stânjenit, când nu poate performa. Asta s-a întâmplat din cauza mea. Eram relativ subjugat de forța incomensurabilă a acestei femei, căzut în fascinația ei și nereușind să o văd ca pe o femeie ci, mai degrabă, ca pe o ființă superioară, ca pe un mecanism perfect din punct de vedere profesional și uman.

Vreau să știți că vorbim despre cineva cu un talent uriaș în business. O persoană cu o determinare pe care doar Messi sau Ronaldo o mai au (dintre persoanele cu mare notorietate. Am vrut să dau un exemplu pe înțelesul oricui.) Fata asta a reușit să creeze, dintr-o afacere de câteva milioane de dolari, un imperiu de câteva miliarde.

Nu m-a deranjat că nu a existat și o împlinire sexuală între noi doi. Ce am învățat de la ea, scrisorile pe care mi le trimitea și pe care le mai păstrez și azi, micile cadouri pe care le primeam, toate erau menite pentru a mă ajuta să mă organizez din ce în ce mai bine. Talentul ei suprem era propria organizare. Pasiune pe care o împărtășeam. Toate acestea mă determină să o plasez pe primul loc în ceea ce ar însemna o posibilă parteneră pentru un bărbat. În acele scrisori și în restul comunicării noastre, avea un dar extraordinar de a mă încuraja. O plasez pe N. într-un clasament de tipul „Top trei femei inteligente pe care l-am întâlnit în această viaţă". Ar fi acolo alături de managera mea, Monica, şi de diabolica producătoare de montaj a show-ului iUmor, Andreea Oagana.

Orice contact cu N. s-a încheiat în momentul în care, excedat de tot ceea ce învăţasem de la ea, de ceea ce ea reprezenta din punct de vedere uman, spiritual şi profesional, i-am făcut un cadou la care ţineam foarte mult. O pereche de epoleţi vechi ai bunicului meu, colonelul Bendeac. După ce ea s-a întors în Statele Unite, am primit o filmare de pe un mail random, în care un tip căruia nu i se vedea faţa ardea cei doi epoleţi. În corpul mesajului îmi transmitea că „în cazul în care mai ajung vreodată pe tărâm american, o să mă împuşte". Ce mi se pare cu adevărat trist este că, speculez, poate, acest individ o controla un pic pe N. Cea mai puternică femeie pe care eu am cunoscut-o în întreaga mea existenţă era sub imperiul controlului unui dobitoc. Şi asta e o altă lecţie... Totuşi, cum a aflat ăla povestea şi adresa mea de mail?...

6. Sigur, de altă factură, G. Poetă! Şi nu orice fel de poetă. O poetă cu talent, îmbrăţişată de multe cercuri literare, considerată un mare talent al tinerei literaturi şi care, am descoperit eu, îşi trăia sexualitatea dincolo de orice graniţe ale poeziei. Năprasnică şi pasională. Şi, acum urmează partea cea mai importantă, între partidele noastre de sex, discuţiile erau dintre cele mai interesante, atingând filosofie, dogmatică, istoria literaturii şi multe altele. G. chiar ar fi fost o pretendentă pentru titlul de „Prima Doamnă"...

7. L. aparţine trecutului relativ recent. Ne-a făcut cineva cunoştinţă şi, prima oară când ne-am întâlnit, am ştiut că ea face videochat într-un apartament tot de pe Unirii şi, nu numai atât, situat chiar în blocul în care eu locuiesc. Ca să nu merg cu mâna goală la întâlnirea care avea să aibă loc la o terasă de vizavi (intermediată, ca participant, de cunoştinţa noastră comună), i-am dus cadou o carte. Aşa am simţit. Pe acea carte am scris o dedicaţie: „Îmi pare rău. N-am avut timp să trec pe la florărie". Atât. Ne-am întâlnit, i-am oferit cartea, am ajuns la terasă.

N-a trecut mult timp după ce am ajuns acolo până când, pe aleea de lângă taerasă, plimbându-se pe malul Dâmboviţei, au trecut doi tineri. M-au văzut, s-au întors din drum şi, după vreo 10 minute, au revenit cu o mare găleată plină de flori. Mi-au spus că sunt managerii unui lanţ de florarii şi, văzându-mă acolo, s-au gândit să se întoarcă din drum, să meargă până la florărie şi să aducă un buchet de flori. Raportându-mă instantaneu la dedicaţia de pe carte, mi s-a părut o întâmplare... magică. (Serios, a câta oară apare cuvântul ăsta în carte?).

Mai târziu, am ajuns la mine acasă şi, nu după multă vreme, s-a pornit un cutremur. Ultimul cutremur mai mare petrecut în Bucureşti. Acum vreo doi ani. Acest semn mi s-a părut că vine să îl completeze pe cel cu dedicaţia şi florile. Gândind astfel, am simțit un magnetism instantaneu faţă de ea.

Ne despărţeau vreo 16 ani. Din punct de vedere fizic, era fix pe gustul meu. Sâni nu foarte mari, dar care se potriveau perfect cu trupul, deloc slăbănoagă, perfect voluptoasă, relativ minionă, brunetă.

Locuind şi în acelaşi imobil, aş fi avut posibilitatea să mă văd oricând cu ea în momentele în care n-aş fi avut nevoie de singurătate. Să ne uităm la un film, la un documentar, să gătim împreună... Căcaturi d-astea de care până şi eu mai simt nevoia, din când în când. Îmi puteam pune în practică şi sindromul Pygmalion... Totul era bine.

Dar ceva a blocat toată această construcţie. A durat foarte puţin. Din cauza minţii mele. Din cauza a ceva ce cred cu toată fiinţa că era pur şi simplu fals. Ea a încercat să-mi explice în toate modurile cu putinţă că e un blocaj care nu se bazează pe ceva real. Şi aşa era. Dar nebunul nu riscă. Dacă nebunul simte că 0,000000001% există posibilitatea să fie ceva într-un anume fel, acolo se va concentra. Ce s-a întâmplat? O tâmpenie autoindusă.

Nu îmi mai puteam lua gândul, deşi primele interacţiuni fuseseră foarte faine din punct de vedere sexual, de la faptul că totuşi ocupaţia ei diurnă consta în a excita alţi bărbaţi şi a depune în acest sens nişte eforturi sexuale intime care implicau manevrarea manuală intensă a vaginului. Îmi intrase în cap că orice iniţiam era o prelungire a muncii de la videochat. Că are şi vaginul ăla nevoie de concediu. Cât să fie atins? Ea nu numai că a negat, dar s-a simţit revoltată şi a încercat să-mi demonstreze că nu este aşa. Cu cât încerca să-mi demonstreze mai mult, cu atât mai mult creştea în mine această idee. Creştea precum coca. Care Coca? Despre C. nu mai am timp să vorbesc.

Mai am timp, în acest capitol, doar să concluzionez. Mă uit în oglindă şi zic: „M-am cam plictisit".

Orice posibilă nouă întâlnire îmi repugnă. Nu mai am răbdare. De asta, atunci când simt nevoia de apropiere fizică, când simt nevoia de o noapte de dragoste, prefer cunoştinţe vechi. "Fuck buddies" din trecut. Ceva care să-mi fie confortabil. Sunt într-un punct...

OK! Serios acum... Nici nu contează prea mult în ce punct sunt. Nici pentru mine însumi nu contează. Mi s-ar părea normal să conteze. Să mă intereseze. Să se trezească ceva în mine care să zică „Ce vrei, bă?". Poate aşa ar trebui. Dar uite că nu contează aşa de mult. Oi fi nesimţit.

Parcă cel mai dor îmi e să ies iar în club, să mă îmbăt, să chefuiesc şi să mă las dus de val cu o doamnă sau domnişoară care nu are un plan mai bun pentru ea însăşi în noaptea aia.

Sunt incorigibil (?).

AFACERILE FAMILIEI

Ocupațiile familiei mele din ultimii 30 de ani în ceea ce privește activitățile aducătoare de bani în casă au reprezentat o serie de afaceri, multe dintre ele destul de pitorești. Dacă tata a continuat până în ziua de astăzi să lucreze în aparatul de stat ca bugetar, mama a fost cea care s-a ocupat de aceste businessuri care ne poziționau, din punct de vedere social, ca mici întreprinzători. Cât de mici, judecați domniile voastre.

Înainte de a enumera câteva dintre ele, vreau să mă refer la relația pe care am avut-o întotdeauna cu banii. Probabil că, pe lângă mama ori tata, cea mai îndreptățită persoană pentru a confirma prezenta mărturisire este managera mea, Monica Munteanu. O cunosc de multă vreme, dar interacțiunile noastre s-au rezumat la momente în care ne întâlneam în același grup, prin diverse locaţii de destrăbălare nocturnă, unde se petreceau beţii legendare. Manager mi-a devenit de relativ puţină vreme.

Mai toată cariera nu am avut aşa ceva. Iar de tot ce înseamnă contracte, finanţe şi acte s-a ocupat doar tata. Tot el se ocupă şi de această parte birocratică a afacerilor familiei. Mama era cu munca de teren. Manager, însă, cu tot ceea ce implică asta, de la PR la intermediere sau consiliere pe chestiuni ce ţin de carieră, nu am avut. Am urmat ce mi-am propus şi m-am ghidat după instinct. Monica nu a devenit doar managerul meu. (Un manager, de altfel, al naibii de bun, poate cel mai bun din România.) A devenit, sărmana, după caz, şi psihologul meu. Un adevărat punct de sprijin. Mereu preocupată în a mă susţine, a mă încuraja, a avea grijă cu foarte multă căldură de echilibrul meu fragil şi luând absolut tot în grija ei, ca eu să nu am altceva în minte decât creaţia.

Monica mi-a devenit un fel de soră pe care nu mi-am dorit-o, dar pentru care sunt recunoscător lui Vasile.

Habar n-aveam câtă nevoie am de un astfel de om. Ea ştie şi poate depune mărturie, apropo de relaţia mea cu banii. Ştie că prefer să mă gândesc la piesele mele de teatru sau la idei pentru scenarii şi nu vreau să-mi ocup timpul cu orice înseamnă eveniment public sau privat din care să rezulte câştiguri materiale semnificative. Sărac nu sunt. Dar, dacă de-a lungul timpului, aş fi mers la astfel de evenimente care acoperă o întreagă arie - de la nunţi, botezuri, petreceri private până la zile de oraş - aş fi câştigat de cel puţin 10 ori mai mult decât am câştigat. Reclame nu accept decât foarte greu. Doar în cazul în care îmi place compania respectivă şi/sau dacă este vorba despre produse, servicii pe care eu însumi le utilizez. Peste toate acestea, am şi pretenţia ca întregul concept al spoturilor să-mi aparţină.

Vai! Au, mama mea care m-ai făcut! (Deşi, în prima instanţă, nu a vrut să mă facă, dar na... Nu toate chiuretajele reuşesc.) Am avut această exclamaţie fiindcă simt că îmi pierd pentru câteva secunde controlul. Observaţi că ideea exprimată înainte de ultimul alineat se termină abrupt după treaba cu spoturile. De ce? Fiindcă mi s-a ridicat părul pe spate. Nu de la spoturi mi se trage. Ci de la bani... Urticarie pe cerebel am când vine vorba despre acest subiect. Ştiam că se va ajunge la el şi o să-mi pierd controlul. Jur că intru imediat în povestea afacerilor familiei. Răbdaţi-mă numai oleacă să-mi zic „oful". Păzea că mă pornesc! Respir adânc şi... MĂ ÎNGREŢOŞEAZĂ orice formă de afişare ostentativă a bunăstării materiale. Există inclusiv persoane foarte apropiate de care m-am îndepărtat fără niciun regret când au căzut pe această pantă. Nu dau nume... Încerc să promovez cât pot ideea că ce gândeşti, ce simţi, ce transmiţi când, metaforic, eşti dezbrăcat de ţoale şi deposedat de orice bunuri, sunt lucrurile care te definesc a fi sau a nu fi interesant. (Hamletian eu, aşa un pic, nu?)

Când porţi un tricou pe care scrie mare şi citeţ „Balenciaga" sau „Gucci", tu spui ceva. Comunici ceva. Ai fi putut alege să-ţi foloseşti corpul ca şi stativ umblător pentru orice mesaj. Dar tu ai ales ca pe tine să scrie „Balenciaga", „Versace", „Gucci"... Nu ai făcut asta pentru a-ţi arăta şi a împărtăşi oamenilor admiraţia sau respectul pentru aceste case de modă sau pentru istoria lor. Tu ai ales în locul unui tricou de 30, 40, 50, hai, 100 sau chiar 150 de lei, un tricou de câteva sute de euro pentru a urla din toţi rărunchii „Am bani!", fără să te gândeşti măcar o secundă la faptul că cei de la sus numitele case de modă, unde lucrează, de altfel, oameni foarte talentaţi, creează şi opere de artă! Iar aceste obiecte vestimentare pe care scrie mai mult decât citeţ numele companiei lor, reprezintă o modalitate de a câştiga de pe urma unora care sunt dispuşi să plătească sume enorme doar ca să se transforme în panouri publicitare, în oameni sendviş pentru businessul lor.

Există şi întâlnim la tot pasul materiale promoţionale: pixuri, şepcuţe, brăduleţi mirositori, inscripţionaţi cu diferite branduri... Ele se oferă gratuit! În scopuri comerciale, de promovare. Să-ţi hrăneşti în aşa hal dorinţa de a epata, de a parveni şi a fi dispus să plăteşti cu timpul tău (căci banii pe care îi câştigi sunt o remuneraţie pentru timpul acordat într-o anume activitate) un tricou imprimat cu afacerea unora, este ceva care îi face, în mod clar, pe şefii acestor companii să râdă în secret şi cu curul de tine. Gata! M-am răcorit. Pot să primesc un milion de înjurături, mă doare la bascheţi. Decât să trăiesc cu gândul că nu m-am descărcat...

Şi, acum că m-am înveselit şi mi-am reconfirmat respectul pentru onestitatea proprie, cea fără de preţ, am să vă fac o descriere cât pot de plastică a afacerilor familiei mele. Când am scris mai devreme „şi cu curul de tine" mi-a venit în minte celebra napolitană cu cacao „Koukou Roukou". Era şi o reclamă cu un cântecel: „Cucu Rucu, bun şi dulce/Doar cu cremă de cacao!”... Şi nu minţeau. Crema era cam de cacao, dar napolitana, per total, bună. Napolitane „Koukou Roukou”, cornuri cu ciocolată şi vanilie, ţigări, pâine, gumă, lipici, cretă, diode, făraşe, papiote, chips-uri, dar şi multe altele aţi fi putut achiziţiona de la rulota pe care ai mei au deţinut-o de prin 1995 la Piaţa Râmnicu Sărat. Taică-meu a văzut într-o duminică, la târg, nişte rulote comerciale. Se putea obţine aprobare destul de uşor pentru ele. Astfel, s-au gândit să achiziţioneze una şi au montat-o în intersecţia sus-numită.

Înainte de asta, făcuseră nişte bănuţi în urma unei acţiuni pe care eu o consider mai degrabă amuzantă. Tata a descoperit în „Anunţul Telefonic” următorul mesaj: „Vând scaune de lemn. Diferite modele”. Împreună cu cel mai bun prieten, tata s-a dus să vadă scaunele. După ce le-a văzut, a luat legătura cu un italian. Tata nu-l cunoştea. Dar citise, în acelaşi ziar, la rubrica de „Cumpărări” un alt mesaj: „Achiziţionez orice fel de mobilier”. Anunţul italianului era, repet, în aceeaşi publicaţie, „Anunţul telefonic”, numai că la altă rubrică. Ăla cu scaunele dăduse anunţ la „Vânzări” şi italianul la „Cumpărări”. Practic, taică-meu şi prietenul lui au cumpărat scaune de la cel din primul anunţ şi le-au vândut italianului din al doilea anunţ.

Voi realizaţi cât trebuie să fi fost ăia de tâmpiţi? Mă refer la vânzător şi la cumpărător. Dacă ăla care vindea scaunele s-ar fi uitat la secţiunea de „Cumpărări” sau invers, ar fi câştigat şi unul şi celălalt mai mult decât au câştigat, plătind un intermediar, absolut întâmplător, al cărui merit a fost faptul că a citit un ziar de la titlu până la ultima literă. Prima dată au cumpărat 200 de scaune, căci nu le venea să creadă. S-au dus cu ele la italian şi, spre şocul lor total, ăla a plătit pe loc şi a întrebat: „Mai aveţi? Cumpăr oricât!". Celor doi proaspeţi afacerişti, tata şi nea Costică, le-au făcut ochii în cap ca la păcănele. S-au întors la ăla care vindea şi au mai cumpărat 500, gândindu-se că 500 ar reprezenta acest „oricât" enunţat de italian. Italianul le-a cumpărat, din nou, pe loc, cu banii jos, şi a întrebat: „Nu mai aveţi?". Să leşine tata şi alta nu. Ei deja câştigaseră la această intermediere aproape un Logan, în banii de azi, în decurs de trei zile.

A fost prima şi ultima oară când în familia mea s-a câştigat uşor vreun ban. Ce nu înţeleg eu e altceva... Ce era cu italianul ăla, nene? Italienii ăştia stau toţi numai în cur? S-a dat o lege la ei că nu mai ai voie în picioare? De unde aşa nevoie urgentă de scaune? S-au întors ei la vânzător dar, cu regret, au fost informaţi că acesta nu mai avea niciun scaun. Mă refer la mobilier. Să nu înţelegeţi că ar fi dezvoltat ăla, săracul, un anus împotriva naturii sau suferea de o constipaţie. Mi-a zis tata că a aflat, ulterior, despre cum tipul ar fi fost dependent de jocuri de noroc, un mare cartofor care vindea tot ce îi rămăsese pe stoc de la o fostă fabrică de mobilă.

Chiar şi aşa, tata şi prietenul său au rămas cu o sumă care le-a permis să ia în locaţie de gestiune un magazin pe care tot mama l-a administrat şi unde se vindeau feţe de masă, cuverturi de pat şi tot felul de lucruri din pânză. Asta n-a durat prea mult şi atunci a apărut rulota. Mama mergea ba cu tataie, ba singură, ba cu mine la un en-gros care se numea „Flora". De acolo cumpăra şi napolitane, şi cornuri, şi lipici şi diode... Cărându-le apoi în Dacia noastră break. După această rulotă, a mai apărut încă una, la Dristor. Deci, şi-au dublat cifra de afaceri! Aveau două rulote. Deşi aceste două rulote aduceau o situaţie financiară care să-ţi ofere strict o viaţă tot cumpătată, dar fără mari lipsuri, eu mă simţeam un fel de Ion Ion Ţiriac. La un moment dat, s-au interzis rulotele...

Daaar.... Au rămas permise chioşcurile şi alte unităţi înfipte în pământ. Adică nu puse pe cric. Ai mei au descoperit oportunitatea de a face o patiserie tot la Dristor, pe locul uneia dintre cele două foste rulote. Ar fi trecut de la două locaţii la una singură, e drept. Însă una şi bună! Înfiptă în asfalt! Jos cricul! Trăiască chioşcul! Din perioada aceea, ca şi copil de patroni ai unei mici patiserii, îmi amintesc cel mai bine o senzaţie olfactivă, mai degrabă decât una sufletească. Maică-mea stătea acolo mai toată ziua şi nu mi-a ieşit nici până astăzi mirosul de merdenele din nări. Mama mirosea a merdenele, tata mirosea a merdenele, hainele miroseau a merdenele, banii pe care îi aveam de buzunar pentru un sandviş şi un suc, la şcoală, casa noastră mirosea a merdenele, perdelele din apartament miroseau a merdenele... Domnilor, VIAŢA noastră mirosea a merdenele!

Eu, la început, m-am bucurat. Pentru că mie-mi plac foarte mult merdenelele. Vreo lună de zile am mâncat câte cinci-şase pe zi! Dar, de la un punct încolo, nu mai puteam să mă ating de ele, nu mai voiam să le văd, darămite să le mănânc. Îmi era greaţă de ideea de aluat cu brânză. Era ca în bancul ăla vechi cu tipul care lucra opt ore pe zi într-o fabrică de parfumuri şi, când ieşea de la program, urla: „Daţi-mi să miros nişte căcat!”.

Ce credeţi, stimaţi spectatori şi telespectatori? A venit, într-un final, momentul în care şi chioşcurile sau construcţiile de genul acela au fost puse la pământ. Ceea ce era normal, obiectiv vorbind. Bucureştiul începea, cătinel, să se modernizeze.

Mama şi tata s-au sfătuit şi au luat în chirie un spaţiu în Centrul Vechi. Un spaţiu care era un pic mai sus decât ideea de chioşc. Totuşi, o construcţie adiacentă clădirilor monument istoric de acolo. A fost şi ea dărâmată, până la urmă, dar abia după doi ani. Construcţia asta provizorie, având aprobare de funcţionare încă validă, le-a permis alor mei să deschidă o covrigărie. Făceau covrigi. Cu susan, cu seminţe, cu sare... Îmi vine să zâmbesc pentru că asta se întâmpla când eu eram în facultate, la Casandra, în anul IV. Care era situată tot în Centrul Vechi. Şi jucam deja la Teatrul de Comedie. Aşa că, fiind în zonă mereu, am hrănit o vreme cu covrigi pe toţi colegii. Cam astea au fost aventurile comerciale ale familiei mele. Tata a continuat să lucreze ca bugetar, însă mai apoi a ajutat-o pe mama cu ceva, peste orice altceva. Povesteşte ea în conversaţie.

Mai e ceva ce-mi doresc să remarc.

Din partea de familie a mamei mele, spiritul întreprinzător a existat din generaţie în generaţie. Străbunicul, pe care l-am prins doar vreo şase ani, printre altele, cât nu a fost plecat la război, a umblat cu căruţa şi vindea găini. Se numea că era găinar. Bunicul l-a cunoscut pe tatăl lui abia pe la 9 ani. Străbunicu’ plecase pe front când tataie era mic și s-a întors când avea, cum vă spuneam, 9 ani. Îmi povestea tataie că, atunci când a intrat pe poartă, străbunica mea i-a zis: „Gogule, ăsta e tac-tu!”. Bunicul era confuz. Nu avea conceptul. Credeau că e mort.

Sunt dator cu o mențiune, dacă tot am ajuns la tataie Gigi, despre care v-am spus povestea cu nutriile. Am aflat de la tata, între timp, că toată carnea de nutrie o ducea la țară, unde o consuma fix străbunicul. Care abia aștepta, nu alta! Îl lua de la intrare: „Ai adus, bă, nutră d-aia?”. Nu știa să spună „nutrie”. Așa cum străbunica nu a reușit, până a murit, să pronunțe „teleenciclopedia”. A încercat mama, în copilărie, s-o învețe să pronunțe cuvântul, apoi am preluat eu, în copilăria mea. Am încercat toate posibilitățile. O luam pe bucăți, din ce în ce mai mici, și o puneam să repete. „Te!” „Te!” „Le” „Le!” „Enci!” „Enci!” „Clo!” „Clo” „Pedia” „Podia!” „PEDIA, NU PODIA!” Așa arătau multe momente cu ea. N-a reușit să pronunțe niciodată cuvântul. Cel mai des ieșea „Telinciclopodia” sau, în cele mai fericite cazuri, „Telenciclipodia”... Poate părea amuzant. Da... În primele 10 minute era amuzant. Apoi, realmente, e în natura omului să-și pună ambiția: „Stai, bă! Nu pot eu să fac pe cineva să pronunțe un cuvânt?!”

Știți deja, dacă ați citit toate capitolele de până acum (ceea ce vă face niște eroi ai răbdării), că tataie Gigi avea un spirit „antreprenorial”. Strateg desăvârșit al ideii „cu ban pe ban se fac banii”, comerciant din convingere și fără năzuințe de progres. Și-a prelungit viața până la o vârstă respectabilă, ocupându-și mintea și timpul realizând mărunțiș din colectarea și revânzarea, pe un banal trotuar din Sectorul 2, a fel de fel de vechituri și nimicuri. Spun că „și-a prelungit viața" nu din considerente financiare, căci aveam capacitatea, ca familie, să le asigurăm un trai lipsit de griji. Ci din considerente care țin de dorința de a fi util așa cum credea el. Am încercat să-l îmbiem cu altfel de activități. Nu s-a putut. A trebuit să renunțăm. Era vorba despre el. Așa voia, așa făcea! Ne-am dat seama că, atâta vreme cât îl făcea fericit, de ce ne-am pune împotrivă?

A apărut, în urmă cu ceva ani, un articol într-un tabloid în care se statua că eu îmi las bunicul în mizerie, acesta fiind obligat să comercializeze de la capete de păpuși până la șuruburi curățate de el, pe balcon, în timp ce eu câștig sume „remarcabile" din activitățile mele artistice. Articolul acesta m-a îndurerat. Am făcut chiar un fel de ședință în familie. Am avut și o discuție cu el. În urma acelei discuții m-am convins că, dacă eu i-aș fi pus pe masă 2 milioane de euro sau dacă, deși nu juca, ar fi câștigat la 6 din 49 vreo 10 milioane de euro, a doua zi ar fi fost tot acolo, vânzând vechituri. Cu banii bine puși la saltea, tot mai încerca să mai adune câte 30-40 de lei pe zi. Asta îl ținea în viață. Asta îl făcea să se simtă bine când ne dădea bani fiecăruia dintre noi, cei din familie, la anumite sărbători. Avea un cult pentru asta. Să fie „de noroc". Așa zicea...

***

– Primii bani pe care i-ați făcut tu și tata, după Revoluție, în calitate de „privatizați"...

– Daaa... Mari „privatizați" ce eram noi...

– ...pe lângă treaba cu scaunele, a fost afacerea cu cizmele.

– Ce afacere, Mihai, mamă? Luam cizme de la o fabrică din Bucureşti şi mergeam cu ele la Cluj.

– De ce la Cluj?

– Acolo erau mai mulţi oameni cu bani din cauza Caritas-ului. În prima fază, Stoica ăla a plătit unui număr de oameni, exact cum a spus, de opt ori suma investită.

– Asta ca să câştige încrederea populaţiei.

– Normal... Şi primii au fost cei care locuiau în Cluj. Abia apoi au început oameni din toată ţara să meargă acolo şi să stea cu zilele la cozi, să-şi depună economiile, săracii de ei. Ce vremuri... Ce şarlatanii se comiteau... Ei, eu şi taică-tu umpleam break-ul nostru Dacia cu cizme şi ne puneam la drum. Poţi să crezi că nici nu apucam, în majoritatea situaţiilor, să intrăm în oraş?

– În Cluj?

– Da. Opream undeva şi dădea lumea buluc să-şi ia cizme. N-a durat mult. Câteva luni. Dar am strâns ceva bani încât să ne permitem să deschidem rulotele.

– Am povestit. Însă afacerea supremă, este, de departe, cabinetul stomatologic.

– Nu pot să o văd ca pe o afacere, deşi îmi câştig existenţa din ea. E mai mult decât atât... Dar, înainte de cabinet, printr-o conjunctură la care nu mă aşteptam, am fost rugată de directoarea şcolii unde Andrei era în clasa I, să preiau administraţia programului de after-school. Acolo erau înscrişi 115 copii. Mă ocupam de tot ce ţinea de hrana copiilor,

de încasări, cotizaţiile de la părinţi, cheltuieli, acte, organizarea serbărilor...

– Aoleu! Organizai de-alea cu poezii şi recitări?

– Da. Dar nu patriotice. Trecuse vremea ălora. Mi-a plăcut foarte mult să lucrez cu copiii. Nu se compară cu nimic. Mă încărcam cu energie pozitivă de la sufletele acelea nevinovate.

– That's what Pomohaci said...

– Ce?

– Nimic! O glumă tâmpită!

– Tot în perioada aia, am cunoscut şi am lucrat cu un om minunat. Un exemplu de profesionalism şi dăruire. Mi-a fost de mare ajutor şi mi-a devenit bună prietenă. Se numeşte Ileana Văduva.

– Ah! Confirm! Chiar e o femeie senzaţională!

– De câţiva ani, este plecată în SUA, dar ştiu că şi acolo este implicată în tot felul de joburi şi proiecte de voluntariat pentru bătrâni şi copii.

– Nu o cunosc personal, dar ştiu despre ea şi, fără să mănânc rahat, mi se pare un model de urmat.

– Cabinetul...

– Aşa... Am ajuns şi la faimosul tău cabinet.

– E al tău, nu al meu. Că mare parte din investiţia iniţială a fost făcută din banii tai.

– De când există „banii mei" şi „banii noştri"?

– Lasă-mă pe mine cu expresiile mele... Cabinetul acesta este coarda mea sensibilă, este viaţa

mea de acum, este locul în care, de opt ani, îmi pun toată energia. Lucram la Spitalul „Cantacuzino" despre care nu mă lași tu să spun nimic.

– Urmează să te întreb, chill!

– Deci, lucram acolo, când o problemă de sănătate m-a ținut, într-o iarnă, vreo două săptămâni în concediu medical.

– Covid?

– Nu exista pe atunci.

– SIDA?

– Măi, tu ești întreg la minte?

– Păi ce să te țină pe tine în concediu medical două săptămâni?! Tu! Forța supremă! Îți zic eu ce... Dar nu o să-ți convină.

– Ce?

– Îți spun la momentul potrivit. Când o să discutăm despre „Cantacuzino" și experiența ta în spital. Dar nu o să discutăm așa cum vrei tu. Adică nu DOAR așa cum ai scris tu în caiet.

– Ce vrei să spui?

– Ajungem acolo și o să vezi. Vorbeam despre cabinet acum.

– Așa... De ceva vreme, un prieten de-al nostru, Nelu..

– Colonelu'...

– ...îl tot sfătuia pe Dănuț să ne deschidem un cabinet medical privat. Nelu era în acest business de

ani buni deja. În timpul pe care l-am petrecut acasă, în concediu, mă mai uitam pe internet.

– PornHub, xHamster, RedTube?

– Nu. Site-uri cu anunţuri de vânzare spaţii. Deci, practic, începusem să cochetez şi eu cu gândul de a deschide un cabinet. Am găsit, din întâmplare, un anunţ de vânzare al unui cabinet stomatologic.

– Cum „din întâmplare"? N-ai zis că erai pe internet şi căutai pe site-uri anunţuri cu vânzări de spaţii? Ar fi fost „din întâmplare" dacă dădeai peste un clip cu aselenizarea.

– Mă rog... Nu din întâmplare, na! Am găsit!

– Păi... Să fim logici, no?

– Am hotărât cu toţii, în familie, să-l cumpărăm. Toate economiile noastre plus banii munciţi de tine în ultimii ani, totul mi-a fost încredinţat mie pentru a mă ocupa de acest cabinet. Mă întrebam: „Cine sunt eu?..."

– Era un început de Alhzeimer?

– ...„Sunt doar o asistentă medicală care a lucrat doi ani într-un spital. Ce ştiu eu despre stomatologie? Cum să fac să-mi găsesc o echipă bună? Cum o să aduc pacienţi la cabinet? Cine mă învaţă pe mine tot ce trebuie să ştiu?" Toate aceste întrebări s-au năpustit asupra mea ca un uragan care mă tăvălea în toate părţile. Până la urmă, mi-am dat demisia de la spital şi, într-o lună, am renovat, am făcut interviuri cu medici, acte, achiziţii de materiale, am bătut cu piciorul toate blocurile din cartierul Titan, ca să pun flyere în cutiile poştale, am învăţat să fac prima steri-

lizare şi... am deschis! Cu încrederea, totuşi, stăteam prost. Trăiam cu sentimentul că am cheltuit banii tăi...

– Noştri...

– ...şi că poate nu o să reuşesc să fac nimic. După vreo două săptămâni de la deschiderea cabinetului, te-am sunat şi am venit până la tine acasă plângând şi într-o stare jalnică de neîncredere şi frică. Nu ştiu dacă tu îţi mai aminteşti acea întâlnire a noastră.

– Ba da.

– Habar nu am nici acum dacă, în momentul ăla, tu ai interpretat un rol cu mine, ca să mă scoţi din starea respectivă sau ai vorbit serios. Ştiu doar că m-ai ţintuit cu privirea şi mi-ai zis: „Pe mine nu mă interesează! Eu am avut încredere în tine şi tu nu ai! Te duci la cabinet şi îl faci să meargă! Pentru că ştiu că poţi! Nu vreau să te văd că te lamentezi şi că plângi!”.

– Moaaamă!!! Dumnezeu' la life coaching eram!

– Am dat de pământ cu toate fricile, cu deznădejdea, cu gândul că nu pot. Peste zi, la cabinet, intram singură în zona de sterilizare. Acolo nu aveam camere de filmat. Îngenuncheam la un gemuleţ şi mă rugam la Bunul Dumnezeu să îmi intre şi mie un pacient în cabinet.

– Pe bune?! Făceai asta?!

– Crezi că te mint? Uşor-uşor... A început să meargă. Echipa de medici, asistenta pe care o am acum, familia de la cabinet este tot ceea ce mi se putea întâmpla mai bun în viaţă.

– Da... Eu şi Andrei îţi mulţumim pentru remarca asta...

– Profesional, dragă!

– Ah...

– Fără ei n-aş fi reuşit. Mi-am dezvoltat şi o deviză în aceşti opt ani. Vrei să ţi-o spun?

– Nu ştiu... Vreau?

– Pacientul care se aşază pe scaun este mama ta...

– What?!

– ... fratele tău, soţia ta, prietenul tău. Aşa trebuie să-l tratezi.

– Ca pe un schizofrenic cu multiple personalităţi?!

– Hai, măăă! Omori un Gând frumos! Tratează pacientul ca pe o rudă! Poftim! E bine aşa?

– Muco, ştii că eu sunt idiot. E superb ce spui. Şi ştiu că aşa acţionezi de fiecare dată.

– Mi-ai stricat frumuseţe de deviză.

– N-am stricat-o. Am subliniat-o. Hai, dă să pup!

TOTUȘI, ACEI PRIMI PAȘI...

„Ca la noi la nimenea!”...

„Nu s-a schimbat nimic în România!”

„Ce bine era când era rău...”.

Ați auzit și auziți foarte des, în jurul vostru, astfel de exprimări, oglindind un negativism ancestral. Ele nu sunt, după părerea mea, altceva decât niște manifestări negaționiste pornite dintr-o incapacitate individuală de a realiza ceva în propria-ți existență. Mult stimați adolescenți și dragi copii... Când veți auzi astfel de expresii apocaliptice, ați face bine să nu le băgați în seamă și să le întoarceți spatele. Ele vin ori de la oamenii care neagă istoria, ori de la oameni cu o inclinație maniacală spre negare a evidenței. Hai, dacă tot m-am apucat de blestemăția asta de carte și mi-am jurat că scriu doar ce simt, să vă spună subsemnatul, cu onestitate, ce a trăit şi a văzut.

Fac aceste precizări în ceea ce urmează a fi, cu siguranţă, o introducere lungă a primilor paşi în profesie, ca să înţelegeţi mediul în care se desfăşurau evenimentele.

Dacă m-aş tâmpi şi, în consecinţă, aş decide să stau la şuetă cu negativiştii, înainte de orice, le-aş arăta o filmare pe care o găsiţi şi pe net, o filmare de aproximativ 30 de minute, înregistrată de un român întors în ţară în vara lui 1990. El a imprimat pe peliculă (cu aparatură de amator) o traversare a Bucureştiului. Puteţi viziona 30 de minute de material în care respectivul a stat în dreapta şoferului şi a panoramat prin parbriz şi prin geamurile laterale, înregistrând peisajul urban. Acele 30 de minute nu sunt o părere. Ele nu pot face obiectul unei discuţii cu argumente pro sau contra. Acele imagini sunt un fapt. Sunt o dovadă. Acela era Bucureştiul pe care l-am trăit eu din clasa I până în ultimul an de facultate.

Cam pe atunci a început, cât de cât, să se mai schimbe România. Deci, la câţiva ani după 2000 şi apoi, în mod esenţial, mai ales după 2010.

Mai am să le spun ceva nostalgicilor, din perspectivă personală, perspectiva unui tip care a studiat până la obsesie ceea ce a însemnat perioada 1945-1990 în istoria ţării noastre. În mod oficial, România nu a trăit nici măcar un minut sub comunism. Ceauşescu însuşi n-a declarat vreodată că am trăit în comunism. El statua în discursuri, cărţi publicate şi luări de poziţii că Republica Socialistă România era un „luminos" stat

socialist care se „îndreaptă" spre comunism. Spoiler! „Se îndreaptă!" Aşa s-a exprimat până în '89, când a mierlit-o. Deci, comunismul era un ideal, era o ţintă. Faptul că la putere se afla Partidul Comunist Român şi a lui dictatură sinistră însemna că, declarativ şi intenţional, acela era un partid care avea concepţii comuniste şi tindea, repet, măcar la nivel de intenţie declamată, către acestea. Ei se voiau a fi aceşti şerpaşi care conduceau, vezi Doamne, populaţia pe potecile înguste şi dificile pe care trebuia să le parcurgem ţinându-ne de stânci şi riscând permanent căderea în prăpastie, în scopul de a atinge vârful. „Vârful" fiind societatea comunistă perfectă, ideală şi indisolubilă. Regimul a avut la dispoziţie, dacă ar fi să calculăm după Al Doilea Război Mondial, aproximativ 45 de ani ca să aducă acest „ideal".

În primii 10 ani de după revoluţie, se trăia fix în societatea pe care Ceauşescu a lăsat-o. Fix cu oameni care erau nimic altceva decât produse ale sistemului de educaţie comunistă despre care, astăzi, mai auzi câte un „înainte se făcea şcoală". Am mai menţionat această zicere în capitolul despre şcoală. Această scăpare psihică permanent - „trăiesc rău, pentru că politicienii sunt de căcat" – a rămas din perioada aceea. O perioadă sinistră, când nu numai că politicienii erau, într-adevăr, de mare căcat, dar erau şi hoţi, nemernici, ticăloşi, sfidători. Nu spun că astăzi nu există astfel de reziduuri. Zic doar că, în acei ani, doar asta vedeai. Astăzi observi excepţii importante. Dar astăzi, România nu mai e aceeaşi. Indiferent ce debitează unii sau alţii. Măcar datorită unor primari care s-au responsabilizat. Interesant cum România s-a schimbat în primul rând plecând de la autorităţile locale. Deci, de la ceva uman. De la revelaţia unor indivizi că şi-ar dori ca cei din jurul lor, din proximitatea imediată, să-i aprecieze. Ce important e aspectul ăsta. Mulţi dintre primari au dus lucrurile spre bine. Din motivul enunţat anterior, dar şi dintr-un fel de competiţie. Adică: „Primarul din localitatea X a făcut aleile frumoase şi ţine curăţenie? Băga-mi-aş...! Eu nu pot?!".

Tot din aceeaşi perioadă vine şi acest blestemat reflex cu „salariile nesimţite ale demnitarilor". Politicienii aveau (şi, din păcate, au în continuare) salarii extrem de mici raportat la ce avem nevoie ca şi resursă umană în funcţiile respective. În anii '90, niciun profesionist nu avea interesul să accepte un post în aparatul de stat. Pe lângă faptul că ar fi avut un salariu infim faţă de cât ar fi caştigat în sistemul privat, se mai şi murdărea în cocina politică. Printr-o propagandă jegoasă, în mare parte realizată cu ajutorul presei, se scanda în permanenţă că „ce salarii au parlamentarii, miniştrii etc.". Ori acele salarii erau mari doar în comparaţie cu ale unui lucrător în salubritate. În comparaţie cu salariile unor manageri, specialist ai unor mari companii, erau derizorii.

Pe politicieni, asta îi şi interesa. Erau interesaţi ca nimeni să nu simtă vreo chemare (inclusiv financiară) spre funcţiile de conducere. Fiindcă banii lor nu proveneau din salarii. România a fost jefuită în perioada aceea, iar cei care făceau asta erau concetăţenii noştri, oameni buni! Români! Români educaţi în comunismul în care „se făcea şcoală, dom'le!". În primii 15 ani de după „democraţie", câteva mii de oameni s-au perindat prin funcţii de conducere:

senatori, deputați, miniștri, secretari de stat, șefi de comisii, președinți de consilii județene, vicepreședinți de consilii județene etc. Un număr covârșitor dintre aceste mii a fost reprezentat de concetățeni ticăloși, hoți, insensibili. Statistic vorbind... ei nu reprezentau o proporție destul de mare din societatea românească? Aceste mii de oameni nu crescuseră ei în sistemul de educație și în ceea ce se numea „epoca de aur"?... Ba da, domnilor și doamnelor. Cei care alcătuiau, ca și persoane mature, populația activă a României din primii 15-20 de ani de după semi-lovitura de stat erau, în mare măsură, exact așa. Așa cum erau și politicienii.

Societatea își avea oglinda în Parlament și la Palatul Cotroceni. Am tot elaborat căi de a numi evenimente din decembrie '89 ca fiind revoluție, lovitură de stat sau alte posibilități din aceeași categorie. O chestie deșteaptă vizavi de ceea ce s-a întâmplat atunci a fost lansată acum câțiva ani de un istoric căruia nu-i rețin numele, să mă scuze, dar pe care îl felicit. El susținea că n-a fost nici revoluție, nici lovitură de stat. A fost „lovilutie"[1]. Puteți căuta în DEX, termenul există. Și împărtășesc această părere, că evenimentele acelea au constituit o lovilutie.

Nu mai divaghez și am să trec la subiectul acțiunii noastre. Doar după ce mai amintesc un amănunt insignifiant, dar care ajută la descrierea peisajului.

În Bucureștiul începuturilor mele, principala preocupare în timpul oricărei deplasări nu putea fi privirea cerului, contemplarea vreunui pomișor sau

---

[1] lovilutie, lovilutii s. f. (glum.) lovitură de stat prezentată opiniei publice internaționale drept revoluție populară (DEX)

căderea în vreo stare de melancolie. Principala preocupare era grija de a nu fi sfârtecat de haitele de câini. Asta v-o spune un obsedat de drepturile animalelor. Nu exista Waze sau Google Maps. Dacă ar fi existat, ele ar fi necesitat un update permanent cu locurile în care poţi muri atacat de lupi. Pentru că cei mai mulţi dintre ei nu mai erau câini. Erau fiare sălbatice. Ziua se mai odihneau şi puteai avea noroc, dar noaptea funcţionau sub forma unor brigăzi şi puteai fi mâncat de viu. Fără exagerare! În oraşele patriei noastre, care semănau toate cu anumite zone (cele mai „hardcore") din Ferentariul (şi de azi, din nefericire), fiecare pas pe care îl făceai pe jos era o luptă pentru viaţă. În România, anual, erau aproximativ 60 000 (şaizeci de mii) de cazuri de oameni răniţi de haitele de câini.

Nici eu n-am scăpat. Chiar lângă blocul nostru. Mergeam, într-o zi, la meditaţiile de creativitate pe vremea când voiam să fiu jurnalist sportiv. Din senin, deşi ploua, am fost atacat de o haită de vreo şapte-opt dulăi. Au sărit să mă muşte şi din faţă şi din spate. N-am avut nicio şansă. M-au muşcat de picioare şi de mâini, până mi-a dat sângele. Au început nişte oameni să arunce cu pietre şi, până la urmă, m-au lăsat viu. Am luat-o la fugă şi m-am întors acasă.

Ca să vedeţi cum e viaţa, ne aflam fix în anul în care apăruse o injecţie antirabică ce se făcea într-o singură doză. Când m-a dus mama de urgenţă la spital, doamna de acolo i-a zis că urmează să fac, pe loc, o injecţie în fund, una în mână şi apoi şapte(!) injecţii în burtă, extrem de dureroase, timp de şapte zile consecutive. Asta, însă, doar în cazul în care mama nu găsea în decurs de două ore, la vreo farmacie, flaconul respectiv, care apăruse de puţină vreme, dar care era o raritate şi, în mod real, aproape imposibil de achiziţionat. Am bântuit amândoi pe la câteva farmacii preţ de o oră şi jumătate. Erau mult mai puţine farmacii decât acum. N-am găsit. Urmarea? Şapte zile de chin.

Dacă faci injecţii în burtă şapte zile la rând şi în timpul ăsta faci 10 mişcări doar ca să te dai jos din pat pentru că nu-ţi poţi încorda niciun muşchi al abdomenului fără să leşini de durere, iar asta pentru că, în oraşul în care trăieşti şi care este chiar capitala ţării, te-au atacat animale sălbatice, pe o stradă plină de cerşetori, cu spaţiile verzi distruse, cu gunoaie de ziceai că e Expoziţia Mondială de Deşeuri, văzând doar cenuşiu în jur, mă cam determină să îi bag în pizda mă-sii pe ăştia cu „nu s-a schimbat nimic în România”, „ca la noi, la nimenea”...

În ce sens „ca la noi, la nimenea”? Stai un pic că m-am enervat! Din ce punct de vedere? Sigur că, dacă te compari ca nivel de trai cu Elveţia, se poate şi mai bine. Dar dacă te compari cu alte circa 200 de state, parcă nu-i aşa rău. Atentate nu ştiu să fi avut pe aici, dacă e să vorbim de siguranţă. Dacă te uiţi la multe locuri de prin America de Sud, Africa, Asia, chiar şi din Europa, vei regăsi destul de multe în care, oricât ţi-ai dori să faci ceva cu viaţa ta, tot poţi muri de foame sau împuşcat de carteluri de droguri. Sau executat de un dictator. Sau...

Lumea e mare! Negativiştii români au ochelari de cal şi propria lipsă de determinare umană le face subconştientul să-şi creeze permanent scuze. În România, atunci, puteai muri de foame. Azi nu ai cum să mori de foame! Nu ai ce mânca? Nu ai unde sta?

Pune-ți dracului un ghiozdan de la Glovo sau de la Uber în spate și lucrează opt ore pe zi. N-ai să mori de foame! Tot câștigi un 3 000 de lei sau, dacă ești rapid sau lucrezi în plus, chiar 5 000 de lei pe lună. Nu știți prin ce a trecut țara asta? Nu mai știți cum eram? Ăștia mai bătrâni... Ați uitat cozile? Statul în frig ca să vină autobuzul în care găseai loc doar pe scară, agățat de o bară, la limita supraviețuirii? Ați uitat apa caldă câte o oră pe zi? Ați uitat temperatura de 9 grade din apartamente? Ați uitat tot? Ăștia de vârsta mea, negativiștii tineri... Ați uitat de cenușiu? De țara lui Caritas? Bancorex? Iliescu? FNI? CENUȘIUL? Ați uitat?

Și acum... Ce credeți că urmează?! Pam-paraaam! În sfârșit, subiectul capitolului. După o introducere „maravilios" de lungă...

După ce le-am comunicat alor mei faptul că vreau să urmez o profesie artistică, atitudinea lor a fost diferită. Dacă tata a fost o vreme circumspect raportat la acestă idee, atitudine pe care, spre lauda lui, a abandonat-o cu timpul, mama a îmbrățișat gândul meu din primul moment. Mai ales după ce am început să fac de capul meu teatru, în liceu, iar ei au venit împreună la spectacol, am reușit să-i conving că exista în mine, pe lângă o pasiune pătimașă, și un sâmbure de talent. Tata, treptat, a renunțat la tentativele de a mă convinge să abandonez „proiectul", exprimându-și doar rareori îngrijorările privitoare la viitorul meu financiar pe care îl întrevedea a fi, cel mai probabil, sumbru. Mama, așa cum a povestit și ea într-o conversație anterioară, a început să se gândească foarte serios cum să pună apă peste acea sămânță de talent. Eram, așa cum ați aflat deja, o familie normală, iar prietenii de familie ai părinţilor erau şi ei oameni cu meserii normale, deloc vocaţionale sau creative, sub nicio formă artistice.

Elementul MAGIC revine. Vă era dor de el? Cabina Teatrului de Comedie unde a avut loc prima întâlnire cu George Ivaşcu este azi cabina pe care, cu onoare, o ocup. Nu este numai cabina mea. Atunci când au spectacol, ea aparţine lui Ştefan Bănică junior sau maestrului Mălăele. Trebuie să admiteţi că e o cabină interesantă. În plus, când jucăm „Nunta lui Krecinski", o împart şi cu fratele meu, prietenul meu, colegul meu Vlad Drăgulin. Stăm acolo amândoi, unul lângă celălalt, transfiguraţi de emoţie. Asta e una dintre chestiile care ne unesc. Indiferent cât înaintăm în experienţă, suntem copleşiţi de emoţii mai mari ca la debut. Simţim, probabil, o responsabilitate din ce în ce mai mare. Vlad este, de departe, cel mai dedicat profesionist pe care eu l-am întâlnit în viaţa mea. Omul ăsta e chinuit în permanenţă de îndoieli, de griji. Un bulgăre de pasiune, obsedat de perfecţiune.

În liceu, făcând în paralel teatru cu colegii şi, mai apoi, figuraţie la Naţional, am urmat şi cursurile Şcolii Populare de Artă unde am dat peste o profesoară pe numele său Petronela Lazăr-Tegu, o fiinţă absolut minunată. Dar, să mă bată Vasile dacă vă mint, era şi sărită oleacă de pe fix. Lucru care mi-a convenit de minune, pentru că şi eu eram în aceeaşi zonă, iar ea avea această capacitate ieşită din comun de a-ţi încuraja şi de a-ţi hrăni nebunia. M-a făcut să mă simt în largul meu şi, pentru asta, îi mulţumesc şi îi cer iertare că nu am mai dat un semn de foarte multă vreme. Sunt, în multe aspecte, un om de rahat. Dar încerc să mă îndrept.

Vara lui 2001

Mai aveam vreo două săptămâni până să dau examenul la UNATC. Aveam deja un repertoriu de poezii şi povestiri, dar îmi lipsea monologul. Cu vreo cinci zile înainte de examen, dom' profesor a adus de acasă un volum Shakespeare. L-a deschis undeva unde pusese un semn şi mi-a zis: „Ăsta îţi este monologul!”. Să pic din picioare, nu altceva. Era cel mai cunoscut monolog din istoria dramaturgiei, celebrul monolog al lui Hamlet. Începe aşa: „A fi sau a nu fi: aceasta este întrebarea! E oare mai de laudă să suferi în sinea ta săgeţile şi praştia norocului vrăjmaş sau, mai degrabă, să te-narmezi în faţa acestei mări de zbucium şi, prin luptă, s-o răpui? Ce înseamnă a muri...? Înseamnă a dormi. Nimic mai mult. Să dormi şi, printr-un somn adânc, să pui capăt atâtor chinuri ce-s partea cărnii. Să mori... Să dormi... Dar, oare, să visezi? Căci ce vise, oare, în somnul morţii poţi avea?...”.

S-a gândit că mă reprezintă. Şi, fiindcă tot am deschis discuţia, le transmit celor care dau la UNATC că examenul la actorie NU este un examen de actorie. Aşa cum examenul la Medicină nu este un examen în care eşti pus să operezi pe cineva sau la Drept nu te pune nimeni la admitere să pledezi într-un proces. Examenul la teatru reprezintă posibilitatea de a exprima cu sinceritate (asta este cel mai important) o întreagă paletă de stări sufleteşti care îţi sunt proprii, prin intermediul unor poezii, povestiri sau monologuri.

Prima probă a examenului, eliminatorie, bineînţeles, nu mi-o amintesc, nu ştiu de ce. Îmi amintesc, însă, proba cu adevărat importantă.

Ultima probă îmi este foarte vie în memorie. Purtam o pereche de pantaloni bej, călcaţi frumos de mama, ca să merg şi eu la examen primenit, aranjat, brebenel. Nu ştiu cum, Doamne iartă-mă, am făcut (adică ştiu, din cauza emoţiilor) că mi-am vărsat pe pantaloni o cafea cumpărată de la un tonomat din facultate. Am crezut că mor! Când a ieşit secretara şi a strigat „Bendeac Mihai Valentin" am simţit că pământul se cască şi că mă va înghiţi.

Am intrat timid în acea sală. Înăuntru se afla o mică scenuţă scăldată cu lumina a două reflectoare care îmi băteau în ochi, astfel încât vedeam foarte vag fizionomiile celor din comisie. Printre ei i-am recunoscut pe Gelu Colceag, cel care avea să-mi devină profesor şi mentor, Radu Gabriel, Adrian Titieni, Ion Cojar (sper că nu mă înşel) şi încă vreo trei asistenţi. Tot acolo era şi domnul Ivaşcu. Lucru care m-a şocat. Să nu încerce să vă treacă prin minte că prezenţa lui în acea sală putea reprezenta un soi de pilă.

Aveam să aflu, mai târziu, spre satisfacţia mea, că nici nu aş fi avut nevoie de aşa ceva. Fără falsă modestie, am fost al naibii de bun la examenul ăla. Am zis poezia „Drăgan", din care m-au oprit foarte repede şi mi-au dat ca temă de improvizaţie să-l imit pe domnul Ivaşcu spunând acea poezie. Cred că făcusem deja oarecare senzaţie la prima probă şi, acum, fără ca eu să ştiu, erau relaxaţi în ceea mă priveşte. Râsetele în hohote au cuprins sala. Aceste râsete, deşi m-au şocat în primă instanţă, mi-au dat curaj. M-au întrebat ce povestire am pregătit. Am început povestirea şi, la fel, m-au oprit destul de repede. Urma monologul...

Am tras aer în piept şi am intrat într-o stare de calm şi echilibru, pe care nu ştiu dacă am mai întâlnit-o vreodată la acel nivel. S-a pogorât peste mine ceva indefinit. Ca un gong interior. Am spus tot monologul. Când am terminat, nu reuşeam să-mi dau seama dacă le-a plăcut sau nu. S-a lăsat un moment de tăcere. După câteva secunde apăsătoare (pentru mine), profesorul Adrian Titieni, pe care eu, personal, îl consider astăzi cel mai mare actor de film pe care-l are România, mi-a spus: „Domnule Bendeac, vă rog să reţineţi cum aţi spus acest monolog pentru că niciodată nu veţi mai putea să-l spuneţi aşa". „Cum aşa?", am întrebat eu. A zâmbit şi a răspuns: „Atât de simplu, de sincer şi de curat". Avea dreptate.

Ultima parte a examenului (care cred şi acum că există acolo doar dintr-o dorinţă datând de generaţii întregi a profesorilor din facultate de a se distra) consta în testarea disponibilităţilor vocale şi corporale. Adică trebuia să cânţi ceva şi, dup-aia, îţi puneau ei o muzică pe care tu dansai cât de coregrafiat îţi permitea natura. De cântat pot spune că am voce. Iar de dansat, pot spune că aveam voce. Bine... nici muzica aia să nu vă închipuiţi că era cine ştie ce. De asta am crezut mereu că era plăcerea lor vinovată partea asta de final a fiecărei examinări a candidaţilor. Era, într-o oarecare măsură, un fel de iUmor avant la lettre. S-a râs mult când am început să „dansez" pe acea muzică semi-electronică...

Dacă atunci când am intrat în sala de examen

încercam să-mi acopăr pata de pe pantaloni, am terminat proba foarte sigur pe mine și îndeajuns de relaxat, astfel încât să nu-mi mai pese. Am fost sigur că voi intra. Și am intrat. Cu notă foarte mare. Acasă, tata a plâns...

***

– Aș vrea să vorbim despre acel moment când începi ceva. Sau când o iei de la capăt. Când pornești un nou capitol în existența ta.

– Ce-i cu profunzimea asta, brusc?

– Păi ce, în rest ți se pare că nu sunt profund?

– Ba da. Uneori. Dar acum a venit dintr-odată.

– Spune-mi cum te-ai decis tu să începi o școală de asistente medicale când aveai... cât?

– 45 de ani! Am început-o când Andrei a mers în clasa I. S-a petrecut într-un moment de cumpănă în care știam că îmi doresc un nou început. Cred că mi se potrivește meseria asta și regret că nu am făcut-o când eram mai tânără. Dar, cum niciodată nu este prea târziu să începi studii într-un domeniu sau să aplici la un job pe care ți-l dorești din tot sufletul, am avut curajul să fac asta la 45 de ani. Au fost trei ani de școală în care, deși eram cea mai bătrână din clasă, mi-a plăcut enorm să merg la cursuri. La practică, în spital, nici nu mai vorbesc. Când aveam săptămânile de practică mergeam și sâmbăta, și duminica. Nu mă punea nimeni. Voiam să fac asta! Realizasem că era ce am avut în suflet dintotdeauna...

– Ce frumos...

– Aşa de mult mi-a plăcut practica în spital, încât, la sfârşitul şcolii, mi-am spus „Dacă, totuşi, aş încerca?”. Am mers c-o prietenă care lucra de mulţi ani la „Cantacuzino” în scopul de a mă angaja. La biroul Personal...

– Human Resources...

– A?

– Traduceam pentru mileniali şi generaţia „Z”.

– La „human...” asta cum zici tu, mi s-a spus că erau două locuri disponibile: unul la secţia de neonatologie (deci maternitate, nou-născuţi) şi unul pe secţia ATI. În prima zi credeam că plutesc de fericire, dar şi de emoţii. Voiam să ajut cu orice, dar mă cam temeam de asistenta-şefă, pentru că era un nume cu greutate în spital, şi mă înspăimânta întâlnirea cu ea. Nicoleta Ciobotaru. Mare profesionistă. La un moment dat, am cerut să fac şi o tură de noapte, ca să văd cum este şi, în cazul unei eventuale angajări, să nu apuc să fac promisiuni pe care, apoi, să nu le pot onora. Mi-am dat seama că a lucra noaptea este imposibil pentru mine. N-aş mai fi fost în stare să mă ocup deloc de Andrei în timpul zilei. În inima mea, îmi doream să muncesc în spital... Habar nu aveam, dar asistenta-şefă mă observase atent şi voia să mă angajeze. Când a văzut că mă eschivez în a da un răspuns celor de la hu.. hiuma..

– Human Resources.

– ...celor de la Biroul Personal, m-a sunat într-o zi acasă şi mi-a spus că mă aşteaptă la ea. Îmi tremurau picioarele.

– Parkinson? Glumă tâmpită! Mă căiesc!

– Când am ajuns în biroul ei, m-a străpuns cu privirea și m-a întrebat dacă vreau cu adevărat să mă angajez. Mă mir că nu am izbucnit în plâns. I-am mulțumit pentru încredere și i-am spus că nu cred că pot face ture de noapte. Când colo, ea zice: „Am un loc de asistent de anestezie și, în blocul operator, se lucrează opt ore pe timp de zi. Ce zici de asta?". Îmi era teamă să nu mă fac de râs. Mai vuia și tot spitalul că sunt mama lui Mihai Bendeac. Când i-am povestit lui taică-tu, mă trezesc cu el rățoindu-se la mine: „Ție nu ți-e rușine? Ți-a oferit femeia asta un post de opt ore și tu ce faci? Zici că nu poți în turele de noapte din cauza lui Andrei. Spune clar și nu te mai câcâi atâta! Îți dorești meseria asta sau nu?". Ăsta a fost un duș rece care m-a trezit din amorțeală și m-a scuturat de toate fricile pe care mi le construisem în gând.

– Deci alt moment de life coaching din existența ta. De data asta, nu eu. Tata.

– Cam așa...

– Dacă tot suntem la „începuturi"... Cum te-ai raportat la începutul lui Andrei? Și el a avut un început. Orice absolvire a liceului este începutul a ceva și mulți părinți trec prin asta.

– Așa cum nu am intervenit la tine când ai făcut alegerea pentru meseria de actor, ci doar am încercat să ajut cu ce am putut eu, așa am procedat și cu Andrei. Era în clasa a XII-a când s-a hotărât la ce facultate vrea să meargă și în ce domeniu. Fiind vorba despre o plecare din țară, această hotărâre a

lui ne-a implicat pe toţi sufleteşte. Nu este deloc uşor să pleci din ţară la 19 ani, atât de departe de părinţi şi prieteni.

– Mai ales în cazul unei familii ca a noastră. Noi suntem răvăşitor de apropiaţi.

– Mă mir că nu m-ai întrerupt cu o glumă. Aşa e... Eu cred că atât părintele, cât şi copilul au nevoie de încredere deplină unul în celălalt. V-am învăţat pe amândoi încă de mici că, orice s-ar întâmpla, e bine să veniţi acasă şi să vă deschideţi sufletul. Aşa avem o şansă să rezolvăm problema.

– Ştiu, mama. Şi asta s-a întâmplat în mare măsură. Nu ştiu în cazul lui Andrei, dar eu, cel puţin, am avut o situaţie în care n-am putut.

– Ce situaţie?

– Ai să citeşti în carte. Nu am putut, nu pentru că nu aş fi găsit înţelegere, ci fiindcă... Hai să nu stric conceptul cărţii. O să citeşti. Se numeşte „Cel mai trist capitol”. Să ne întoarcem la Andrei.

– Am avut o singură discuţie cu el când a hotărât că vrea să plece la facultate în Anglia. I-am spus că am încredere totală în decizia lui, că am să-l sprijin cu tot ce pot, inclusiv financiar, dar să fie conştient că nu o să fie uşor. I-am mai spus că, orice s-ar întâmpla, dacă simte în orice moment că nu poate să continue ce şi-a propus (din orice motiv) se poate întoarce acasă. Nu trebuie să se chinuie, nu trebuie să-i fie ruşine, nu este nevoie să demonstrez nimic nimănui!

– Hm... Mie asta îmi sună a speranţă că se va

întoarce mai repede şi că va alege, până la urmă, să continue studiile aici, fiindcă eşti fiartă fără el.

– Vai de mine, nu! Să-şi vadă de...

– Mama!

– Da.

– Te cunosc... Nu-ţi face probleme. Eşti minunată. Sentimentul ăsta pe care nu ţi-l recunoşti vine din faptul că ne divinizezi şi vrei să ne ai aproape. Vine din faptul că amândoi suntem „mămoşi" din cauza ta. Nu este o vină. E un privilegiu. Suntem aşa fiindcă am fost adoraţi. Nu suntem numai „mămoşi". Suntem şi „ţâţoşi". Poate cu tata nu ne manifestăm treaba asta aşa mult cum o manifestăm cu tine. Dar ce vreau să spun, scoate-ţi o batistă, este că eu şi Andrei am fost iubiţi mai mult decât am fi capabili să iubim, la rândul nostru, vreodată. E părerea mea.

MIROSUL PRAFULUI DE SCENĂ (ȘI DESPRE MAMA, ÎN ROLUL VIEȚII EI)

Mă simt deja năpăstuit, damnat. Se apropie finalul acestei cărţi care mie mi-a mâncat sufletul, iar mamei răbdarea şi realizez că nu apuc să exprim decât într-o proporţie infimă toate lucrurile pe care mi le-aş fi dorit. Asta, în parte, şi pentru că am vrut să nu depăşesc un anumit număr de pagini. Pe care, oricum, l-am depăşit. Am trecut prin toate stările cu putinţă. Totul este dublat acum şi de un sentiment de frustrare, de senzaţia că multe lucruri au fost expediate şi relatate pe repede înainte, omiţând aspecte, întâmplări şi, mai cu seamă, oameni. Oare, după tipărire, acest volum va reprezenta doar un sac de frustrări şi regrete pe care va trebui să-l port în spate? Voi reuşi să privesc şi pozitiv când mă voi gândi la ea şi la toată munca asta?

Este prea târziu. Am atins deja acel moment de „Mă fut! Aia e...”. O duc până la capăt şi cât apuc să exprim, am să exprim.

După ce am intrat la facultate, mersul mi s-a transformat în zbor. Simţeam că plutesc. În sfârşit, scăpasem de toate acele ore de latină, religie, chimie, biologie, predate mizerabil, deloc captivant, şi ajunsesem într-un loc în care nu era vorba despre nimic altceva decât de pasiunea mea. Am fost ultima generaţie care nu a efectuat stagiul militar obligatoriu (pe care-l consider şi acum o gravă încălcare a libertăţii individului). De chemat la încorporare, m-au chemat, totuşi. Am trecut inclusiv prin episodul umilitor în care eşti dezbrăcat gol puşcă în faţa unei comisii. Mă alinam măcar cu gândul că făcusem tratamentul ăla cu Naposim şi nu am avut un complex major.

Dar un fel de armată tot am făcut, pentru că profesorul nostru, genialul pedagog Gelu Colceag era, totodată, şi deosebit de sever. În anul I cel puţin, a fost mai dur decât un comandant de unitate. Am observat că duritatea lui era direct proporţională cu nivelul de talent al studenţilor, asta în ideea în care talentul poate fi contorizat. Cu cât simţea că cineva este mai talentat, cu atât plusa în aparenta lui răceală. În fapt, îşi iubea foarte mult clasa, îşi iubea enorm studenţii. Am aflat asta târziu, în anul IV, la Casandra. Avea acest principiu că trebuie să-ţi mângâi copilul doar în somn, fără ca el să ştie. Ca şi pedagog era atins de un har divin. Erau situaţii când se lucra o anumită scenă vreme de două săptămâni şi se freca situaţia scenică pe toate părţile. Ceea ce e bine să se întâmple în şcoala de teatru. El venea o singură dată, se uita un pic şi, cu o capacitate de sinteză pe care aş numi-o fabuloasă, îţi adresa două întrebări extrem de concrete care te luminau instantaneu şi scena respectivă îşi găsea, astfel, o rezolvare clară şi concreta. Nu am să povestesc cum era să fiu dat afară din şcoală din pricina faptului că am plecat trântind uşa de la un curs cu doamna Sanda Manu. Eu zic şi acum că am acţionat corect făcând asta. Poate, cu altă ocazie, am să explic. Doamna Manu era un profesor de legendă, însă metoda dumneaei, o metodă care nu ţinea cont în niciun fel de personalitatea distinctă a indivizilor, pe mine m-a învrăjbit.

Am să povestesc, mai degrabă, un soi de lecţie pe care a încercat să mi-o dea dom' profesor. Nu mai ştiu exact ce făcusem. Probabil că lipsisem frecvent de la cursurile teoretice de dimineaţă. Dacă eu nopţile mi le petreceam cu colegii vorbind despre piese, despre scene, despre teatru sau rămâneam în şcoală ca să repetăm şi după terminarea cursurilor, nu înţelegeam de ce să mă mai trezesc apoi la prima oră.

Mă consideram şi un caz special. Intrasem în facultate, fără falsă modestie, cu un bagaj uriaş de cunoştinţe. Ştiam cine au fost Nottara, Moruzan, Brezeanu, Miluţă Gheorghiu, ştiam pe de rost cariera lui Birlic, ştiam o serie întreagă de lucruri şi informaţii, care unora le-ar fi părut insignifiante. Cunoşteam chiar şi curiozităţi sau lucruri de culise din istoria teatrului. În timpul liceului, citisem enorm despre aceste subiecte. Strângeam banii de buzunar şi mă duceam săptămânal pe la anticariate, cumpărând tot ce găseam în materie de biografii, dramaturgie, culegeri de cronici. Aşadar, gândeam eu, de ce să mă trezesc cu ochii cârpiţi la 8:00 pentru cursurile teoretice când, mai degrabă, pot sta noaptea să repet? Însă domnul Colceag, fiind şi decan, ţinea foarte mult la disciplină. Era conştient că, atât eu, cât şi colegul meu Pavel Bârsan făceam concursuri pe cunoştinte teatrale, un fel de quiz show-uri în care ne exhibam pasiunea comună: istoria teatrului românesc. Chiar şi aşa, situaţia nu îi permitea să facă niste concesii. Avea de ţinut în mână, cu fermitate, atâţia studenţi, o facultate întreagă.

Situaţiile în care eram mustrat şi pedepsit nu numai că nu mă atingeau. Ba chiar, în unele cazuri, se încheiau în amuzamentul celor din jur.

Ca să mă pedepsească pentru multiplele absenţe matinale, s-a gândit să mă determine să mă gândesc serios la ce am făcut, prestând muncă în folosul comunităţii. Privind la diferite obiecte de mobilier cam răpciugoase din sala noastră, mi-a zis să mă duc la mecanicul universităţii, reparatorul, omul bun la toate, cum ar veni, pe care cred că-l chema nea Gică, dar s-ar putea să greşesc, şi să-i cer nişte vopsea. Cu acea vopsea şi, bineînţeles, cu o pensulă, aveam să stau peste noapte şi să recondiţionez obiectele de mobilier care arătau cam rău. Asta era misiunea (ca să nu spun pedeapsa). Chestiunea se constituia şi ca o lecţie pentru toată lumea. Nu conta cât eşti de bun la actorie, disciplina e disciplină.

Cursurile s-au terminat pe la ora 18:00. Eu am rămas în facultate, am urcat în pod la nea Gică şi i-am comunicat cele necesare. El s-a uitat lung la mine, a întrebat „Aşa a zis domnu' Colceag?", eu am răspuns afirmativ şi, în consecinţă, mi-a înmânat relativ contrariat o găleată neîncepută de vopsea neagră. Mai avea roşie şi albastră, dar s-a gândit că pentru nişte scaune şi doua, trei mese negrul ar fi potrivit. Aşa s-a nimerit... Soarta a făcut ca acea găleată cu vopsea neagră să fie, dintre toate, cea neîncepută. Plină ochi era! Cinci kilograme de vopsea nerăbdătoare să fie unsă. Mi-a dat şi o pensula, mi-a urat succes şi am plecat plin de avânt muncitoresc.

Poţi face multe lucruri pe lumea asta. Dar, orice ai face, nu te pune niciodată cu ambiţia lui Mihai Bendeac. Dacă dom' profesor şi-a pus ambiţia cu mine, atunci m-am gândit şi eu să-mi pun ambiţia cu vopseaua aia şi să nu plec până nu o termin. După ce am vopsit toate scaunele şi mesele din clasă, tot mai rămăseseră trei sferturi din găleată. M-am decis că nici mort nu o să plec de-acolo până nu o consum pe toată. Astfel, am început să vopsesc tot ce nimeream: dulapurile de pe hol, o uşă, două uşi, alte scaune de pe hol, o ramă de tablou... Vă dau cuvântul meu de om că aşa mă luase valul încât, dacă nu aş fi avut dintotdeauna o dragoste sinceră pentru animale, aş fi vopsit şi câinii vagabonzi aciuaţi prin curtea facultăţii. Mi-a trecut asta prin minte, mi s-a părut a fi o cioacă senzaţională. Mă şi gândeam ce feţe o să facă toţi când vor veni a doua zi şi vor vedea câinii ăia vopsiţi pana corbului. Raţiunea a învins, până la urmă, şi m-a făcut să înţeleg că ar fi urmat un chin pentru bietele patrupede care ar fi trebuit după aceea tunse, date cu tot felul de soluţii, solvenţi... În schimb, am vopsit tot ce s-a nimerit până când am terminat găleata. Pe la 5.00 dimineaţa am plecat acasă, iar a doua zi am revenit în jurul amiezii ca un îngeraş. În paranteză fie spus, am aflat că există până în ziua de azi, prin facultate, niste chestii vopsite de mine în noaptea aia.

Atmosfera era „sublimă”. Etajul unde aveam noi clasa arăta ca un sediu de pompe funebre. N-am să uit privirea domnului Colceag când a ajuns la şcoală. Reţineţi, omul acesta era decan, era director artistic al Teatrului de Comedie, regizor de frunte, cu spectacole mari la activ. O somitate. Când trecea pe culoare, toţi ne lipeam de pereţi. M-a interpelat cu replica: „Ce-ai făcut, mă?”. Zic: „Am renovat, dom' profesor...”. „Ăsta e doliu, nu e renovare!”. M-am apărat imediat: „Dom' profesor, eu am cerut vopsea. N-am specificat vreo culoare sau non-culoare. Nea Gică mi-a dat o găleată de negru... Ştiu că trebuia să vopsesc doar scaunele şi mesele de la noi din clasă, dar m-a luat hărnicia”. A plecat fără să mai spună nimic şi a intrat în biroul lui de decan trântind uşa. Fraţilor, îmi pun gâtul pe şina de tren dacă, ajuns acolo, singur, fără să-l vadă nimeni, nu a început să râdă!

Îi datorez mult acestui Om. Inclusiv prima mea experienţă pe o scena profesionistă. La Teatrul de Comedie se juca o piesa a lui Shakespeare, „A douăsprezecea noapte”, care se bucura de un succes uriaş. În distribuţie, doi artişti foarte populari: Ştefan Bănică junior şi Tudor Chirilă. Şi nu doar ei. Emilia Popescu, Dorina Chiriac, Valentin Teodosiu... I-am menţionat separat pe Ştefan şi Tudor fiindcă eram impresionat de reacţia publicului - când intrau pe scenă toţi spectatorii izbucneau în aplauze. Îmi doream mult acel statut... Domnul Ivaşcu îl interpreta, în acest spectacol, pe ducele Orsino, dar era din ce în ce mai ocupat şi avea nevoie de o dublură. Împreună cu domnul Colceag, s-a gândit că eu aş fi potrivit. Aşa m-am trezit aruncat în focurile luptei. Deja repetam, însă tot la Teatrul de Comedie, într-o piesă regizată de Andreea Vulpe, în care mai jucau Sandu Pop, Şerban Georgevici (un om extrem de drag, celebru pentru vorbele lui de spirit, uneori geniale) şi Mihaela Teleoacă. Mihaela avea să devina actriţa cu care am jucat cel mai mult pe scenă, inclusiv în celebrul „Bani din cer". În total, am fost parteneri în aproape 10 spectacole, însumând sute de reprezentaţii. I-am spus din respect „Tanti Miha" şi m-am adresat cu „dumneavoastră" până acum trei ani (lucru care nu-i făcea placere, însă nu puteam altfel). Schimbarea de la „dumneavoastră" la „Miha" sau „Micu" s-a petrecut când am început să lucrez şi în calitate de regizor. Devenise oricum absurd. Trebuie să vă spun că am un cult pentru actriţele pe care le am ca partenere. Mai nou, Ilona Brezoianu este jumătatea mea din „Doi pe o bancă".

După „A douăsprezecea noapte" a urmat o altă înlocuire rapidă, în regim de urgenţă, a unui actor într-un alt spectacol („Pălăria"), şi apoi alt spectacol, şi apoi o premieră şi, uite aşa, am ajuns să joc în cinci spectacole ale acestui teatru de al cărui destin îmi leg azi existenţa. Acelaşi teatru unde a mers mama la casa de bilete căutând să afle cum îşi poate ajuta copilul...

Director şi atunci, dar şi azi, George Mihaiţă. Omul acesta mi-a arătat întotdeauna încredere, sprijin, încurajare. Am jucat alături de dânsul de nenumărate ori. Mare actor... Mare de tot. Nu numai că a avut încredere în mine dintotdeauna dar, mai târziu, a acceptat să lase o întreagă instituţie pe care o avea sub coordonare şi să meargă în orb cu spectacolul „Nunta lui Krecinski". A acceptat cu zâmbetul pe buze faptul că eu nu pot repeta altfel decât de unul singur şi că nimeni din teatru nu va putea să vadă nici măcar o secundă din repetiţii, decât doar cu câteva zile înainte de premieră.

A pariat totul pe acest spectacol pe care, de altminteri, l-am lucrat nouă luni de zile, ajungând la un paroxism al detaliilor. Ba mai mult, toţi cei din teatru, de la primul până la ultimul om, au mişcat plăci tectonice pentru a găsi resursele financiare pe care acest proiect le-a necesitat. Mai ales că scenografia a fost semnată de Iuliana Vîlsan, un artist extraterestru, sublim, cu care am avut o conexiune dincolo de cuvinte. Această fiinţă a reuşit să creeze un univers scenic de o bogăţie a sensurilor mai presus de ceea ce aş fi putut eu să intuiesc, dar care, ca decor şi costume, a reprezentat un cost de producţie major. S-a investit fără ca cineva să vadă ce se întâmplă la repetiţii, fără vreo confirmare că spectacolul are şanse de a fi un succes. Totul doar pe încredere şi, pentru asta, mă înclin.

Nu există spaţiul necesar pentru a intra în detalii vizavi de ceea ce cred despre teatru sau ceea ce simt pentru teatru. Ce se petrece în organismul meu, în mintea mea, înaintea unei reprezentaţii. Nu am timp să povestesc câte ar fi de povestit, să explic câte ar fi de explicat. Asta ar putea să reprezinte subiectul unei serii de articole, de scrieri separate.

Vreau să mă folosesc de mina acestui pix pentru a ridica o statuie mamei mele... Actoriceşte vorbind, căci ne aflăm la capitolul acesta, mama a fost demnă de un premiu Oscar pentru rolul de figură maternă, atât pentru mine, cât și pentru Andrei. Privind însă strict din perspectiva mea, rolul de mamă al unui artist veșnic chinuit de dubii și absent din viața reală, hipnotizat de carieră este, de departe, rolul vieții ei. Mama a fost în sală de sute de ori. Uneori nici nu mă anunța. Mă trezeam că dau cu ochii de ea la aplauze. A văzut fiecare spectacol în care am jucat în atât de multe seri, încât știa textul pe de rost la fiecare dintre ele. Dacă noi, pe scenă, ne-am fi oprit în orice secundă și ea ar fi trebuit să continue, ar fi știut replicile la perfecție. Pasiunea ei de-o viață pentru teatru a transformat-o, pas cu pas, într-un spectator avizat, mare iubitor de scenă și actori.

Când am ajuns în anul IV la Casandra (care astăzi, din păcate, și consider asta o crimă, nu mai există), ceea ce s-a întâmplat acolo cu generația mea, o generație care conținea o concentrație de talent aproape ireală, e greu de transpus în cuvinte pe o foaie. Ce să vă spun? Că oamenii dădeau buluc să ne vadă? Că am avut, într-o seară, când jucam „O noapte furtunoasă", oameni care nu au prins loc în sală și au stat în foaier, ascultând spectacolul cum puteau, fără să îl vadă? Îmi vine să plâng când mă gândesc. Generația mea a creat acolo o emulație pe care nu vi-o puteți imagina. Erau spectacole la care se stătea câte doi pe un scaun și în picioare. Ce atmosferă... Și cum mirosea acolo. A teatru. A lemn vechi. A istorie. Scriind, în clipa asta, realizez ca a fost cel mai frumos an din viața mea. Copilul ăla care visa cu ochii deschiși în camera lui, își vedea pentru prima data, deplin, visul transformat în realitate...

Când am terminat anul III şi s-au făcut distribuţiile pentru Casandra, am aflat că voi juca Ipingescu în „O noapte furtunoasă” şi „Richard al III-lea” realizat de un coleg student la regie. Apropo de acest coleg de la regie, care mă distribuise în toate examenele lui de până atunci, am o curiozitate pe care vreau să vi-o împărtăşesc. Numele lui pe afiş era Titus Scurt. Numele complet o să vă lase cu gura căscată. Îl chema Titus Flavius Vespasianus Fuscus Magnus Imperator Romanus Scurt. Jur! Mi se pare extraordinar că numele de familie era Scurt. Toate aceste prenume au fost dorinţa tatălui său, preot. Acesta avusese un profesor de istorie care, pentru că tatăl său se numea Flavius, de câte ori îl chema la tablă îi spunea în toate felurile cu putinţă, enumerând o serie de mari împăraţi şi personaje istorice marcante.

Când am aflat că voi juca Ipingescu, un rol considerat întotdeauna de plan secund, după trei ani în care demonstrasem că pot duce un rol important (Richard, repet, urma să joc la licenţa celor de la regie, nu la licenţa noastră) am fost un pic amărât. Nu înţelegeam de ce se întâmpla asta. Am început repetiţiile şi, ca să fac ceva din rol, am încercat să-l abordez în maniere cât mai spectaculoase şi complicate. Într-o bună zi, după ce a vizionat o repetiţie, domnul Colceag m-a luat de-o parte şi mi-a spus: „Ştii de ce ţi-am dat rolul ăsta? Pentru că nimeni nu i-a acordat atenţie până acum. Dacă vrei să fii original, fă-l aşa cum nu s-a făcut niciodată. Ştii cum nu s-a făcut niciodată? Culmea, aşa cum este scris, de fapt...”.

Am stat şi m-am gândit o noapte întreagă la asta. Apoi am avut o revelaţie. Împreună cu colegul

Emanuel Pârvu, care-l juca pe Jupân Dumitrache, am început să dezvoltăm, în spiritul textului, o dependență pe viață și pe moarte. Asta era cheia! Așa nu se jucase niciodată. Mi-am imaginat că Ipingescu al meu este o ciupercă pe un copac bătrân (adică Dumitrache) de a cărui viață depindea propria viață. Odată căzut copacul, ciuperca încetează și ea să mai existe. Am ajuns la performanțe tehnice incredibile. Am descoperit că mă ajuta enorm dacă, asumându-mi că Dumitrache este Dumnezeul meu, respir în același timp cu el. Aveam momente, în scenă, când mă concentram să inspir și să expir în același timp cu Pârvu. În afară, asta se vedea într-un fel special. „Special" ca și premiul pe care l-am primit împreună la Gala Absolvenților. Șase dintre noi câștigasem premii de interpretare, dar juriul a acordat și un premiu special pentru mine și pentru colegul meu. Ce mândru eram când am ajuns acasă și mi-am așezat pe un raft Premiul de Interpretare și Premiul Special. În seara aia, am băut o sticlă de Martini și m-am uitat la ele din toate unghiurile.

Cât despre Richard al III-lea, mama îmi spune și astăzi că, după ce m-a văzut în acel rol, ea și-a spus: „Ăsta nu e copilul meu...". Chiar și azi insistă să reiau partitura aceasta. Mi-e un pic teamă, totuși. Deși abia acum am atins vârsta personajului. Cine știe... Poate.

***

– Am o întrebare în minte.

– Tu ai multe în minte. Cam prea multe, uneori.

– Dacă ai fi fost actriță...

– EU?!

– Da, tu. Care crezi că ar fi fost rolul vieţii tale?

– Nu m-am gândit la asta niciodată. Ştiu, însă, că mulţi consideră că semăn la fizionomie cu Meryl Streep. Ceea ce mă bucură. O iubesc pe Meryl. E una dintre actriţele mele preferate.

– Hai să-ţi explic ceva. Nu cred că poţi conştientiza ce ai reprezentat tu în rolul de mamă. Nu numai pentru mine. Dar şi pentru Andrei. Tu, în rolul de mamă, şi tata în rolul de...

– Tată.

– Bravo! Îmi place să lucrez cu intelectuali. Prindeţi repede.

– Aoleu... Spune odată!

– M-am gândit să exemplific în mod absolut cum ai fost tu în acest rol, relatând un eveniment semi-dramatic. Momentul când mi-am spart capul.

– Ăla e un moment „semi-dramatic”?! Poate acum. Atunci a fost DRAMATIC!

– Exact asta vreau să spun. Ai venit pe strada mea. Eu nu cred să existe o fiinţă mai prăpăstioasă decât tine. Sigur... Aceasta este o figură de stil, o exagerare artistică, un soi de artificiu literar.

– Nu sunt mereu prăpăstioasă!

– Ba da! Hai să zicem că, în ultimii ani, te-ai mai schimbat datorită cursurilor de psihologie. Chiar! Făcând o paranteză... Ce te miri tu că te-ai apucat de şcoala superioară de asistente medicale la 45 de ani când, cu doi ani în urmă, la... Să spun vârsta?

– Spune-o, dragă!

– ...56 de ani, ai început școala de psihologie. Dar, revenind, ai fost întotdeauna prăpăstioasă Dintr-un prea plin de dragoste, modul tău de gândire putea deveni, în multe situații, irațional și cu un tipar de gândire negativistă. Asta a rezultat într-un trai pigmentat de palpitații, care ar fi putut să fie folosit chiar și în scopuri nobile.

– Adică?

– Adică ar fi fost un material didactic ideal la Universitatea de Medicină și Farmacie, în semestrele în care se predau cunoștințele legate de domeniul cardiologiei. See what I did there?

– Hm...

– Când s-a întâmplat spargerea țestei craniene, eram singur acasă.

– Generația cu cheia de gât...

– Exact. Mă jucam fotbal în casă cu o minge de tenis. Ajunsesem, în imaginația mea, în semifinalele Campionatului European cu echipa națională a României. Apucasem să joc vreo cinci sau șase meciuri deja.

– Hai că mă faci să și râd.

– Jur! Ca să înțelegi, eu notam într-un caiet tot traseul echipei naționale: meciuri în grupă, în optimi, sferturi și așa mai departe, notam și toți marcatorii, apoi mă ridicam de la biroul meu și reproduceam cu mingea de tenis fazele respective, spunând și comentariul.

– Între noi fie vorba, erai nebun de mic...

– În semifinale fiind, nu mai ştiu împotriva cui „jucam”, dar la o fază extrem de spectaculoasă care, conform caietului, ar fi trebuit să se încheie cu golul lui Răducioiu în urma unei pase filtrante a lui Lăcătuş, m-am împiedicat de o cută a covorului nostru de pe hol şi am picat cu fruntea fix în muchia măsuţei din sufragerie.

– Tu realizezi că mi se face pielea de găină şi acum?

– Băi Muco! Deci acea muchie era cea mai oribilă muchie pe care vreun cap uman a întâlnit-o vreodată. Lamă de cuţit, nu alta. Nu că m-a durut. M-am tăvălit de durere. M-am proptit în fotoliu cu mâna la cap. Am depărtat un pic capul şi m-am uitat în mâini. Crede-mă, cantitatea aia de sânge m-ar fi făcut, de departe, donatorul anului la orice centru de transfuzii. Şi aici intervine ceva care m-a urmărit în profesia de actor. Primul lucru pe care l-am făcut atunci când am văzut sângele, probabil şi din cauza şocului, dar şi pentru că joaca mea era mereu extrem de serioasă, ştii care a fost? Am spus, cu vocea de comentator: „Fault în careu, stimaţi telespectatori! O intrare criminală la Răducioiu!”.

– După care m-ai sunat la serviciu. Încă lucram la Româno-Export.

– Aici voiam să ajung... Ce m-am gândit eu să-i transmit, telefonic, mamei mele cea „hiperprăpăstioasă”.

– Mi-a zis o colegă: „Emilia, e fii-tu!”. „Da, mămică” – am zis. Şi tu ai spus: „Ama, am căzut

cu capul de masă şi MI S-A DESFĂCUT CAPUL ÎN DOUĂ!".

– Mă uitasem în oglindă şi se vedea în locul respectiv ceva alb. Mi-am dat seama că e osul şi nu ştiam cum să exprim altfel chestia asta.

– Atât am mai putut: să cer un Aspacardin de la o colegă, să o sun pe tanti Bojin să meargă repede la tine şi eu am fugit spre casă. Tu realizezi ce însemna pentru una ca mine „mi s-a desfăcut capul în două"?

– De-asta am ales să ofer acest exemplu, apropo de rolul vieţii tale, cel de „mamă". Cred că a fost situaţia cea mai „paroxistică". Nu ştiu dacă există termen de comparaţie la „paroxistic", dar suntem scriitori acum, ce dreacu'.

– Eu, ca eu... Dar Dănuţ a fost cel mai îngrozit, atunci. Eu am venit acasă şi te-am luat repede la spital. Nu mi-a dat prin minte în acele fracţiuni de secundă să-i las un bilet. Telefoane mobile nu existau. Imaginează-ţi că el a ajuns acasă, nu ne-a găsit pe niciunul şi a văzut pete de sânge...

– Nu m-am gândit la asta.

– Nu mai râde, că nu-i de râs. S-a speriat rău.

– Ah! Să nu uit înainte să închidem subiectul. Îţi mai aminteşti cu ce am mers la spital să mă coasă?

– Cu tramvaiul.

– Cu tramvaiul, fraţilor!

– Ce vrei, mamă. Alea erau timpurile. Salvările erau puţine şi aşteptai cu orele. Taxiurile, la fel. Nici bani nu prea aveam. Ai şi tu dreptate când spui de vremurile alea raportate la cele de azi. E greu să vi-

zualizezi un copil legat la cap cu un prosop pătat de sânge, mergând la Urgenţe cu... tramvaiul. N-am să uit cum îţi explicam pe drum, cum te imploram să nu te zbaţi când o să te coasă... Ai stat cuminte. N-ai scos un sunet.

– Tu crezi că această carte ar putea avea darul de a determina pe cineva care nu are o relaţie prea bună cu mama lui să se întoarcă la sentimente mai bune? Nu e o întrebare pentru tine. E retorică.

SĂ AI UN BELLA KAROLY INTERIOR... (DESPRE BURNOUT ȘI CELEBRITATE)

M-am uitat întotdeauna într-un mod maniacal la scheciuri de televiziune. Înainte de apariția internetului, pândeam orice fel de program de acest gen. Existau televiziuni care difuzau reluări cu momente considerate „de aur". Apoi, după ce a apărut netul, petreceam mii de ore studiind mecanismele comice ori felul în care marii artiști de comedie își construiau prestațiile, mecanismele de scriere și alte astfel de detalii. Și în teatru am fost la fel ca în privința televiziunii, un tocilar. Am studiat la nivel de detaliu tot ce a însemnat industria de divertisment și varietăți în România, cu bunele și relele ei.

Știam sigur că voi face televizune, dar mărturisesc faptul că, încă de la început, pentru mine a fost o simplă platformă. Nu m-a interesat niciodată pe ce post se difuzează, nu m-au interesat vedetele postului, indiferent că vorbim despre Prima TV sau Antena 1. Ăsta e adevărul... Simple platforme, precum YouTube, Instagram... Aşa le-am perceput. Cu atât mai mult cu cât, de la un moment dat, mi-am dorit să fiu complet rupt de tot ceea ce înseamnă showbizul românesc. Planul a fost întotdeauna ca nu cumva să fiu asimilat cu persoanele publice din România şi să-mi creez un univers propriu, detaşat de tot şi toate. Dacă ar fi să dau un titlu carierei mele în televiziune, acela ar fi „Singurătatea alergătorului de cursă lungă".

Dem Rădulescu avea mare dreptate: orice ţi-ai propune pe tărâm artistic, nu se poate să laşi la voia întâmplării. Nu se poate să nu ai o concepţie despre profesie, un plan de carieră. Obsesia pe care am avut-o încă de la început a fost aceea de a face tot ce-mi stă în putinţă să pot realiza nişte momente care „să rămână". Ştiam că nu se poate face treaba asta astfel încât toate să treacă bariera timpului, dar voiam ca proporţia celor care vor fi urmărite și peste mulţi ani să fie una bună. Pentru calitate, luptai mereu cu cantitatea. Abia după 10 ani de carieră ajungi în punctul în care să poţi realiza doar ediţii speciale, pe care să le bibileşti luni în şir. Şi mai ştiam că televiziunile sunt singurele entităţi care aveau puterea financiară de a realiza show-uri de sketch comedy. Mediul online nu era sub nicio formă monetizat, când am început noi. Televiziunile aveau nevoie de un anumit minutaj săptămânal. Aşa că singura şansă era să fac mult şi să încerc să-mi iasă toate scenetele, toate secvenţele cât mai bine, sperând să las în urmă cât mai multe viabile a depăşi generaţiile.

Dacă ar fi să definesc ce au însemnat scheciurile pentru subsemnatul, termenul oportun ar fi unul pe care limba română l-a împrumutat de curând: „burnout". Am atins acest burnout de zeci de ori în timpul scrierii, repetării, filmării şi montajului celor peste 1 200 de momente realizate. În mare măsură, programul era acelaşi.

Săptămânal, cam două, trei zile de filmare de dimineaţa până noaptea. Schimbând încontinuu costume, transpirând, cu faţa năclăită permanent de machiaj, de latexuri, bărbi, mustăţi lipite cu celebrul Mastix sub care pielea te mănâncă de ai fiori pe şira spinării, dar te afli în imposibilitatea de a te scărpina (lucru care te poate duce la disperare).

Mai mereu, zilele de filmare însemnau şi multe deplasări de la o locaţie la alta, în timp record, fără posibilitatea de a face un duş deşi, obsedat de igienă, mă simţeam mizerabil după câteva ore. Însemna şi masa de prânz luată, cel mai des, pe borduri sau pe capota unei maşini, fiindcă timpul era foarte scurt, iar mişcarea şi amplasarea de colo-colo a unor rulote ar fi fost dificile. Astfel de elemente făceau acele zile de filmare o experienţă obositoare. Zile în care, de altfel, somnul era iepuresc, doar câteva ore în care somniferul nu apuca să-şi facă mendrele până la capăt şi mă trezeam defazat, încă sub imperiul lor. Astfel, nu de puţine ori, am fost nevoit să iau adjuvante şi energizante care, pentru ficat, sunt ce este Mike Tyson pentru un sac de box.

După zilele de filmare, în dimineaţa imediat următoare, încercănat, groggy, trebuia să încep schiţa sinopsisului pentru săptămână care urma. Un sinopsis extrem de detaliat, cu toate personajele şi figuraţia necesare, costume, locaţii, recuzită. Treaba asta era aşteptată de o întreagă echipă care, altminteri, nu ar fi avut de ce să se apuce şi s-ar fi intrat în criză de timp. Cel mai greu îmi era să-mi pun mintea terminată de oboseală într-o stare îndeajuns de bună, cu forţa, astfel încât să creeze în doar 24 de ore un întreg show de comedie cu foarte multe scheciuri.

Treceau şi aceste 24 de ore, predam sinopsisul şi începea munca cea mai migăloasă, aia de „replică cu replică" şi dezvoltarea întregului scenariu. Am avut dialoghişti, dar am colaborat cu ei într-o măsură destul de mică. Am fost şi am rămas până azi, în orice lucrez, un fanatic al controlului şi al ideii că ceea ce fac sunt show-uri, spectacole, creaţii „de autor". Asta înseamnă, însă, o muncă de creaţie solitară. Aşadar, storurile trase peste geamuri, provizii de mâncare şi hai! Munca asta migăloasă pe replici dura vreo două zile, zile în care scriam încontinuu (de mână), iar când predam manuscrisul asistentei, de multe ori arătam galben ca ceara, cu ochii adânc înfipţi în orbite, de aveai senzaţia că imobilul din care tocmai am ieşit cu hârtiile în mână este un lagăr.

În seara şi ziua rămase făceam, în principiu, acelaşi lucru. Ori mergeam la cinema, ori la o cină şi noaptea mi-o trăgeam ca apucatul să-mi ajungă pentru încă o săptămână. Duminica după-amiază partenera pleca de la mine mergând ca raţa, iar eu, întins pe pat, îmi învăţam textele pe de rost.

Dimineaţa la 7.00 reîncepeau zilele de filmări. Şi tot aşa, de la capăt.

Am avut şi situaţii în care a fost chemată ambulanţa pentru că cedam din cauza acestui burnout despre care vorbeam şi despre care o să vorbească şi mama. Ea s-a confruntat la rându-i cu aşa ceva, mai ales când a lucrat la Spitalul „Cantacuzino", pe secţia ATI.

Replica mea preferată, dintre toate cele pe care le-am rostit vreodată pe o scenă, îi aparţine lui Richard al III-lea şi sună cam aşa: „Am înotat atât de mult prin sânge, încât îmi e mai lesne s-o ţin drept înainte decât să mă întorc din drum". Dacă m-ai băga într-o maşină a timpului şi m-ai întoarce în urmă cu 15 ani, sunt convins că nu aş mai avea puterea să o iau de la capăt, ştiind cât este de greu. Poate mă înşel. Dar astăzi sunt în punctul în care, oricât aş fi de căzut, într-un anumit moment mă ridic şi dau înainte pentru că, altfel, mi-aş bate joc şi m-aş simţi prost că nu sunt capabil să continui planul puştiului care a visat totul în camera lui... Un plan de care m-am ţinut cu dinţii. Doar că dementul ăla de puşti a impus un ritm nimicitor, un ritm pe care îl poţi susţine doar având un „Bella Karoly interior". Aceasta - ce naiba o fi ea, un soi de figură de stil, probabil - mă ajută să exprim cât mai fidel ceea ce încerc să transmit.

Fiind propriul tău şef, mai ales dacă ai de luptat cu un sine leneş şi procrastinator, undeva, în forul tău interior, trebuie să se producă o dedublare. O dedublare care te va chinui. Un alter ego cu care vei intra permanent în conflict, dar fără de care nu vei obţine motivaţia necesară succesului.

Am găsit formula aceasta de exprimare care face referire la Bella Karoly pentru că e un exemplu de antrenor cu metode discutabile, extrem de sever, mergând până la violenţă (spun unii), dar care a avut mari rezultate. Sigur că putem considera imorale multe dintre acţiunile puse pe seama lui, dar aşa a fost şi alter ego-ul meu, antrenorul meu intrinsec. Manifestările nu erau dintre cele mai prietenoase. Când eram în facultate, am avut momente în timpul nopţii când, dacă simţeam că în ziua respectivă nu mi-a ieşit ceva aşa cum îmi doream, mă trezeam şi mă ardeam, de nervi, cu ţigara ori îmi dădeam singur palme. Şi nu cu blândeţe.

Acestea nu sunt nişte sfaturi. Sunt doar o expunere sinceră a felului în care m-am autoflagelat ca să-mi ating deziderate. Unii, poate, vor găsi o cale mult mai echilibrată. Eu aşa am putut.

Totuşi, nu aş vrea să creadă cineva că tot ce mi s-a întâmplat a fost un continuu surghiun. Am fost şi sunt fericit. Când? Când porneşte camera sau se ridică cortina. Când toată munca ajunge la împlinire. Atunci se petrece un fenomen de transă. O stare de libertate pe care nu o poţi avea în lumea reală. Viaţa mea se aseamănă, din ce am auzit, cu cea a dependenţilor de heroină. Sunt dispus să sufăr, să-mi distrug orice urmă de interacţiune socială, să rabd orice dureri pentru câteva momente de zbor. Numai că zborul meu nu e iluzoriu. Şi sper că nu-mi aduce bucurie numai mie. Se petrec şi momente de desprindere în munca de creaţie.

În clipa în care mă focusez şi intru în starea de visare, e şi acolo o formă de decorporalizare. Cel mai des aşa se întâmplă. Ori acasă, ori la studioul mereu răvăşit al prietenului meu de o viaţă, Mihnea Irimia. Ar merita omul ăsta un capitol special. Ciudat individ. Un şoarece de bibliotecă cu o inteligenţă uimitoare, un multi-talent. E compozitor, pictor, fotograf. Se documentează în permanenţă, citeşte, e la curent cu orice descoperire, pasionat de ştiinţă şi artă, în egală măsură. Îi mulţumesc pentru tot.

Nu am să mă refer la celelalte lucruri pe care le-am făcut la TV. Chiar dacă iUmor – că cel mai recent exemplu – e o chestiune de mare notorietate. Nu evit subiectul. Dar, ca şi în cazul teatrului, nu pot aborda fiecare aspect cu toate implicaţiile care derivă. Bine zis... CE DERIVĂ! Mă găsesc într-o derivă. Şi mă scuz prea mult. Decât să mă scuz, poate că ar fi mai util cândva, în viitor, să scriu ceva axat doar pe zona profesională.

Celebritatea?...

Hm... Ar fi cazul să spun ceva despre asta. Nu m-a afectat doar pe mine. Ci întreaga familie.

Ştiam, aveam convingerea că acesta urma să fie destinul meu. Ştiam că voi fi celebru. Dintotdeauna. Nu mă întrebaţi de ce. Habar n-am. Chiar şi înainte să aleg drumul în actorie, meseriile pe care le proiectam erau vizualizate tot într-o condiţie asemenatoare (un celebru antrenor, un celebru ziarist sau un celebru avocat).

Celebritatea a devenit efectiv o cerinţă extrem de necesară din clipa în care am decis ce urmează să fac. Ştiam clar că urmează să fac şi scheciuri de comedie, devenisem conştient că, pentru a realiza lucrul acesta, am nevoie de notorietate. Pasionat fiind încă de pe atunci de domeniu, realizam că în orice scenetă care a rămas peste timp era întotdeauna un mare şi foarte popular artist al vremurilor respective.

Eram atât de dornic de celebritate încât, chiar de pe vremea când eram în liceu şi mergeam să fac pregătire pentru teatru sau să fac figuraţie la Naţional, întotdeauna scoteam în metrou nişte foi de hârtie care, de obicei, erau texte pe care le făceam cu trupa de teatru la liceu. Textele erau subliniate ici-colo unde erau replicile mele şi eu stăteam aşa în metrou şi mă uitam ba în text, ba în sus, ca şi cum aş fi învăţat pe de rost. Făceam asta gândindu-mă că cei din jurul meu o să mă vadă şi o să spună: „Ia uite, domnule... Ăsta e actor!”. Voi vă daţi seama ce era în mintea mea? Probabil că nimeni nu se gândea că sunt actor. Cine mă vedea și-ar fi spus, mai degrabă, că sunt elev sau student şi urmează să am teză sau examen.

Dar apropo de ceea ce înseamnă programarea şi de ceea ce înseamnă lucrul pe care efectiv îl dobândeşti, într-un final, după ce îl trăieşti închipuit, încă dinainte ca el să fie palpabil, vă declar că m-am comportat aşa în toată perioada respectivă.

Îmi amintesc ceva de o imbecilitate de-a dreptul gingaşă. Când a apărut în cinematografe filmul „Milionari de weekend”, în 2004, pe vremea când eram un necunoscut, comiteam o penibilitate de care azi mă ruşinez. Dar aia e... Când s-au terminat filmările, eu i-am rugat pe producători să-mi lase mie tricoul verde cu care apărea îmbrăcat personajul meu în mare parte din peliculă.

Având-l în dulap, mă uitam în ziare şi reviste la ce ore rula filmul în diferite locaţii, mă îmbrăcam cu el şi mergeam pe strada unde se afla câte un cinematograf, exact când spectatorii părăseau sala. Adică, vezi Doamne, treceam şi eu pe acolo întâmplător la ora aia şi, tot întâmplător, îmbrăcat exact ca pe ecran. Doar-doar o să mă recunoască lumea. Având proaspăt în minte imaginea mea, unii chiar mă opreau, iar eu (care în sinea mea eram mândru nevoie mare) jucam surprinderea. Pe-ni-bil! Dar drăgălaş. Nu?

Celebritatea a venit foarte lent. Mai ales că în „Mondenii" apăream cu machiaje speciale. După vreun an şi jumătate, am început să fiu recunoscut peste tot. Show-ul nu făcea cine ştie ce audienţe fabuloase pe TV. Erau OK. Dar, ca în cazul tuturor proiectelor ulterioare până astazi, nebunia era pe net. Apăruse Youtube-ul, iar „Mondenii" erau zeii platformei. Aveam clipuri care făceau milioane de vizualizări. Atunci! Când nu ştia toată lumea despre această platformă sau nu avea acces la ea. Cam pe atunci, eram într-o zi cu Mirela Zeţa în maşină şi, la un stop, printre maşini, mergea un băieţel de vreo 10 ani, în picioarele goale, cu un pui de căţel în braţe, îmbrăcat într-o pijama murdară şi plină de găuri. Din buzunar i se iţea o pungă de aurolac. Când ne-a văzut, a început să strige: „Mondenii!". Noi am rămas interzişi. L-am întrebat: „De unde ne cunoşti, mă? Ai televizor?". El zice: „N-am! Vă ştiu de pe net!".

Părţile pe care, cu timpul, le-am descoperit despre celebritate şi care, în multe situaţii, îmi fac viaţa relativ imposibilă, nu le luasem în calcul. Nu vreau să par ipocrit. Ce am realizat până acum şi ce mi-am propus să realizez în continuare nu sunt lucruri care se pot împlini fără acest element al celebrității. Dar este cumva şi o ciudățenie la mijloc. Vă spun „cu toată sinceritatea”, vorba unui personaj din serialul „Băieți de oraş”, că o persoană excesiv de timidă, anxioasă, bipolară este o persoană care gestionează foarte, foarte greu propria celebritate. Aşa cum, de altfel, o să vă spună şi mama, celebritatea mea nu avea cum să nu îmi afecteze întreaga familie. Iar cel care a avut cu adevărat de suferit, cred eu, a fost Andrei, frate-miu.

***

– Crezi că pe Andrei l-a afectat negativ notorietatea mea? Sincer!

– Nu cred că l-a afectat negativ. El a fost întotdeauna mândru să fie fratele tău. Lucrurile la care te gândeşti tu, probabil, au început abia în liceu. Până atunci, din contră. Uite, îmi amintesc o chestie care te va amuza. Era mic. Încă mergea la grădiniță. Şi, într-o zi, am fost cu el în parc să se joace cu alți copii. Eu stăteam de vorbă cu alte mămici şi el se dădea în leagane, pe tobogan... Dintr-o dată, toți copiii din parc s-au adunat în jurul lui şi s-a declanşat o zarvă de nedescris. În prima instanță, m-am şi speriat. Am crezut că s-a întâmplat ceva. Când colo, ce crezi?

– Şochează-mă!

– Dădea autografe!

– Ha?

– Exact ce-ai auzit. Dădea autografe pe tot felul de hârtiuţe, pe caiete. Toţi copiii aflaseră că este fratele tău şi îi cereau lui autografe. El n-avea nicio treabă. Parcă făcea asta de-o viaţă. I-am zis: „Măi Andrei, nu se face aşa ceva! Cum să dai autografe în numele lui Mihai?". Ştii ce mi-a răspuns: „Nu dau în numele lui, dau în numele meu".

– Excelent...

– Abia de la un punct încolo, ţi-am zis, cred că din liceu, a început să îşi dorească să se detaşeze. Pardon. Nu să se detaşeze. Nu ştiu cum să formulez... Te-a iubit întotdeauna la fel de mult. Doar că, fiind o personalitate puternică la rândul lui, îşi dorea, ceea ce este de înţeles, să fie privit ca o entitate singulară, nu ca „fratele lui Bendeac". Era în continuare mândru de tine, însă am simţit că îi evita pe toţi cei pe care îi bănuia că îşi doreau o apropiere faţă de el în mare parte doar din perspectiva asta.

– Celebritatea, să-i spunem aşa, e ceva ce v-a afectat pe toţi?

– Normal. De multe ori în bine, alteori, în... mai puţin bine. Mi s-a întâmplat o fază foarte tare când eram în practică la „Cantacuzino". Asta sigur o să-ţi placă. Într-una din zile, ajutam la sala de tratamente unde se făcea şi toaleta zilnică a femeilor care au născut.

– Ce înseamnă asta?

– Mai pe româneşte: vine dimineaţa lăuza, se aşază în poziţia ginecologică şi asistenta sau infirmiera îi face toaleta cu apă şi săpun în zona intimă.

– Am văzut multe filme porno care încep aşa.

– Or începe, dar nu cu o lăuză...

– Corect.

– Nu am avut nicio problemă să fac asta. Ba chiar le rugam pe asistente să mă lase pe mine singură şi ele doar să mă urmărească, pentru că îmi plăcea tot ceea ce era legat de spital şi îngrijire. Una dintre infirmiere m-a văzut şi, peste câteva ore, mă pomenesc cu dânsa că îşi ia inima în dinţi şi mă întreabă: „Auzi, doamnă... Dumneata eşti mama lui Mihai Bendeac". „Da", răspund eu. „Domnul ăla de la televizor?" „Da...". La care ea zice: „Păi bine, doamnă, băiatul matale este aşa un om important şi dumneata ai venit să speli pizda la paciente în spital?!".

– Nu cred! Mor!

– Eram sigură c-o să-ţi placă asta. Ţie numai tâmpeniile pe care le spun îţi plac.

– Nu-i adevărat!

– I-am spus: „Doamnă dragă, nu are nicio legătură cine este băiatul meu şi ce meserie are el, cu ceea ce îmi doresc eu. Nicio muncă nu este ruşinoasă dacă o faci cu dăruire".

– Bravo! Nici Lenin nu putea să o spună mai bine... Vreau neapărat să povesteşti toate momentele în care ai atins un burnout...

– Stai... Un ce?

– Un burnout.

– Ce e ăla?

– E un... E un fel de moment în care ajungi la o epuizare totală, care te doboară. Şi ştiu că tu ai lucrat doi ani la „Cantacuzino”, iar motivul principal pentru care ai renunţat la asta, deşi erai pasionată, şi ai deschis cabinetul de stomatologie este acela că ai atins tocmai un astfel de burnout.

– Pe lângă stresul de a lucra într-o secţie ATI, aveam şi un oarecare stres cauzat de ideea că toată lumea ştia că sunt maică-ta. Asta că tot am abordat până acum subiectul impactului notorietăţii în viaţa noastră de familie. Simţeam că erau curioşi să vadă cum mă comport, dacă îmi dau aere de mare doamnă, mamă de vedetă... Dacă am să mă integrez... Eu m-am comportat normal şi cred că, destul de repede, le-am câştigat încrederea şi prietenia. Nu numai că nu eram aşa, din contră, mă simţeau temătoare. Era normal, fiind la început. Când au văzut asta, colegele de la anestezie m-au ajutat de câte ori am avut nevoie şi am rămas prietene chiar şi după ce am plecat din spital.

– Mamă, te rog mult să nu încerci să te tragi pe fund!

– Adică?

– Adică... Ai, în anumite conjuncturi, acest talent de a evita lucrurile abrupte şi de a merge într-o zonă de compunere şcolară, din care trebuie să se extragă doar lucruri pozitive.

– Ajung imediat şi la ce m-ai întrebat.

– Păi nu pare...

– În primele săptămâni, nu dormeam noaptea

din cauza gândului că trebuie să ajung la 7.00 dimineaţa în sală. Ajungeam mai mereu la 6.30. Eram îngrijorată permanent că vine profesorul Pătraşcu, începem operaţiile şi eu poate nu pregătisem totul aşa cum era nevoie. Nu vreau să mă laud, dar am fost foarte bucuroasă când mi-a spus şefa mea că, nu doar o dată, au fost bolnavi pe care i-am „adormit" în sală şi, când s-au trezit din anestezie, s-au interesat cine a fost asistenta cu care au intrat în operaţie, pentru că i-am încurajat pe toţi şi i-am ajutat să treacă mai uşor peste stresul operaţiei.

– Muco, nu mă îndoiesc de asta. Ştiu că eşti grijulie până la exces. Dar simt că eviţi... Păsărelele ciripesc, cirip-cirip, soarele e sus pe cer şi tu ajunseseşi în punctul în care ne-ai speriat pe toţi (dar mai ales pe tata) când, în ultimele luni din cei doi ani, începuseşi să fii din ce în ce mai palidă, trasă la faţă, mereu încercănată şi cu probleme de rinichi cauzate de faptul că eraţi, de multe ori, doar două asistente de anestezie pe şase săli în care se opera în acelaşi timp. Ai uitat că erai îngrozită permanent că s-ar putea întâmpla ceva din cauză că nu puteai fi, oricât ţi-ai fi dorit, în toate cele şase săli în acelaşi timp? Ai uitat că te abţineai să mergi la toaletă în alea opt ore? Când nu mai puteai, dezvoltaseşi o metodă de a face pipi foarte repede? Lucru pe care l-a observat şi tata acasă. Se manifesta ca un fel de sindrom posttraumatic.

– Şi ce vrei să spui? Că asta se numeşte burnout?

– Nu, mamă. E un fel de concediu în Maldive, nu burnout... Ca să-ţi fiu pe plac, uite: a fost o perioadă

frumoasă a existenței tale în care ai întâlnit oameni minunați, clipe de satisfacție... ce frumoasă este viața... pasărele ciripesc, florile înfloresc, păpădiile împăpădiesc, greierașii cântă veseli... E OK așa?

– Mă poți acuza...

– Dar eu nu te acuz...

– Lasă-mă să termin.

– Gata șefa!

– Mă poți acuza că doar așa, într-un sens strict pozitiv, mi-a rămas mie întipărită acea perioadă. Nu? Asta spui? Că evit să amintesc ceva negativ.

– Aici ne putem contrazice până mâine. Eu nu cred că acea perioadă, în care nu contest că ai avut colegi minunați și tot restul, ți-a rămas doar într-un sens pozitiv. Alegi tu să comunici strict asta. Și nu înțeleg de ce. Mi se pare o falsificare a adevărului.

– Așa o fi. Așa sunt eu...

– Știu. De-aia te iubesc.

POVESTEA LUI 46

Acesta este, dacă nu mă înşel (şi e posibil să mă înşel, fiindcă am creierul parazitat de alcool şi pastile), al doilea capitol în afara seriei „Jurnalul unui burlac" care nu are partea de conversaţie cu mama. Acum află şi ea, în detaliu, ce semnifică acest 46 obsesiv.

Povestea lui 46 a început odată cu primele amintiri pe care tărtăcuţa mea le mai păstrează. Nu tăgăduiesc c-ar fi început înainte de propriile-mi amintiri. Nici nu ştiu dacă are un început... Ba nu! Ştiu! Nu că ştiu, sunt sigur de asta...

Poate că 46 excede timpul fizic.

Întotdeauna m-a însoţit acest număr.

Sufăr de overthinking. Englezismul asta defineşte acea stare permanentă în care nu te poţi abţine să nu despici firul în patru despre cele mai mici lucruri, să ţi se clădească în cap fel de fel de variante, minut de minut, o voce permanentă care tinde să analizeze şi să caute semnificaţii pentru orice.

Vă dau un exemplu. Acum vreun an, am ieşit într-o zi din casă şi, exact când am deschis uşa de la intrarea în imobil, pe trotuarul bulevardului Unirii a trecut, prin faţa mea, un liliputan de maximum un metru treizeci', rotunjor, dolofan, îmbrăcat cu o rochiţă roz(!), cu o şepcuţă asortată, cu un ghiozdănel de preşcolar în spate şi având în fiecare mână câte un băţ de schi. Sunt obişnuit cu tulburările mele şi nu exclud că s-ar putea, uneori, ca ele să mai distorsioneze realitatea. M-am gândit că iarba de cu o zi înainte o fi fost stropită sau că trecuse data de expirare a somniferelor şi acesta era un efect advers. Aşa încep să gândesc despre orice. Nu numai despre un bărbat pitic, în rochiţă roz, cu ghiozdănel. Siderat (ar putea să mă acuze cineva?), am scos telefonul şi, deşi nu obişnuiesc să filmez oameni pe stradă, nu am putut să mă abţin. Sincer, nici nu voiam s-o iau razna definitiv şi irevocabil. Voiam să văd dacă, uitându-mă la clip mai târziu, chiar exista într-adevăr piticul în rochiţă roz ori dacă îl vedeam numai eu, în clipa aceea. Asta îmi circula prin cap. Dacă ce vedeam era doar o plăsmuirea a unei minţi care încerca (pentru a câta oară) să se joace cu mine?

M-am uitat la clip şi... era adevărat! În cazul în care pe imagine nu ar fi apărut personajul, aş fi scris această carte la Socola, sub pază permanentă. Aş fi scris cu un pix acoperit cu un strat de cauciuc, din teama personalului de acolo ca nu cumva să mi-l înfig în cap. Aici voiam să vă aduc. Inclusiv treaba asta, adică „ce s-ar întâmpla dacă nu e pe filmare piticul?”, e genul de întrebare şi problemă care-mi trec prin minte în orice situaţie. M-am gândit la asta până am ajuns în maşină şi am văzut clipul. Cât am făcut câţiva paşi, m-am gândit la Socola şi la cum să-i anunţ pe ai mei că am schizofrenie... Apoi mi-am zis: „Stai oleacă. Dacă am dezvoltat schizofrenie, o să văd piticul şi pe filmare, nu?”.

Nu ştiu dacă înţelegeţi unde vreau să ajung. Ideea e că tind să-mi pun multe întrebări şi să-mi creez scenarii în permanenţă.

Normal că, având aşa o inclinaţie către auto-chestionare şi analiza parţial ezoterica a fenomenelor, n-am avut cum să nu devin un pic obsedat de elucidarea unui mister care m-a urmărit dintotdeauna.

Primele amintiri pe care le am despre 46... Hm... Ele datează de pe la vârsta de trei ani. Practic, de când îmi pot aminti cât de cât ceva. Mereu am avut existenţa îngemănată cu acest număr. De la acea etate fragedă şi, mai apoi, toată copilăria, adolescenţa, de două, trei ori pe zi simţeam să şoptesc foarte uşor sau să spun în gând 46. Era ca un fel de reflex. Nu mi-am explicat multă vreme, până când am decis să investighez, să încerc să-mi dau seama ce poate însemna asta. Cu toate că trăiesc într-o paradigmă profund umanistă, am purces la încercarea de a desluşi chestiunea, parcurgând, înainte de toate, nişte direcţii de raţiune matematică. 46 este dublul lui 23. Am găsit şi un film având ca temă 23-ul. 4 + 6 înseamnă 10. Orice ar însemna asta... Am mai notat că 4 şi 6 sunt două numere pare, consecutive... şi tot felul de astfel de lucruri inutile sau, sondând mai adânc, tot felul de curiozităţi matematice. După aceea, m-am documentat inclusiv în zone mai mult sau mai puţin stranii, filosofice sau religioase, deşi îmi repugna ideea ultimei abordări. Ba chiar şi prin sport am căutat. Deşi nu vedeam ce legătură ar putea să fie între mine şi Valentino Rossi, celebrul motociclist care concura cu acest număr. Decât, poate, faptul că suntem născuţi în aceeaşi zi, 16 februarie.

În capitolul care tratează naşterea mea şi a fratelui meu, aţi aflat despre surpriza pe care am avut-o atunci când mama mi-a spus că, din câte îşi aminteşte, când m-am născut am fost înregistrat cu numărul 46 la maternitate. Nu ştiu ce înseamnă asta. Ori că eram copilul 46, în ordinea celor născuţi în anul respectiv, în luna respectivă, ori că era ceva extras dintr-un bol, habar n-am. După ce mi-a zis şi m-a cutremurat cu informaţia, am rugat-o să se intereseze la Institutul „Cantacuzino”. Din nefericire, răspunsul a fost că arhiva pe hârtie, cea care conţine şi numerele de ordine, era arsă periodic şi doar datele esenţiale se păstrează la evidenţa populaţiei. Numărul de identificare pentru recunoaştere instituţională de moment nu este printre aceste date esenţiale, fiind doar o chestiune spitalicească internă, cu caracter provizoriu.

Dacă ce spune mama e adevărat şi nu-i joacă memoria feste, dacă am fost bebeluşul 46, nu pot să nu mă declar înmărmurit în faţa acestui... semn? Să-i spun aşa? Dacă nu, cum să-i spun?

De ce am simţit mereu să pronunţ acest număr? De la sine înţeles că nu aveam de unde să ştiu despre numărul de la maternitate. Iar MAGIA abia acum vine! În 3, 2, 1...

Au trecut 10 ani de când, fiind din ce în ce mai intrigat, am hotărât să văd ce se întâmplă dacă nu mai las la voia sorţii şi chiar îmi propun să mă gândesc de câteva ori pe zi, la anumite intervale de timp, concentrându-mă atent şi chiar vizualizând acest număr. Ceea ce s-a petrecut după... Ţine de elementul acesta magic despre care am tot vorbit până acum. E elementul suprem. L-am întâlnit întotdeauna. Şi, cred eu, există peste tot în jurul nostru, în existenţa fiecăruia dintre noi. Doar că unii au dorinţa şi deschiderea de a-l observa, iar alţii nu.

Cu cât mă concentram mai mult la acest număr, cu atât se întâmplau mai des fenomene în consecinţă cu energia spre care îmi direcţionam (în mod voit, de data asta) gândurile... Simţeam o nevoie imperioasă de a mă uita la ceas, chiar dacă nu mă grăbeam undeva în clipa aia, iar ceasul arăta şi 46 de minute. Apăreau foarte des situaţii de tipul: caut din ce în ce mai disperat un loc de parcare dând rotocoale pe nişte străduţe strâmte când, brusc, se eliberează un loc şi, când cobor din maşină, observ că am parcat pe strada respectivă, la numărul 46. Ba chiar, în cazuri extreme, să trec pe lângă un accident în care este implicată o maşină care are în numărul de matriculare 46. Se întâmpla şi să fac cunoştinţă cu cineva care îmi dădea numărul său de telefon, iar acel număr se termina cu 46. Să mă uit pe ştiri care conţin 46 de consilieri, sau 46 de ani, sau 46 de orice. Mai interesant este faptul că interacţiunea cu numărul este direct proporţională cu gradul de timp alocat concentrării la el.

Am avut aprigi dispute şi dezbateri pe această temă cu diferite persoane. Toţi, oameni inteligenţi. Cei sceptici îmi explicau faptul că, în momentul în care îţi canalizezi mental atenţia pe un anumit lucru, din tot ceea ce se întâmplă în jurul tău tinzi să observi cu precădere acel lucru. Să-i acorzi doar lui atenţie, deşi treci pe lângă alte multe evenimente care nu conţin numărul respectiv şi, neconţinându-l, nu-ţi atrag atenţia. Dacă ar fi aşa, explicaţia lor reprezintă tot un soi de lecţie de viaţă. Cu alte cuvinte, mergând într-o gândire mai largă, dacă te concentrezi la frumos, vei observa frumosul, dacă te concentrezi la urât vei observa, cu precădere, urâtul. M-am exprimat extrem de simplist. Ştiu. Infantil de simplu.

Nu neg că scepticii au dreptate. Dacă au dreptate, mi-aş dori să pun asta în aplicare. Rareori îmi iese. Şi regret. Cert este că eu le prezint ca şi argument incidenţa faptelor extraordinare. Lucrurile ieşite din comun care se petrec şi implică 46. Una este să te concentrezi la un număr şi să începi să-l observi pe numerele de înmatriculare ale maşinilor pe lângă care treci în fiecare zi şi alta este să mergi la magazin, într-una din zilele în care te-ai concentrat cel mai tare şi, când primeşti totalul, să afli că însumează 146,46 RON, apoi, ajungând acasă, să deschizi TV-ul exact când o prezentatoare pronunţă „46 de studenţi".

Ştiţi ce zic?

Dincolo de orice teză elaborată mai mult sau mai puţin argumentativ, ceea ce mi-aş dori să reiasă din această, iată, eternă experienţă (spiritual, poate) cu care mă confrunt, este aceea că oricare dintre variante ai alege, dacă nu eşti dobitoc, te pune pe gânduri. Indiferent dacă adevărul aparţine celor complet raţionali sau celor cu o aplecare spre ezoteric şi misticism, concluziile oricăreia dintre tabere conduc la ceva pozitiv.

Ceea ce expandează şi mai abitir în mintea mea fenomenul acesta este faptul că, exact în momentele în care depresia îşi ia mai cu avânt tainul, dintr-o dată, numărul 46 începe să mi se releve aproape ostentativ, în moduri dintre cele mai spectaculoase. Acest lucru, în clipele de cumpănă, are darul curios de a mă linişti. Mă simt dintr-o dată învăluit de senzaţia vie că „ceva", „cineva" îmi spune: „Calmează-te... Sunt aici!". Nu am să vorbesc în această carte despre tentativele mele de suicid. Ele sunt îndeajuns de îndepărtate în timp şi sper să nu mă mai încerce vreodată gândul. Dar ce sunt obligat să spun, dacă tot am abordat „povestea lui 46", este că, pe măsură ce se apropia ora la care eram foarte decis să comit acţiunea, numărul 46 apărea ireal de des...

C-o fi una, c-o fi alta... Bucuros le-oi duce toate.

Eu îţi mulţumesc, 46!

JUST HAPPY

Dacă îi întrebi pe ai mei care este evenimentul pe care îl regretă cel mai mult în ceea ce privește relația cu mine, e posibil să primești același răspuns din partea amândurora.

Când eram copil...

Nu-i tristă exprimarea asta? „Când eram copil...” Nu vi se pare că încă mai sunt?

Rectific. Când eram mic, îmi doream din tot sufletul un cățel. Atât de mult îmi doream încât, într-un an, de Moș Nicolae, fiind la bunici, mi-am pus pantofiorii proaspăt lustruiți la intrare, rugându-mă să găsesc un cățeluș. Din cinci în cinci minute mă duceam să verific. După ce verificam, mă întorceam în dormitor, închideam ochii și mă rugam la Moș Nicolae. Și tot așa...

Stând deja la bloc şi toată lumea fiind extrem de ocupată, oricât şi-ar fi dorit, nu prea se întrezărea vreo posibilitate. Cu toate astea, s-a întâmplat. Aveam nouă ani, cel mult zece. M-au trezit de dimineaţă mama şi tata punându-mi în braţe un căţeluş. Extaz. Ăsta este cuvântul. Plângeam de bucurie. Era un pui de brac german superb. După trei zile în care, ca orice copil, m-am ataşat de el dar, în acelaşi timp, şi trei zile în care a făcut pipi şi caca peste tot, iar atenţia pe care o necesita era majoră, s-a considerat că e imposibil. Am fost distrus când au decis să îl dăm înapoi. Nu le reproşez asta. Şi-aşa regretă ei până în ziua de astăzi că m-au amăgit fără să vrea.

Dar iată că soarta... Cât am evitat acest concept. „Soarta"... Uite că m-am stricat exact pe finalul cărţii şi acum îl folosesc. Soarta, deci, a făcut să apară cineva în viaţa noastră până la urmă. Spun „cineva" pentru că Happy este CINEVA. Dar nu ca în bancul cu tipul care le spune prietenilor: „În sfârşit am ajuns şi eu cineva!". „Cum aşa?". „Păi nevasta-mea a strigat azi: să ducă cineva gunoiul!"

Nicio secundă din existenţa noastră comună nu l-am perceput ca pe un câine. A apărut la timp. Atunci când aveam nevoie mai mult decât oricând de un prieten. Jonglăm atât de uşor cu acest termen. Eu încă încerc să determin dacă, în afară de Happy, mai am vreunul cu adevărat... Suspectez maximum patru persoane de această calitate.

Happyducu' a apărut în viaţă noastră acum şase ani şi jumătate. Mă aflam în cel mai puternic moment depresiv din câte am trăit vreodată. Acesta este şi motivul pentru care el se numeşte Happy. Asta îmi doream cu disperare. Nu cred că are sens să mă apuc să relatez aspectele extraordinar de amuzante pe care le trăiesc împreună cu el. Aceste aspecte se relevă în nenumăratele postări de pe Instagram, unde simt de multe ori nevoia să le împărtăşesc şi celorlalţi. Nu ştiu de ce fac asta. Nu sunt un fanatic al postărilor. Uneori, am zile întregi în care nu postez nimic, pentru că nu simt. Şi chiar cred că cea mai sinceră cale în relaţia cu oamenii care te urmăresc este aceea de a posta doar când simţi, nu să-ţi faci un serviciu, un job din asta. De-aia se numesc platforme „sociale"... Simt să postez imagini cu el mai des, poate pentru că îmi doresc să împărtăşesc şi altora din zâmbetele pe care mi le dăruieşte mie.

Însă vreau să împărtăşesc amintirea primei întâlniri. Era o seară de august. El tocmai străbătuse un drum de aproape nouă ore. Ni l-a adus un coleg al tatălui meu. Dacă ar fi să fac un „top trei" momente care m-au marcat profund din punct de vedere sufletesc, acesta ar fi unul dintre ele. Alături de bănuţul auriu şi naşterea lui Andrei. Colegul lui tata şi-a dat întâlnire cu noi în faţa casei în care locuiam pe vremea aceea. Omul a ieşit din maşină obosit nu numai de drum, dar şi de faptul că Happy se tot agitase, plânsese şi îi umpluse maşină de pipilică şi regurgitări. A deschis uşa din stânga spate a maşinii, l-a luat în braţe şi mi l-a întins...

L-am strâns la piept. Happy s-a uitat câteva secunde la mine, apoi a închis ochii şi şi-a aşezat capul pe umărul meu.

Acolo, în acea seară de august, a început cea mai frumoasă relaţie de prietenie, de camaraderie, de dragoste pe care am întâlnit-o sau pe care, cred, o voi mai întâlni vreodată.

***

– Am văzut că ai scris şi tu în caiet despre Happy. Ai scris şi despre...

– Da. Normal că am scris şi despre... Sunt conştientă că ţi-am frânt inima, dar părinţii sunt şi ei oameni şi mai fac greşeli. Îmi este foarte ruşine, dar nu am fost pregătiţi psihic pentru evenimentul acela.

– Nu e nevoie să-ţi cer scuze. E de ajuns să te aşezi în genunchi şi să-mi săruţi mâna... Glumesc. Înţeleg perfect. Hai să vorbim despre pârdalnicul nostru.

– În mare parte, am simţit că trebuie să ne răscumpărăm greşeala. Nu ne-am informat prea bine când am ales. Şi nici nu ne pricepem. Voiam să vă facem vouă o bucurie, ţie şi lui Andrei. Îmi amintesc că voi vă gândeaţi la un pui de Golden Retriever. Dar... cum socoteala de acasă nu se potriveşte cu cea din târg, taică-tu a venit într-o zi de la birou şi mi-a zis: „Astăzi am văzut în Cişmigiu un căţel aşa frumos, cu blăniţă maro, «molic» la atingere şi cu nişte ochi verzi superbi". Eu l-am întrebat...

-„Ce cautai tu în Cişmigiu? Mă înşeli?!"

– Nu, mă! Pe acolo avea drumul spre casă.

– That's what he said...

– L-am întrebat: „Ce rasă era căţelul?". El mi-a zis: „Vizsla!". Ne-am uitat pe internet şi l-am ales din

prima, după frumuseţe. Habar nu aveam că este o rasă de vânătoare, extrem de agitat şi energic.

– Pe nas v-a ieşit dup-aia!

– Ha, ha! Chiar că! Happy se afla tocmai în judeţul Sălaj. În primele două zile de la venirea lui, a rămas la tine acasă, noi plecam a doua zi într-o excursie. Pentru că tu aveai un program foarte încărcat, iar noi eram trei şi urma să ne mutăm curând la o casă care avea curte, am hotărât că cel mai înţelept este să stea la noi.

– Cum l-ai caracteriza tu?

– Pe cine?

– Pe Constantin Brâncuşi... pe HAPPY!!

– Ah... Măi Mihai... Eu am recunoscut întotdeauna că nu fac parte din categoria oamenilor care nu ar putea să trăiască fără un animăluţ în casă. Cu timpul însă, mi-a venit şi mie din ce în ce mai greu să îl consider un animăluţ. E un om, un membru al familiei. Dar un om capabil să dăruiască atâta iubire necondiţionată încât... Dacă ar fi mai mulţi oameni ca el, capabili să dăruiască măcar un sfert din dragostea pe care el o dăruieşte, lumea aceasta ar fi salvată. Ştii pentru ce îi mulţumesc? În primul rând pentru toate acele momente în care noi suntem trişti sau îngrijoraţi şi el ne înveseleşte. Apoi îi mulţumesc pentru că, iată-mă, la 58 de ani mă joc de-a v-aţi ascunselea cu el. Îi mulţumesc pentru că mă menţin tânără julindu-mi genunchii când mă trânteşte pentru că a văzut vreo pisică şi, nu în ultimul rând, pentru că se bucură când mă vede chiar dacă am fost doar cinci minute până la baie.

– Cred că am o încheiere bună pentru acest capitol.

– Ia...

– Nu, „ia"! Că tu nu eşti „ia"! Cu mine!

– Hai, măi copilule, spune odată!

– A cumpărat Andrei dintr-o excursie o tăbliţă de agăţat în perete pe care scrie în engleză: „Viaţa fără un Vizsla este posibilă. Dar zadarnică...".

JURNALUL UNUI BURLAC

-PARTEA A PATRA-

Beau mult. În anumite perioade, chiar foarte mult. Am înghiţit, până acum, cantităţi industriale de alcool. Lucrul acesta mă deranjează mult la mine. Dar, când beau, nu mă mai deranjează. Nu am băut dintotdeauna. De pildă, cât am fost copil nu am băut. Staţi liniştiţi, am recuperat cu vârf şi îndesat.

Cred că sunt oarecum alcoolic. Îmi place să beau. Chiar am încercat un timp să mă numesc eu pe mine, în loc de „alcoolic", BEŢIV. Asta în speranţa că îmi va exacerba mustrările de conştiinţă. Nicio şansă... Îmi spuneam: „Iar bei, beţivule?!". După o gură zdravănă de 50 de whisky îmi răspundeam: „Da. Probleme? Vrei să ne batem?!".

Există şi o parte pozitivă. Salvatoare aş spune:

obsesia pentru carieră, dragostea pentru profesie. Dacă am a doua zi spectacol sau repetiţii, seara consumul de alcool se limitează la un pahar de vin. Am un pahar care poate fi folosit şi pe post de vaza. Exagerez. E un pahar normal, de-ăla de-un litru. Glumesc!

Dacă sunt într-o perioadă în care filmez zi de zi, nu beau deloc. Există un model chiar. Am observat cum funcţionează relaţia mea cu Bachus. Nu suntem căsătoriţi. Este, mai degrabă, un "open relationship". Când scriu, când îmi concep spectacolele, scenariile, adaptările, în genere, întotdeauna beau. De când mă ştiu. Nu atât cât să mă pună la pământ, dar îndeajuns încât să devină un factor dezinhibator.

Al doilea aspect se manifestă, rareori, când ies pentru a gusta „viaţa de noapte". Îmi place să mă destrăbălez. În acele clipe chiar mă înec în alcool până când pierd, deseori, controlul. Ceea ce, pentru o persoană aşa cum sunt eu, poate fi relaxant. Mă găsesc în poziţia inconfortabilă, anxioasă, timidă, cu o oarecare formă de autism, pe care aş putea-o identifica drept un Asperger, obsesiv-compulsivă, depresivă şi mai mereu absentă din realitatea imediată, trăind într-un univers mental acaparator. Din această sumă de cauze poate rezulta un lucru eliberator. Pierderea controlului devine, în anumite momente, un soi de pauză. Am avut şi nopţi în care mi-am pierdut orice amintire, am avut şi dimineţi în care am mers în zigzag spre casă. Mi s-a întâmplat să mă piş pe mine în taxi. Nu e nimic de laudă. Dar vărs tot aici, dacă am luat decizia de a fi magistral de sincer.

Ştiu că sunt lucruri nocive pentru organism. Le iau ca atare. Nişte descărcări. Sunt foarte fericit că pot să controlez treaba asta în măsura în care acest viciu să aparţină exclusiv vieţii din afara repetiţiilor, spectacolelor, filmărilor, înregistrărilor.

Atenţie! Ceea ce urmează are nevoie de un mic disclaimer (în capitolul ăsta m-am rupt pe „englezisme").

Aşadar, DISCLAIMER: „Substanţele interzise şi cele care necesită prescripţie şi scrisoare medicală menţionate în următoarele rânduri au fost consumate exclusiv în afara graniţelor României".

Nu vă mai uitaţi ca broasca la barieră. Continuăm sau ne blocăm în asta? M-am ferit ca dracul de tămâie de cocaină. Nu am folosit niciodată, nu am încercat niciodată şi nici nu mi-aş dori să o fac, nici ca experiment măcar. Mă cunosc foarte bine. Sunt o persoană extrem de înclinată spre dependenţe de orice fel. Ştiu că, dacă aş fi luat o dată, n-ar mai fi existat urcare pe scenă tot restul vieţii mele, fără să nu fie precedată de o priză. Am avut inteligenţa de a ocoli chestiunea. Chiar era să nasc un conflict uriaş odată când, fiind la Iaşi, dacă nu mă înşel, a trecut cineva pe lângă mine, în club (un tip destul de masiv şi impunător), care mi-a şoptit: „Hai să tragem un pic!". Beat mort fiind, i-am răspuns: „Stai liniştit că tu, pe Cox, eşti cinci la sută din ce sunt eu fără Cox...". Da, am şi tresăriri dintr-astea de orgoliu şi egocentrism duse până în pânzele albe.

De alte lucruri, cum ar fi heroina, ferească Vasile! Am avut, însă, o relaţie îndelungată cu marihuana. Am argumente pentru care, cunoscând îndeaproape atât alcoolul, cât şi iarba, interzicerea celei de-a doua mi se pare o încălcare flagrantă a drepturilor omului şi, mai mult, ceva incorect, judecat cu dublă măsură. Chiar am avut de curând o discuţie cu primarul Sectorului 3, unde locuiesc de când mă ştiu, şi i-am sugerat c-ar trebui să găsească oportunităţi legale ca Sectorul 3 din Bucureşti să devină, cu adevărat şi până la capătul sensului, „Sectorul verde”, aşa cum este supranumit. Omul a zâmbit şi a promis că o să se gândească la o soluţie.

De la un punct încolo, aproape tot ce am scris - scheciuri, cam orice scenariu şi ambele spectacole pe care le-am regizat în teatru - a fost creat într-o stare destul de verde. O combinaţie între alcool şi această plantă binecuvântată. O plantă ce are talentul de a face gândirea unui creator îndeajuns de liberă încât să poată dărâma nişte ziduri mentale. Mai e ceva în legătură cu asta. Nu am fost niciodată un fumător social. Adică nu am asociat marihuana cu vreo urmă de viaţă socială. Am folosit-o doar în asociere cu scrisul, cu munca de creaţie sau cu sexul. Niciodată în timpul zilei. Am utilizat-o doar în perioadele în care activitatea s-a desfăşurat cu precădere în zona de stat la masă, cu foaia în faţă. Nu la repetiţii, nu la filmări!

Iarba nu e pentru oricine. Nu-i fac apologia. Ba chiar cred că nu e în regulă să exagerezi cu ea. Dacă o foloseşti cu cap, te poate ajuta.

O perioadă lungă, pentru a face faţă ritmului de scris şi filmat, care era absolut draconic şi autoimpus, mai utilizam nişte pastile dezvoltate pentru a ajuta copiii cu deficienţe de atenţie. Foloseam ba Regenon, ba Concerta sau, rar, atunci când exista posibilitatea, Adderall. Nu recomand nimănui! Aveam momente când deveneam, din cauza lor, un pic scelerat, irascibil, nervos. Sunt substanțe care te consumă enorm din punct de vedere fizic. Nu vreau să vorbesc despre somniferele puternice pe care le iau, în fiecare seară, de peste 15 ani. Nu-mi face bine deloc să mă gândesc la efectul acestora pe termen lung dar, implicit, trebuie să accept că e o problemă. Am ajuns la concluzia că singura posibilitate de a mă detașa de ele este aceea de a mă interna într-un centru de dezintoxicare. Am nevoie de curaj...

Am început astfel partea a treia a „Jurnalului unui burlac", deoarece mă tot coiam gândindu-mă că urmează niște fragmente în carte când voi atinge un pic și activitatea profesională. M-am tot întrebat dacă e în regulă să asimilez cariera și abuzurile, ca informație, în mintea celor care vor citi această carte. În cele din urmă, am conchis că nu pot eluda subiectul. Având în vedere ritmul de muncă autoimpus, nu se putea fără abuzuri. Iar abuzurile nu ar fi existat fără ritmul infernal. Iar cariera ar fi fost alta fără ritmul acesta. Deci, oricum ar părea, există o interdependență parțial nocivă.

Mă simt bine că am scris și m-am eliberat de angoasă.

Hei! Salutare, dragi prieteni, și bine ne-am regăsit la un nou episod din serialul „Jurnalul unui burlac"! Sunt Mihai Bendeac, gazda dumneavoastră, și trăiesc cu certitudinea faptului că erați fierți foc să aflați noi picanterii ale vieții mele depravate care, vorba aia, nu mi-am făcut și io o familie, un copil, să aibă cine să-mi dea o cană de apă la bătrânețe. Să fi avut și eu o nevastă, o ciorbă caldă pe masă, care, țineți minte de la mine, dacă n-ai copii, n-ai lăsat nimic în urma ta. Chiar dacă eşti un savant care descoperă leacul pentru cancer, după ce mori o să întrebe lumea: „Da' copii a avut?".

Am micţionat ba cu jet, ba cu boltă pe astfel de ziceri.

Recunosc. Sunt un ciudat din punct de vedere emoţional. Prea ciudat şi pentru mine însumi. Penibil discurs... N-are niciun sens să o dau cotită, dacă şi cu parcă se plimbau în barcă... Probabil am consumat femeile precum am consumat somniferele sau pastilele de zi. Cu unele excepţii. Ideea de femeie a fost întotdeauna ceva legat de timpul liber, ceva ce trebuie trăit cu intensitate maximă între nişte timpi clar determinaţi, astfel încât să pot să revin la muncă. În majoritatea situaţiilor, am trăit în 12 ore ce alţii trăiesc în primele luni de relaţie. Ştiu cum pare. Dar este posibil. Am să dezvolt.

Există ceva ce aş putea să îmi explic, dacă mi-aş acorda măcar un pic de timp, pentru a aprofunda. Probabil că răspunsul mi s-ar revela...

Vă rog să mă iertaţi o secundă.

Gata.

M-am dus să-mi iau telefonul ca să-mi comand de pe net o pipă. Când foloseşti în aceeaşi construcţie frazeologică verbele „a aprofunda" şi „a revela" înseamnă nu numai că eşti scriitor, dar şi un mare om de cultură şi artă. Mă scald în sfere înalte, deja... Voi sărbători cu o sticlă de şampanie, în pielea goală, dezbrăcându-mă de pantalonii de trening, de tricou şi de puloverul gros pe care le port în această clipă, pentru că, deși afară sunt 36°, la mine în casă aparatul de aer condiționat e fixat la maximum și toate dispozitivele funcționează pe sistem viscol, ca să pot fi creativ și ca să pot scrie. Așa am scris întotdeauna. Dacă nu e vreme rea, o produc. Sunt bolnav. Altfel nu pot.

Am mai făcut referire în această carte la prea puțin discutatul sindrom Pygmalion. Mi-am hrănit adeseori cu voluptate acest sindrom. Am simțit periodic nevoia de a mi-l satisface. Așteptam să mă întrebe cineva, dar mă întreb eu: „Cum s-a manifestat el?" Hm... Mă surprinde întrebarea.

În anumite situații, când o tipă dintr-o categorie anume îmi făcea avansuri în mod direct, acceptam o întrevedere. Am putea conchide că ceea ce urmează se găsește la mijlocul drumului dintre sadic și ceva cu potențial revelator. Tipologia, în mai toate aceste cazuri în care am decis să-mi hrănesc deviația, este cam aceeași de fiecare dată: frumoasă, din punct de vedere fizic, dar căzută în ghearele tiparelor estetice gen hialuronic exagerat în buze, extensii în păr, haine întotdeauna de firmă, posesoare de profil pe Instagram din care nu lipsesc fotografiile în care privește spre buchete de 100 de trandafiri, oferite de admiratori fanatici, aflate într-un etern concediu și într-o eternă stare de relaxare, reflectată în fotografii, la piscine, pe iahturi, plaje sau în orașe exotice.

Accept întâlnirile de genul ăsta nu pentru sex. Care a fost întotdeauna la înălțime. Asta pentru că ele cădeau, înainte. Se prăbușeau. În propriii lor ochi. Convinse de măreția lor, de frumusețea lor, de „valuarea" lor. Ador să le împing în prăpastie. Apoi, în ultima clipă, să le prind de mână. Și să le prind privirea speriată. Mai presus de momentele de intimitate, orele de dinaintea „descărcării" sunt cele care satisfac sindromul. Ore în care le trec prin diferite stări, iniţiind şi conducând discuţii pe diverse teme pe care, din motive lesne de înţeles, nu reuşesc să le poarte. O discuţie pornită de la „să speculăm împreună ce a putut fi înainte de Big Bang" le frânge din primele minute. Am o plăcere maniacală de „a dezbrăca" aceste femei de propria încredere. Le simt cum se destramă după ce trec minute şi ore în care realizează că nu sunt în stare să comunice despre nimic şi singurul lucru pe care l-ar putea susţine ca şi conversaţie cu un bărbat se rezumă la „Ai fost la mare anu' ăsta?", „Mie îmi place la Nuba". Şi „Hai să-ţi arăt un filmuleţ tare care l-am primit".

Ăsta e momentul în care intervine un fals colac de salvare. Încep să o complimentez pentru hainele ei şi pasiunea pentru modă (să zicem că văzusem pe Instagram-ul ei ceva de genul „Fashion", „Designer", „Fashion addict"). Adică una dintre ocupaţiile asumate de multe dintre ele. Trec atunci la o discuţie pe acest subiect, pe care ar trebui să-l stăpânească. Şi încep să fac referiri la modă, istoria modei, evoluţia vestimentaţiei. Acea privire seacă, înmărmurită şi un pic umilită de faptul că efectiv nu reuşeşte să poarte o conversaţie nici măcar pe tema asta, este o senzaţie orgasmatică. Să vezi cum se destramă un întreg puzzle mental format din „sunt o fată rea", „sunt deşteaptă, şmecheră", „aruncă-mă la lupi şi am să mă întorc şefa haitei", TOTUL se dezintegrează cu fiecare minut. Chestia asta mă excită extraordinar.

Poate că mă mint crezând că, în urma unei astfel

de experienţe, o femeie de această sorginte nu are cum să iasă nemodificată. Dar această posibilă minciună hrăneşte sindromul Pygmalion.

UN CAPITOL SPECIAL

Cu puțin timp înainte să ne părăsească, nenea Dan Mihăescu mi-a spus așa: „Mișule... Dom'le... (acesta era ticul lui verbal) dacă cineva îți va vorbi vreodată despre frumusețea vârstei a treia, spune-i, rogu-te, că scriitorul și marele om de cultură și televiziune Dan Mihăescu îi transmite că-l bagă în pizda mă-sii!"...

Cât de puțin spre deloc l-am menționat pe nenea Dan. Și nu numai pe el. Promit că voi repara asta. Nu știu cât de curând, dar am să repar. Nu știu dacă într-o altă carte (sau ce naiba e asta) ori într-o serie de articole. Dar am s-o fac.

Cea mai mare parte din show-ul „Românii au artiști" am scris-o stând alături de nenea Dan, în simpla și înghesuita cameră dintr-un Hospice dedicat celor în stare terminală, undeva prin Bucureştii Noi. Ştia că va muri. Înainte să ajungă acolo m-a rugat, ştiind că eu folosesc somnifere, ca atunci când durerile vor fi copleşitoare, să-i pun în gură un amestec de 10 somnifere, cu apă, prin intermediul unei seringi. M-am jurat că aşa voi face, dacă va fi cazul. „Va fi..." mi-a răspuns el.

Nu am făcut-o...

De aceea nu am să-mi iert niciodată faptul că ultimele lui cuvinte pentru mine au fost: „Ce te-am rugat eu, Mişule?". Înainte să ajungă în Hospice, nenea Dan a încercat chiar să se sinucidă, aruncându-se de la balcon, dar nişte sticle pe care doamna Simona le pusese una lângă alta au creat un zgomot care i-au atras atenţia şi a ajuns la timp. Doamna Simona nu a ştiut că el asta a vrut să facă. A crezut că s-a împiedicat. El mi-a mărturisit ulterior şi mi-a spus că a lăsat şi o scrisoare de adio, într-o carte din bibliotecă, scrisoare pe care doamna Simona a găsit-o ulterior. Mi-a arătat-o. Nu e numai o scrisoare de adio. E un mesaj pentru România. Dar nu am permisiunea să o public. Momentan.

Stăteam alături de nenea Dan, în ultimele sale clipe, şi am avut o cumplită revelaţie. Aici, la noi, statul nu-ţi permite să mori când este cazul. NU eşti stăpânul propriei tale vieţi. Şi asta este ceva pentru care trebuie să lupt!

S-a întâmplat ceva în timp ce mama scria în caietul studenţesc cu amintiri (sursa incipientă a volumului de faţă). A murit tataie Gigi. În spital. Singur. De ce singur? Pentru că s-a dus exact când pandemia Covid a pătruns în România. Începutul lui martie 2020.

Ei, asta o să-mi reproşez întotdeauna...

Avea un cancer vechi. La nenea Dan, totul s-a desfăşurat extrem de repede. Maximum un an. Tataie Gigi, însă, l-a dus pe picioare vreo şase ani. Până în ultima clipă a tras de el şi a mers să-şi vândă vechiturile. De-asta spuneam că această activitate i-a prelungit viaţa.

Ce îmi reproşez? Că nu am insistat mai mult în faţa lui să îi angajăm o asistentă sau să se mute la mama şi la tata. Ca să moară acasă. Am vorbit cu el despre moarte. Nu avea frică. Sau nu-mi arăta că are. Iar gândul de a angaja pe cineva sau de a se muta îl revolta. Nu concepea aşa ceva! N-am insistat. Când a ajuns la capăt, mi-aduc aminte că eram în repetiţii generale pentru premiera spectacolului „Doi pe o bancă". Premiera a avut loc în timp ce el trăgea să moară.

Am apucat să merg la el de două ori.

Apoi... Nu s-a mai putut.

Amintirea cea mai vie din acele două ocazii în care am apucat să-l vizitez?

Ultima dată, înainte să plec înapoi la teatru, am intrat în biroul medicului care l-a îngrijit şi am întrebat direct: „Se mai întoarce acasă?". Am simţit că mama se uita la doamna doctor, încercând să-i sugereze, deşi n-avea cum, să fie evazivă. Se gândea că am de scos premiera şi spectacolul este, în fond, o comedie. Greu de jucat comedie în situaţii de genul acesta. Doamna doctor nu a făcut asta. Şi o aplaud. M-a maturizat 10 ani în 2 secunde. S-a uitat la mine şi a spus simplu şi clar: „Nu.". Am început să plâng şi am ieşit pe culoar.

Mama? Hm... Astea sunt momentele în care îşi dovedeşte forţa. A ieşit şi m-a liniştit. Ea pe mine. Ea! Neliniştita supremă. Mare actriţă, mama! MARE!

Întrebările care mă macină şi azi sunt: „Cât timp a mai fost bunicul realmente conştient?" şi „A înţeles el oare de ce, în ultimele trei zile nu l-a mai vizitat niciunul dintre noi?". Putea înţelege ideea de pandemie. O pandemie despre care nu ştia când a ajuns acolo. Ireală situaţie. E posibil ca bunicul să fi murit simţindu-se părăsit? Cum să gândească asta?! Sper că nu aşa a fost! Asistentele i-au spus mamei că i-au comunicat bunicului că nu are nimeni voie să intre în spital. Era nebunia supremă a acestei perioade. Totul blocat.

Totuşi... Tataie... Nu mai bine mureai tu acasă?...

În caietul în care şi-a scris amintirile, mama a surprins momentul acesta şi, în loc de obişnuita conversaţie, prefer să transcriu exact rândurile scrise de ea imediat după moartea bunicului.

20 Martie 2020

Sunt disperată. Nu am scris de foarte multe zile.

A murit tata... M-am gândit dacă e bine să scriu despre asta. Îmi propusesem, la început, să pun pe hârtie doar lucruri vesele şi amintiri frumoase. Dar, dacă tot am vrut să împărtăşesc cu voi amintiri, atunci şi aceasta este una dintre ele.

Cea mai dureroasă.

Ultimele săptămâni au fost foarte intense. Încărcate emoţional. Peste puterile mele. Nu este uşor să îţi vezi părintele suferind, iar apoi să îl pierzi pentru totdeauna. L-am iubit enorm şi m-a iubit la fel. O relaţie specială între fiică şi tată. M-a ajutat mereu. Gândul că el nu s-ar descurca singur şi ar deveni o posibilă povară pentru mine îl copleşea dintotdeauna. A murit aşa cum a trăit: demn. Doar că singur. Foarte singur. În spital.

Am reuşit să îl văd în primele zile de spitalizare. Cu ultimele răsuflări, se temea că mă chinuie pe patul de moarte. Tot mie îmi ducea grija şi mă trimitea să mă odihnesc. Le mulţumesc medicilor pentru că nu l-au lăsat să sufere şi să simtă dureri mari. Îmi reproşez că, poate, nu am făcut tot ce puteam că să-l salvez şi că nu am fost lângă el, în ultimele lui clipe de viaţă. Nu am mai putut intra în spital, pentru că a început carantina. Perioada asta tristă care ne bulversează vieţile. Cred că trebuie să învăţam lecţia iubirii unii faţă de alţii. Atât. Îmi doresc şi sper să nu mă mai întrerupă din scris decât evenimente fericite.

Emilia.

POSTFAȚĂ

Cum se încheie o carte?

Lași o pildă? Și dacă n-o ai? Împrumuți una?

Mulțumești pentru atenție...? Ar fi ridicol. Asta e, mai degrabă, o încheiere pentru un talk-show.

După îndelungi lamentări și o chibzuință mai mult sau mai puțin înțeleaptă, am ajuns la concluzia că finalul nu ar trebui să-mi aparțină nici mie, nici mamei.

Ci lui Andrei...

Dar cum? El nu știe despre ce este cartea pe care voi (sper...) tocmai ați citit-o. Mama știe doar vag, din ce i-am mai menționat eu cu parcimonie, fiindcă nu a vrut să citească niciun rând înainte de a fi tipărită. Atunci cum să-i explic lui frate-meu?

Și mi-a venit ideea. Am găsit o miză pe care am comunicat-o și la editură. L-am rugat pe Andrei să scrie ce simte el despre autorii acestei cărți, autori cu care, întâmplător, este rudă de gradul I, iar eu să nu citesc ce a scris decât după publicare.

Mi s-a părut interesantă ideea de trăi, măcar parţial, senzaţia pe care o trăieşte mama, citind la prima vedere cartea care este deja tipărită şi asupra căreia nu mai poţi interveni. Nu ştiu, la momentul în care pun pe hârtie aceste rânduri, ce conţin rândurile lui Andrei. O să aflu odată cu voi...

• Aveam 14 ani când am fost prima dată rugat de cineva să „îi fac legătura” cu Mihai Bendeac. Tot atunci a fost ultima dată când am răspuns ferm pozitiv la orice cerere de genul acesta, indiferent din partea cui a venit. De atunci, răspunsurile mele au variat de la „e foarte ocupat, nu prea cred că se poate” şi până la „voi încerca, nu ştiu sigur”. Celebritatea e o boală incurabilă care, brusc, te smulge de sub protecţia şi inocenţa anonimatului şi te aruncă între lupi, unde rareori dăm atenţie lucrurilor palpabile, frumoase sau senine din viaţa unei persoane publice. În schimb, ne îndreptăm acea atenţie către scandaluri, probleme sau speculaţii, disecând viaţa respectivului om în cele mai mici detalii, în faţa unui public. Motivul pentru care am refuzat, de șase ani încoace, să răspund oamenilor care îmi cer să folosesc relaţia de rudenie cu Mihai în diferite scopuri şi pentru anumite cauze, este dorinţa mea de a nu lua parte la asaltul asupra lui. Primesc anumite mesaje, apoi decid dacă să i le transmit sau nu lui Mihai. Ce sper că se va obţine şi se va înţelege din publicarea cărţii este o înţelegere şi empatie faţă de partea privată a vieţii fratelui meu. Poate, prin onestitatea şi autenticitatea celor scrise, unii oameni vor ajunge să afle că Mihai şi persoanele publice asemănătoare lui reprezintă mai mult decât un chip familiar pe un ecran, iar familia şi apropiații acestora semnifică mai mult decât simple oportunități de a face conexiunea între public și celebritate. Am simțit nevoia să menționez aspectul acesta, pentru că nu totul a fost cum mă așteptam în acest sens. Nu toate mesajele pe care le primesc au un scop nobil, cum ar fi rugămintea ca Mihai să promoveze o fundație de caritate sau să prezinte un bal. De fapt, aceste mesaje sunt puține. Cele mai întâlnite sunt scopurile egoiste, promovările, like-urile pe social media și, cel mai deranjant, oameni care te ignoră până au nevoie de ceva de obținut de la fratele tău sau de la numele tău de familie. Mihai și-a dorit foarte mult să aibă un frate, poate chiar mai mult decât părinții noștri. Diferența de vârstă ne-a făcut destul de puternici pe amândoi, pentru că nu am fost legați unul de celălalt toată viața. Fiecare a trăit majoritatea vieții fără prezența celuilalt. Însă cred că avem o conexiune spirituală foarte puternică și anumite capacități și trăsături cognitive aproape identice. Am avut multe probleme în școala generală, pentru că întotdeauna imitam ce observam că face Mihai la televizor. Evident, școala nu era tocmai cel mai bun mediu pentru astfel de fapte, lucru dovedit de notele mele la purtare. Dar, cum în orice rău se găsește și un bine, cred că mi-am format o parte din personalitate avându-l pe el ca model. Și sunt mândru că pot să spun asta, deși toate semnele din copilărie arătau spre un viitor în care mă voi simți umbrit de celebritatea lui sau de numele de familie. Din fericire, s-a produs inversul, iar eu am acceptat provocarea de a-mi crea propria viață și a-mi modela propriul caracter, fără să evit să îmi asum și bagajul care a venit odată cu numele. Aș putea foarte ușor să spun că Mihai este cel mai bun frate, dar o să mă rezum la a spune că, obiectiv, este unul dintre cei mai de calitate oameni pe care i-am întâlnit sau cunoscut. Cele mai bune părţi ale lui nu sunt nicidecum talentul actoricesc sau oricare din trăsăturile văzute prin ochiul publicului. Ele sunt, de fapt, cele pe care nu le vede nimeni sau doar cei din cercul apropiat. Dedicarea, efortul şi pasiunea pentru meserie sunt binecunoscute. Dar empatia, inteligenţa emoţională şi modul puternic de exprimare sunt aspecte intangibile, abilităţi care nu pot fi învăţate în nicio şcoală de actorie. Nu am dorit să fiu foarte subiectiv, pentru că nu cred că e nevoie. Sunt convins că scrierile din carte denotă suficient de puternic relaţia dintre noi, aşa că nu vreau să povestesc întâmplări, ca în orice postfaţă clişeică de manuscris. În schimb, am vrut să transmit un mesaj despre Mihai către cititori, un aspect la care poate nu v-aţi gândit până acum. Am găsit soluţia, în sfârşit. Data viitoare, când voi fi rugat să fac cuiva cunoştinţă cu Mihai sau primesc mesaje de acest gen, cred că cel mai bine este să îi trimit cartea ...Mamei o să mă adresez direct: „Mulţumesc pentru grija purtată mie şi lui Mihai, de la naştere şi până în prezent, pentru toate dăţile în care am greşit şi am fost redresat de tine şi, mai ales, pentru protectivitatea dusă la extrem, deoarece nu aş fi putut fi mândru de mine, de cine sunt şi de cine sper să ajung în viitor, fără să nu fi avut pe cineva cu astfel de atribuţii. Tu ai fost cel mai cumpătat om dintre noi toţi, de foarte multe ori, dar amândoi ştim că tu şi eu suntem vulnerabili patimei de a pune suflet şi speranţă în tot ceea ce facem şi gândim, iar uneori asta ne vine de hac în final, atunci când cineva profită de empatia noastră sau se dovedeşte că a fost greşit şi dureros să ne implicăm atât de tare într-o situaţie. De când eram mic, am încercat să înţeleg la ce se gândeşte lumea atunci când observă că, pentru mine, convenţional este să fi considerată o mamă «bătrână», iar pentru Mihai, una «tânără». Cred că lucrul ăsta se reflectă în amândoi copiii tăi astfel: Mihai, avându-te pe tine drept mamă în tinereţea ta, a preluat spiritul tău tânăr şi rebel, inteligenţa emoţională şi pasiunea. Eu, născându-mă al doilea, când tu te apropiai de vârsta de patruzeci de ani, te- am văzut mai cumpătată, mai îngrijorată, poate, de a nu repeta unele greşeli pe care crezi că le- ai făcut în relaţia cu Mihai şi, cu siguranţă, mult mai protectivă, fapt care a instalat în mine o atitudine puţin mai cerebrală şi o dorinţă puternică de a proteja lumea din jurul meu, indiferent dacă se dovedeşte că merită sau nu. De ambele dăţi, ai transmis copiilor tăi câte puţin din ce te reprezintă pe ţine, iar acum noi ducem mai departe învăţăturile tale, chiar dacă realizăm sau nu, prin tot ceea ce facem, prin comportament şi caracter. Ca o încheiere, mamă, eu nu am niciun prieten care să te considere altfel decât un om foarte complex, plin de viaţă şi suflet, deşi mereu vorbeşti cu ei extrem de mult. Aşa cum spunea şi Teo, acum vreun an, tu vorbeşti foarte mult cu oamenii, însă vorbeşti într-un fel în care orice om, indiferent că are douăzeci de ani sau e de-o seamă cu tine, nu se plictiseşte şi are ce învăţa dintr-o discuţie cu tine. Acesta este un dar pe care nu mulţi oameni îl au. Din motivul acesta, nu am avut niciodată problemele acelea tipice adolescenţilor. Din contră, am văzut cu propriii ochi că generaţia tânără, de vârsta mea, rezonează cu ce spui tu, cu ce sfaturi oferi şi cu ce poveşti de viaţă ai de menţionat.

Te iubesc!”

ȘI POVESTEA MERGE MAI DEPARTE

1

2

3

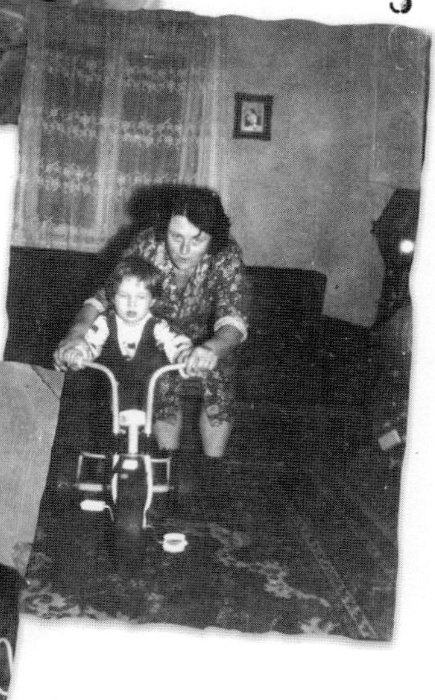

4

5

1 – Mama pionier
2 – Tataie Nicu. Colonel Bendeac
3 – Mamaie Paula și tricicleta producție românească
4 – Renunțarea la tricicleta producție românească
5 – Coarne întâmplătoare

1

2

3

4

5

1 – Mama, în liceu, mâncând struguri și semănând din ce în ce mai mult cu Lady Di
2 – Tata cu părinții: Mamaie Sanda și Tataie Nicu
3 – Și așa a fost mereu cu tata...
4 – Revenire la sentimente mai bune față de tricicleta producție românească
5 – Mama, gătită și aranjată, cărată prin parcuri de mătușa Fănuța și iubitul ei

1

2

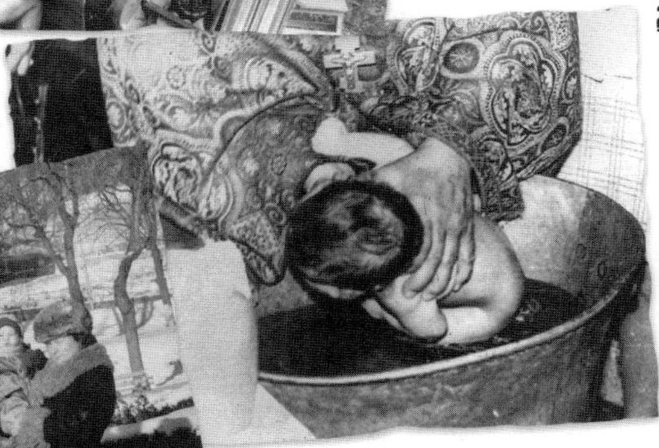

3

4

1 – Zeci și zeci de ani de rummy duminical

2 – Împotriva voinței mele și fără să mă întrebe nimeni

3 – Cu mamaie Paula și Tataie Gigi în concediu. Tataie poartă o... căciulă de nutrie

4 – Cu străbunica, zâmbind ca un șarlatan care așteaptă o moștenire

1

2

3

1 – Mama balerină
2 – Mama. 16 ani.
3 – Cu mama, pe vremea când n-aveam bani de Niagara
4 – La vârsta când nudismul părea normal
(eu sunt cel cu mașinuța în mână...)

1

2

3

1 – Tata, fiind cool. În mod real!

4

2 – Tot el, tânăr și rebel, înainte să o cunoască pe mama

3 – Alege-ți pe cineva care se uită așa la tine...

4 – Tata, într-unul dintre desele momente în care făcea și face măscări

1

2

3

4

5

1 – Autorul și coautoarea
2 – Cea mai cool poză cu mama. Aici semăna deja în mod frapant cu Lady I
3 – Cu Tataie Gigi
4 – La vreun an după ce m-a prins în fapt, m-am răzbunat pe mama pozând-o pe același vas de toaletă
5 – Cățelul de 3 zile...

1

2

3

4

5

1 – Cea mai importantă fotografie din viața mea
Momentul primei desprinderi de sol. Sceneta de la Cheile Bicazului
2 – Încropeam recuzită și machiaj din orice
3 – 16 ani și jumătate, în culisele Teatrului Național
4 – Cred că deja mă bărbierisem
5 – Student la teatru

1

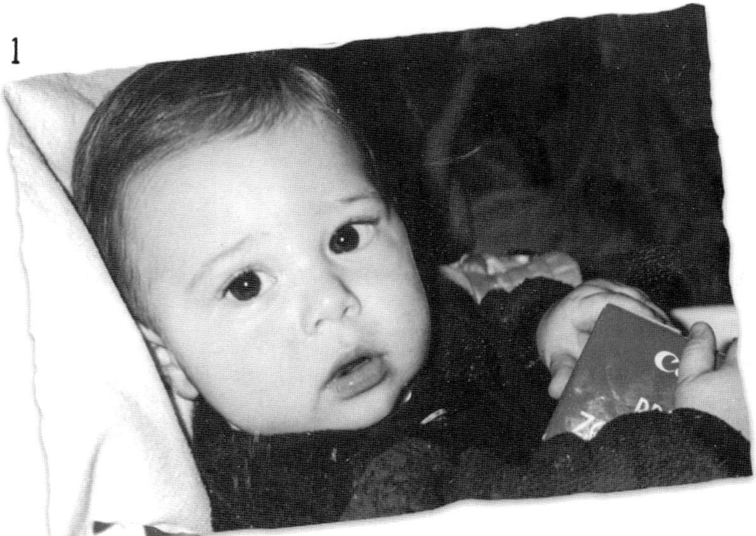

2

1 – Un timp, orice jucării i-aş fi cumpărat lui Andrei,
el se juca doar cu nişte cutii de carton, spre disperarea mea
2 – Andrei...

1

2

3

4

1 – Gândindu-mă la altceva, dar ascunzând bine asta

2 – Gândindu-mă iar la altceva

3 – Cu străbunica, în perioada în care devenise imperios necesar să rad mustața

4 – A II-a

1

2

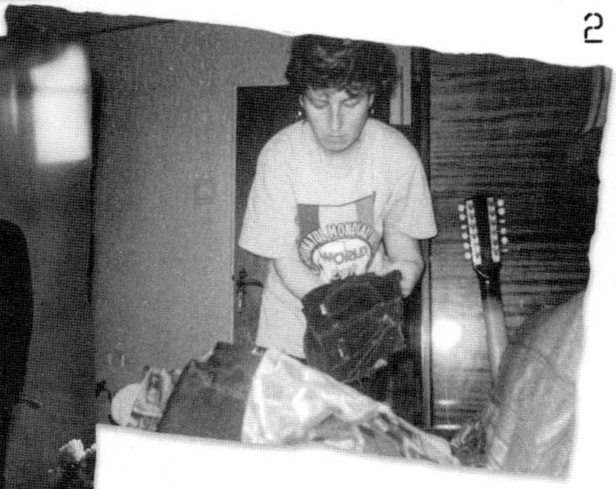

3

4

1 – Ce-și face omul cu mâna lui...
2 – Înainte să devin obsesiv-compulsiv, mama îmi aranja hainele în dulap
3 – No comment
4 – Faceam concedii All-Inclusive...

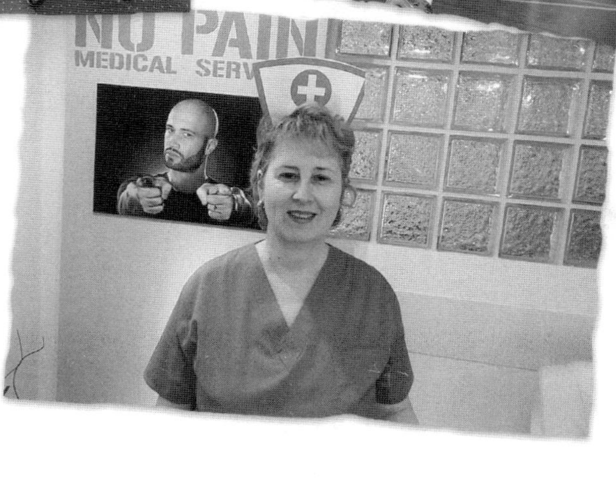
NO PAIN
MEDICAL SERV

BOOKZONE